国家治理法治化研究文丛

孟庆瑜 主编

RESEARCH ON THE RULE OF LAW OF STATE GOVERNANCE

8

河北大学一流大学建设项目经费资助

河北省高等学校人文社会科学重点研究基地
——河北大学国家治理法治化研究中心资助

迈向法治理想国

Towards the Republic of Rule of Law

伊士国 著

法律出版社 LAW PRESS·CHINA

《国家治理法治化研究文丛》

编　委　会

总　序

“完善和发展中国特色社会主义制度，推进国家治理体系和治理能力现代化”是党的十八届三中全会确立全面深化改革的总目标。在达致这一总目标的过程中，法治发挥着至关重要的作用。《中共中央关于全面推进依法治国若干重大问题的决定》进一步深刻指出，“依法治国，是坚持和发展中国特色社会主义的本质要求和重要保障，是实现国家治理体系和治理能力现代化的必然要求”。因此，如何将国家治理的现代化目标与全面推进依法治国的战略布局相结合，实现国家治理的法治化，不仅是党和政府需要全面推进的重大改革任务，而且是广大社会公众，特别是广大法律法学工作者必须积极参与的重大系统工程。正是在这样一个特定的时代背景下，河北大学国家治理法治化研究中心适时成立和运行，并成功获批为河北省高等学校人文社会科学重点研究基地。

河北大学国家治理法治化研究中心是依托河北大学人大制度与地方立法研究中心、河北省政府法治研究中心等学术机构，整合法学、政治学、经济学、社会学等多方面的科研力量创建的，与河北省人大常委会法制工作委员会、河北省人民政府法制办公室、河北省人民检察院和河北省高级人民法院等国家机关和法律实务部门之间已建立交流与合作长效机制。中心拥有一支政治素质高、业务能力强、富有团队协作和创新精神的专兼职相结合的学术队伍，主要围绕人大制度与地方立法、政府法治与政府执行力、社会治理与法治创新、京津冀协同发展与地方法治等方向开展科学研究、人才培养和社会服务等工作。迄今，中心在课题研究方面，承担国家社会科学基金项目近 10 项，其中，中心负责人孟庆瑜教授主持承担的国家社会科学基金重点项目《京津冀区域生态环境协同治理政策法律问题研究》填补了河北省在该领域的空白;在决策咨询与服务方面,接受省人大法制工作委员会、省政府法制办公室、省人民检察院等部门委托,承担委托起草、专家论证、立法后评估、检察公信力测评等工作 40 余项;在学术交流方面,承办或协办第三届海峡两岸能源经济与能源法学术交流会、第六届中国农村法治论坛、第九届中国财税法前沿高端论坛、中国经济法学研究会 2015 年年会、中国宪法学研究会 2016 年年会、第七届法治河北论坛等多次全国性或区域性学术会议。

"国家治理法治化研究文丛"是河北大学国家治理法治化研究中心创设的,由法律出版社负责的研究成果转化平台,着力对在国家治理及其法治化方面具有创新性、应用性的学术研究成果予以资助出版,以期能为推进国家治理体系和治理能力现代化这一总目标的实现做出应有的贡献。

河北大学国家治理法治化研究中心

"国家治理法治化研究文丛"编辑委员会

2015 年 12 月

目录

引　言　001

第一章　新时代全面推进依法治国论纲　007

一、新时代全面推进依法治国的目标方向　007

二、新时代全面推进依法治国的战略地位　011

三、新时代全面推进依法治国的根本原则　015

四、新时代全面推进依法治国的道路抉择　021

五、新时代全面推进依法治国的基本举措　023

第二章　中国特色社会主义法律体系的形成与发展　029

一、中国特色社会主义法律体系形成的基本历程　029

二、中国特色社会主义法律体系形成的基本标志　037

三、中国特色社会主义法律体系的“中国特色”　038

四、中国特色社会主义法律体系形成的基本经验　041

五、中国特色社会主义法律体系形成的基本规律　047

六、中国特色社会主义法律体系的完善　055

第三章　从法律体系迈向法治体系　065

一、由“法律体系”到“法治体系”的历史发展　065

二、中国特色社会主义法治体系的基本构成　070

第四章　中国特色社会主义法治体系的建设路径　082

一、形成完备的法律规范体系　082

二、形成高效的法治实施体系　093

三、形成严密的法治监督体系　099

四、形成有力的法治保障体系　119

五、形成完善的党内法规体系　125

第五章　宪法实施与法治中国建设　135

一、“宪法实施”概念的反思与重构　136

二、1982 年《宪法》实施的经验逻辑　146

三、当代中国社会转型与我国宪法实施的机遇　154

四、我国现行宪法修改制度的评析及其完善　161

五、中国特色合宪性审查机制之构建　172

第六章　依法执政与法治中国建设　181

一、“执政方式”的宪法学分析　181

二、依法执政的理论内涵及其重大意义　190

三、党坚持依法执政首先要坚持依宪执政　195

四、依法执政的核心在于依法规范党与国家机关关系 200

参考文献 206

后 记 222

引　言

在人类历史的长河中,尽管有多种治国理政方式,但归根结底,可以归结为人治与法治两种。尽管人治与法治作为两种治国理政方式,各有优劣,但世界各国治国理政的经验已经反复证明,“法治应当优于一人之治”。[1] 古希腊先哲柏拉图是人治思想与法治思想共同的代表人物,他的由人治思想到法治思想转变的历程及其原因恰好能够说明为什么人类治国理政方式要选择法治。柏拉图早期主张人治,主张“贤人政体”,认为由哲学家担任统治者的国家是最理想的国家,即“哲学家是最高尚的人,是最有学识的人,而这种贤人统治下的贤人政体是最好的政体,所以,只有建立以哲学家为国王的国家,才是最理想的国家,这个国家就是存在于天上的模范国家”。[2] “至此应重申,国家和个人,如不经哲学家治理,是无希望可言,而我们理想国家也永远不能实现的。”[3]“除非哲学家成为我们这些国家的国王,或者我们目前称为国王和统治者的那些人物,能严肃认真地追求智慧,使政治权力与聪明才智合二为一;那些得此失彼,不能兼有的庸庸碌碌之徒,必须排除出去。否则的话……我们前面描述的那种法律体制,都只能是海客谈瀛,永远只能是空中楼阁而已。”[4]他将由哲学家担任统治者的国家称为“理想国”,即“理想国是人类最美好的社会”。[5] 但是,理想与现实总是有差距的,随着时间的消逝,柏拉图失望地发现他所梦想的“哲学王”在现实中是不存在的,“特别是柏拉图本人三次西西里之行的失败,实际上宣告了他企图通过培养哲学王作统治者的贵族式幻想的破灭。严酷的

---

〔1〕 [古希腊]亚里士多德:《政治学》,吴寿彭译,商务印书馆 1965 年版,第 171 页。

〔2〕 严存生主编:《西方法律思想史》,法律出版社 2004 年版,第 33 页。

〔3〕 同上书,第 32 页。

〔4〕 [古希腊]柏拉图:《理想国》,郭斌和、张竹明译,商务印书馆 1989 年版,第 214 ~ 215 页。

〔5〕 严存生主编:《西方法律思想史》,法律出版社 2004 年版,第 33 页。

事实和历史教训深深地震撼了他,他不得不重新审视自己的思想",[1]自此开始了他由人治思想到法治思想的转变。

柏拉图到晚年时明确提出了法治思想,认为应将法治作为人类治国理政的方式,并构建了他的新的"理想国"。他认为,既然"哲学王"是不存在的,由"哲学王"担任统治者的"理想国"是不现实的,那就不如由统治者依据法律治理国家,即"但是,现在找不到这样的人(哲学王),即使有也非常之少;因此,我们必须作第二种最佳的选择,这就是法律和秩序"。[2] 他特别推崇法律在治国理政中的地位和作用,强调"服从法律,这也是服从诸神"。[3] "在法律服从于其他某种权威,而它自己一无所有的地方,我看,这个国家的崩溃已为时不远了。但如果法律是政府的主人并且政府是它的奴役,那么形势就充满了希望,人们能够享受众神赐给城市的一切好处。"[4]"我确信一个国家的兴亡取决于这一点(法律),而不是别的什么东西。"[5]他将这样的法治国家称为"第二等好的国家"或"次优的国家"。这里我们可以将之称为"法治理想国"。自此之后,法治的思想开始在西方国家"生根发芽",并终成"参天大树"。世界各国也逐渐将法治作为本国治国理政的基本方式,并将"法治理想国"作为本国法治建设的目标归宿。正如《中国的法治建设》白皮书指出:"法治是政治文明发展到一定历史阶段的标志,凝结着人类智慧,为各国人民所向往和追求。"[6]

在我国漫长的历史长河中,一直将人治作为我们治国理政的基本方式,正所谓"为政在人"、[7]"其人存,则其政举;其人亡,则其政息"。[8] 其间,虽然我们创造了辉煌灿烂的中华文明,但不免陷入了"一治一乱一循环"的历史怪圈,难以实现整个国家的长治久安。正如黄炎培先生 1945 年到延安考察时指出:"我生六十多年,耳闻的不说,所亲眼看到的,真所谓'其兴也勃焉','其亡也忽焉',一人,一家,一团体,一地方,乃至一国,不少单位都没有能跳出这周期律

[1] 严存生主编:《西方法律思想史》,法律出版社 2004 年版,第 34 页。

[2] 同上书,第 35 页。

[3] 《西方法律思想史资料选编》,北京大学出版社 1983 年版,第 26 页。

[4] [古希腊]柏拉图:《法律篇》,张智仁、何勤华译,上海人民出版社 2001 年版,第 123 页。

[5] 谷春德主编:《西方法律思想史》,中国人民大学出版社 2007 年版,第 60 页。

[6] 中华人民共和国国务院新闻办公室:《中国的法治建设》,载中国政府网:http://www.gov.cn/zhengce/2008-02/28/content_2615764.htm,最后访问日期:2018 年 3 月 12 日。

[7] 《礼记·中庸》。

[8] 同上。

的支配力,大凡初时聚精会神,没有一事不用心,没有一人不卖力,也许那时艰难困苦,只有从万死中觅取一生。既而环境渐渐好转了,精神也就渐渐放下了。有的因为历时长久,自然地惰性发作,由少数演为多数,到风气养成,虽有大力,无法扭转,并且无法补救。也有为了区域一步步扩大了,它的扩大,有的出于自然发展,有的为功业欲所驱使,强求发展,到干部人才渐见竭蹶,艰于应付的时候,环境倒越加复杂起来了。控制力不免趋于薄弱了。一部历史,'政怠宦成'的也有,'人亡政息'的也有,'求荣取辱'的也有。总之没有能跳出这周期律。"〔1〕黄炎培先生实际上把人治的弊端揭露无遗。但要跳出这"一治一乱一循环"的历史周期律,一要靠民主,如毛泽东同志所言:"我们已经找到新路,我们能跳出这周期律。这条新路,就是民主,只有让人民来监督政府,政府才不敢松懈。只有人人起来负责,才不会人亡政息。"〔2〕二要靠法治。如亚里士多德指出:"凡是不凭感情因素治事的统治者总比感情用事的人们较为优良。法律恰正是全没有感情的。"〔3〕"法治应当优于一人之治"。〔4〕且"历史经验证明,制度更带有根本性、全局性、稳定性、长期性的特征,只有实行法治,才能保障国家稳定、社会昌明。但在人治社会中,其虽然也具有一定的秩序,但是这种秩序是难以长期维系的,不具有长久的稳定性"。〔5〕但是,中华人民共和国成立后,在一段时期法治不是党中央选择,而是左倾错误的个人领导取代了党中央的集体领导,将人治作为了治国理政的基本方式,并继续强调"以阶级斗争为纲",最终导致了"无法无天"的局面,给我们的社会主义事业造成了严重损失。

党的十一届三中全会后,邓小平同志在总结"文化大革命"的经验教训时,指出了人治的弊端,即"往往把领导人说的话当做'法',不赞成领导人说的话就叫做'违法',领导人的话改变了,'法'也就跟着改变"。〔6〕同时,他也指出了建立社会主义法制的重要性,"我们过去发生的各种错误,固然与某些领导人的思想、作风有关,但是组织制度、工作制度方面的问题更重要。这些方面的

---

〔1〕 尤华:《从"窑洞对"到"不忘初心"的感悟》,载上海统一战线网:http://www.shtzb.org.cn/node2124/node2137/node2154/u1ai1850941.html,最后访问日期:2018 年 5 月 12 日。

〔2〕 同上。

〔3〕 [古希腊]亚里士多德:《政治学》,吴寿澎译,商务印书馆 1965 年版,第 199 页。

〔4〕 同上书,第 171 页。

〔5〕 王利明:《迈向法治——从法律体系到法治体系》,中国人民大学出版社 2015 年版,第 61 页。

〔6〕 《邓小平文选》(第 2 卷),人民出版社 1994 年版,第 146 页。

制度好可以使坏人无法任意横行,制度不好可以使好人无法充分做好事,甚至会走向反面","不是说个人没有责任,而是说领导制度、组织制度问题更带有根本性、全局性、稳定性和长期性。这种制度问题,关系到党和国家是否改变颜色,必须引起全党的高度重视"。[1] 为此,邓小平同志提出,必须加强社会主义法制建设,"为了保障人民民主,必须加强法制。必须使民主制度化、法律化,使这种制度和法律不因领导人的改变而改变,不因领导人的看法和注意力的改变而改变"。[2] 后来,邓小平同志又进一步提出:"要通过改革,处理好法治和人治的关系,处理好党和政府的关系。"[3] 以江泽民同志为代表的中共第三代领导集体继承并发展了邓小平的法制思想,不仅更重视社会主义法制建设,而且将"依法治国"明确为党领导人民治国理政的基本方略,即"依法治国,是党领导人民治理国家的基本方略",[4] 并确立了"建设社会主义法治国家"[5] 的目标。这就表明,我们党在治国理政方略上已经发生了根本转变,将"法治理想国"作为社会主义法治建设的目标追求。自此之后,我们开始了依法治国、建设中国特色社会主义法治国家的征程,日益向"法治理想国"迈进。本书的名称之所以被定为"迈向法治理想国",其目的和意义也正在于此。

但是,我们必须清醒地认识到,在中国进行法治建设绝不是一帆风顺的,其面临的困难也是前所未有的,必须予以高度重视。总结起来,在我们依法治国、迈向法治理想国的过程中,面临的困难主要有:一是社会主义法治建设"前无古人",世界上还没有成功的先例,导致我们没有现成的社会主义法治道路可以遵循、没有现成的社会主义法治模式可以借鉴,我们只能在遵循法治建设基本规律,在可以借鉴其他国家法治建设有益经验的基础上,结合中国的具体国情,不断探索并形成一条具有鲜明中国特色的社会主义法治道路,这就决定了我们的社会主义法治建设必将是一个艰巨的过程。此即"全面推进依法治国是一个系统工程,是国家治理领域一场广泛而深刻的革命,需要付出长期艰苦

---

[1] 《邓小平文选》(第2卷),人民出版社1994年版,第333页。

[2] 同上书,第146页。

[3] 同上书,第177页。

[4] 《江泽民文选》(第2卷),人民出版社2006年版,第29页。

[5] 同上书,第28页。

努力”。[1] 为此，党的十八届四中全会作出的《中共中央关于全面推进依法治国若干重大问题的决定》（以下简称《决定》）明确指出，要“坚持走中国特色社会主义法治道路，建设中国特色社会主义法治体系”，[2]并明确了中国特色社会主义法治道路的核心要义，即“党的领导是中国特色社会主义最本质的特征，是社会主义法治最根本的保证。中国特色社会主义制度是中国特色社会主义法治体系的根本制度基础，是全面推进依法治国的根本制度保障。中国特色社会主义法治理论是中国特色社会主义法治体系的理论指导和学理支撑，是全面推进依法治国的行动指南。这3个方面实质上是中国特色社会主义法治道路的核心要义，规定和确保了中国特色社会主义法治体系的制度属性和前进方向”。[3] 二是我国的法治建设是在外来经济、政治、文化体制对自身体制的冲击下被迫引起的突变性转型过程，具有外在竞争压力与时间上的紧迫感。这种巨大的外来压力使我国法治建设的过程和机会成本被极大地缩减，只有方向正确的“政府推行型法治道路”才能最大限度地消除由此带来的不利因素。[4] 这要求我们必须正确认识和处理好党与社会主义法治的关系问题，这是我们进行社会主义法治建设最核心的问题，即“党和法治的关系是法治建设的核心问题”。[5] 但是，如何正确认识和处理好党与社会主义法治的关系也是一个理论上与实践上的难题，目前，世界上也无成功的先例，需要我们从理论上和实践上不断探索。为此，党的十八届四中全会作出的《决定》在我们党的历史上第一次对党与社会主义法治的关系进行了准确界定，即“党的领导是中国特色社会主义最本质的特征，是社会主义法治最根本的保证。把党的领导贯彻到依法治国全过程和各方面，是我国社会主义法治建设的一条基本经验。我国《宪法》确立了中国共产党的领导地位。坚持党的领导，是社会主义法治的根本要求，

〔1〕《中共中央关于全面推进依法治国若干重大问题的决定》，载西部网：http://news.cnwest.com/content/2014-10/28/content_11767768.htm，最后访问日期：2018年5月14日。

〔2〕同上。

〔3〕习近平：《关于〈中共中央关于全面推进依法治国若干重大问题的决定〉的说明》，载中国共产党新闻网：http://cpc.people.com.cn/n/2014/1028/c64094-25926150.html，最后访问日期：2018年3月10日。

〔4〕秦前红主编：《新宪法学》，武汉大学出版社2005年版，第2~3页。

〔5〕习近平：《关于〈中共中央关于全面推进依法治国若干重大问题的决定〉的说明》，载中国共产党新闻网：http://cpc.people.com.cn/n/2014/1028/c64094-25926150.html，最后访问日期：2018年3月10日。

是党和国家的根本所在、命脉所在,是全国各族人民的利益所系、幸福所系,是全面推进依法治国的题中应有之义。党的领导和社会主义法治是一致的,社会主义法治必须坚持党的领导,党的领导必须依靠社会主义法治”。[1] 但要将这一理论上的界定完全转变为实践中的行动,则还需要一个长期的探索过程。基于此,本书对中国特色社会主义法治建设中的相关问题进行了研究,提出了一些建议,希冀为依法治国、建设中国特色社会主义法治体系、建设社会主义法治国家贡献自己的绵薄之力!

---

〔1〕《中共中央关于全面推进依法治国若干重大问题的决定》,载西部网:http://news.cnwest.com/content/2014-10/28/content_11767768.htm,最后访问日期:2018年5月14日。

第一章　新时代全面推进依法治国论纲

党的十九大报告指出:“经过长期努力,中国特色社会主义进入了新时代,这是我国发展新的历史方位。”[1]这一历史方位的变化,为我们全面推进依法治国、加快中国特色社会主义法治建设提供了新的时代背景和实践基础。这就需要我们从理论和实践结合上系统回答,新时代为什么要加强中国特色社会主义法治建设、怎样加强中国特色社会主义法治建设等一系列问题。党的十九大从新时代如何坚持和发展中国特色社会主义的高度出发,对上述问题进行了回答,指明了新时代中国特色社会主义法治建设的目标方向,明确了新时代中国特色社会主义法治建设的战略地位,部署了新时代中国特色社会主义法治建设的基本举措,明确提出,要“深化依法治国实践”。[2] 这表明了我们党对中国特色社会主义法治本质特征认识的深刻,也表明了我们党对中国特色社会主义法治建设规律掌握的成熟,从而对新时代中国特色社会主义法治建设作出了突出贡献。

一、新时代全面推进依法治国的目标方向

“法治应当优于一人之治。”[3]依法治国,建设社会主义法治国家,是中国人民孜孜不断追求的目标。党的十五大将“依法治国”确立为治国的基本方略,将“建设社会主义法治国家”确定为社会主义现代化的重要目标,成为中华人民共和国民主法治建设一个新的里程碑;党的十六大则使社会主义民主更完善,社会主义法制更加完备,依法治国基本方略得到全面落实,作为全面建设小

---

〔1〕 习近平:《决胜全面建成小康社会　夺取新时代中国特色社会主义伟大胜利——在中国共产党第十九次全国代表大会上的报告》,载《人民日报》2017 年 10 月 28 日,第 1 版。

〔2〕 同上。

〔3〕 [古希腊]亚里士多德:《政治学》,吴寿彭译,商务印书馆 1965 年版,第 171 页。

康社会的重要目标;党的十七大则提出了“全面落实依法治国基本方略,加快建设社会主义法治国家”的重大战略任务;党的十八大则从坚持和发展中国特色社会主义的战略高度和全局角度,对社会主义法治国家建设进行了新探索,强调指出要“全面推进依法治国”。党的十九大进一步指出:“明确全面推进依法治国总目标是建设中国特色社会主义法治体系、建设社会主义法治国家。”[1]这就指明了新时代中国特色社会主义法治建设的目标方向,即建成中国特色社会主义法治体系、中国特色社会主义法治国家,从而为新时代中国特色社会主义法治建设提供了方向指引。其中,中国特色社会主义法治国家为党的十五大报告首次提出,并于 1999 年修宪时载入我国《宪法》,成为我国《宪法》确定的依法治国的总目标。而中国特色社会主义法治体系虽由党的十八届四中全会作出的《决定》首次提出,但由党的代表大会报告提出,在我们党的历史上还是第一次,表明了我们党对新时代中国特色社会主义法治建设目标认识的明确,也表明我们党对中国特色社会主义法治理论的创新,努力在构建中国特色社会主义法治话语体系。正如李龙教授指出:“十八届四中全会的重大功勋之一,就是正式提出和深刻阐释了中国特色社会主义法治体系的建构,形成独具一格的社会主义法治体系的理论,从而打破了西方国家在法学上的话语主导权,为实现中国法学的繁荣与发展,提供了坚实的理论支柱。”[2]这里的问题是,什么是中国特色社会主义法治体系?以及中国特色社会主义法治体系与中国特色社会主义法治国家是什么关系?对这两个问题界定不清,便不能真正理解新时代中国特色社会主义法治建设的目标所在。

对于第一个问题,即什么是中国特色社会主义法治体系,笔者认为,对中国特色社会主义法治体系的认识应从三个关键词即“法治体系”“社会主义”“中国特色”出发。首先,中国特色社会主义法治体系是一种“法治体系”,不同于“法律体系”。尽管法律体系是法治体系的前提和基础,但法治体系是一个系统工程,是静态的规范体系与动态的实施体系的有机统一,既是法治各要素的统一体,又是法治各环节和谐一致的运行状态,除了法律体系之外,还包括法治

---

〔1〕 习近平:《决胜全面建成小康社会　夺取新时代中国特色社会主义伟大胜利——在中国共产党第十九次全国代表大会上的报告》,载《人民日报》2017 年 10 月 28 日,第 1 版。

〔2〕 李龙:《中国特色社会主义法治体系的理论基础、指导思想和基本构成》,载《中国法学》2015 年第 5 期。

实施体系、法治监督体系、法治保障体系等内容。因而，可以将法治体系界定为："法治体系是一个描述一国法治运行与操作规范化、有序化程度、表征法治运行与操作各个环节彼此衔接、结构严整、运转协调状态的概念，也是一个规范法治运行与操作，使之充分体现和有效实现法治核心价值的概念。"[1]其次，中国特色社会主义法治体系是"社会主义"的法治体系，而不是"资本主义"的法治体系。由于任何一国的法治体系都是以一定的社会制度为根本依托的，因而，不同的社会制度往往对一国的法治体系有决定性的影响，使一国的法治体系具有鲜明的社会制度特征。对我国来说，由于我国的根本社会制度是社会主义制度，使我国的法治体系具有鲜明的社会主义特征，根本不同于西方的资本主义法治体系。两者在经济基础、推动力量、政权架构、政党制度、发展模式、意识形态等方面都存在根本不同，决定了两者不可相互混淆、相互代替。正如周叶中教授指出："社会主义法治区别于资本主义法治一个最重要的本质特征，即是社会主义法治的意识形态，其核心即是坚持共产党的领导。"[2]但同时，不可否认的是，两者作为法治体系的两种不同类型，存有一些共通之处，并不妨碍两者的相互借鉴、相互学习。最后，中国特色社会主义法治体系是"中国特色"的社会主义法治体系，既不同于"西方国家"的资本主义法治体系，也不同于"其他社会主义国家"的法治体系。由于从根本上讲，每个国家的法治体系都有其深刻的政治、经济、社会、文化背景，都根植于一定的土壤中，都有其独特的实践基础和要解决的独特问题，因而，每个国家的法治体系必然存有很大不同。而由于我国法治体系根植于我国独特的政治、经济、社会、文化土壤中，特别是以中国特色社会主义制度为依托，使其具有了鲜明的中国特色，一是坚持党的领导，二是鲜明的人民民主特征，三是深刻的社会主义本质。[3] 其中，坚持党的领导是中国特色社会主义法治最本质的特征和最根本的保证所在。因为"坚持党的领导，是社会主义法治的根本要求……是全面推进依法治国的题中应有之义；党的领导和社会主义法治是一致的，社会主义法治必须坚持党的领导，党的领导必须依靠社会主义法治"。[4] 也正因如此，中国特色社会主义法

[1] 张文显：《建设中国特色社会主义法治体系》，载《法制日报》2014 年 12 月 31 日，第 7 版。

[2] 周叶中、庞远福：《论"法治中国"的内涵与本质》，载《政法论丛》2015 年第 3 期。

[3] 伊士国：《社会主义法治国家建设的新纲领》，载《湖北社会科学》2013 年第 5 期。

[4] 《习近平关于全面依法治国论述摘编》，中央文献出版社 2015 年版，第 23～24 页。

治体系在构成上也不同于其他国家法治体系，除了法律规范体系、法治实施体系、法治监督体系、法治保障体系外，还包括党内法规体系，这应该是历史上的第一次，突破了传统法治理论，创新和丰富了法治理论体系。

对于第二个问题，即中国特色社会主义法治体系与中国特色社会主义法治国家是什么关系，“建设中国特色社会主义法治体系、建设社会主义法治国家”是完整的一句话，共同指明了全面推进依法治国的总目标。那么，为什么我们党在提出“建设社会主义法治国家”后，又提出“建设中国特色社会主义法治体系”呢？原因主要在于，一方面，法治体系义同法治国家，是法治国家的另一种表述，两者是近义词。正如徐显明教授所言：“法治国家的另一个表述是‘法治体系’，可以说，法治体系形成时，就是法治国家建成时。”[1]另一方面，从逻辑上来看，法治体系与法律体系密不可分。其中，法律体系是法治体系的前提和基础，法治体系是法律体系的目标和归宿，两者分别体现了我国法治建设不同阶段的任务和重心所在，也符合法治建设的基本规律。例如，在中国特色社会主义法律体系于2010年已基本形成的情况下，党的十八届四中全会、党的十九大适时提出了建设中国特色社会主义法治体系的任务和目标，以实现由“法律体系”到“法治体系”的转变，从而最终建成社会主义法治国家。另外，法治体系与法治国家相比，尽管具有同义性，但法治国家侧重宏观的目标，为社会主义法治建设指明了方向，而法治体系侧重微观的路径，为社会主义法治建设指明了具体路径。因而，我们党之所以在提出社会主义法治国家后，又提出中国特色社会主义法治体系，目的就在于在明确新时代中国特色社会主义法治建设的目标后，为新时代中国特色社会主义法治建设提供一个总抓手，为新时代中国特色社会主义法治建设提供一个具体的路径，以保证全面推进依法治国总目标的顺利实现。正如李建国副委员长指出：“全面推进依法治国的总目标包含建设中国特色社会主义法治体系和建设社会主义法治国家两句话，这两句话是有机统一的整体，离开了哪一句都不行。社会主义法治国家为我们描绘了宏伟蓝图，指明了前进方向，中国特色社会主义法治体系则为我们绘制出路线图，指明了具体路径。只有努力建设中国特色社会主义法治体系，才能为建设社会主义

---

〔1〕《“法治之梦”开始于法律体系的形成》，载《新华月报》2011年增刊。

法治国家提供基础和前提条件。"[1]杨小军教授在一次讲座中曾指出,全面从严治党之所以能够在短期内取得成效,关键就是有"八项规定"这一抓手,而社会主义法治建设之所以长期以来成效缓慢,主要原因就是缺少一个有效抓手,而中国特色社会主义法治体系的提出,则有效解决了这一问题,无疑为新时代中国特色社会主义法治建设提供了一个总抓手。

二、新时代全面推进依法治国的战略地位

党的十九大站在决胜全面建成小康社会,夺取新时代中国特色社会主义伟大胜利的战略高度,从理论和实践结合上系统回答了新时代坚持和发展什么样的中国特色社会主义法治、怎样坚持和发展中国特色社会主义法治等一系列问题,并且根据新的实践特别是我国社会主要矛盾已经转化的现实需求,将"坚持全面依法治国"作为新时代坚持和发展中国特色社会主义的基本方略之一,并对中国特色社会主义法治建设提出了新要求,从而明确了新时代全面推进依法治国的战略地位。

(一)全面推进依法治国是中国特色社会主义的本质要求和重要保障

党的十九大报告指出:"全面依法治国是中国特色社会主义的本质要求和重要保障。"[2]这就将法治上升到中国特色社会主义本质要求和重要保障的高度,对法治与中国特色社会主义的关系进行了准确认识和正确界定。这一点来之不易,因为在中华人民共和国成立以来很长的一段时间内,由于我们对治国理政方式认识的偏差,我们一直将法治与资本主义挂钩,将人治与社会主义挂钩,[3]直到党的十五大我们才彻底摒弃人治,将法治作为我们治国理政的基本方式。正如习近平总书记指出:"全面推进依法治国,是深刻总结我国社会主义法治建设成功经验和深刻教训作出的重大抉择。我们党对依法治国问题的认识经历了一个不断深化的过程。"[4]实际上,如同市场经济与社会主义的关

---

[1] 《〈中共中央关于全面推进依法治国若干重大问题的决定〉辅导读本》,人民出版社2014年版,第44~45页。

[2] 习近平:《决胜全面建成小康社会 夺取新时代中国特色社会主义伟大胜利——在中国共产党第十九次全国代表大会上的报告》,载《人民日报》2017年10月28日,第1版。

[3] 蔡定剑:《历史与变革——新中国法制建设的历程》,中国政法大学出版社1999年版,第91~94页。

[4] 《习近平关于全面依法治国论述摘编》,中央文献出版社2015年版,第8页。

系一样，法治与人治都是人类治国理政的基本方式，与社会制度属性没有必然联系，两者都不是资本主义与社会主义的本质区别，特别是法治不等于资本主义，人治不等于社会主义。法治与不同的社会制度相结合，就会呈现不同的社会制度属性。其中，法治与资本主义相结合，就是资本主义法治；与社会主义相结合，就是社会主义法治。而我们之所以要摒弃人治，选择法治，是因为人类治国理政的长期实践充分证明，“法治应当优于一人之治”。[1] 而且，从世界范围来看，社会主义建设正反两方面的经验和教训也使我们深刻认识到，“法治是治国理政不可或缺的重要手段。法治兴则国家兴，法治衰则国家乱。什么时候重视法治、法治昌明，什么时候就国泰民安；什么时候忽视法治、法治松弛，什么时候就国乱民怨”。[2] 因而，中国特色社会主义内在地、天然地、本质地要求法治，离开法治的保障，中国特色社会主义建设就不会顺利和成功。可以说，没有成功的法治，就不会有成功的中国特色社会主义。所以，党的十九大在进行中国特色社会主义“五位一体”建设布局时，在政治建设、经济建设、文化建设、社会建设以及生态文明建设部署中分别提出了法治的要求，以发挥法治对中国特色社会主义建设的规范、引领、促进和保障作用。

（二）全面推进依法治国是“四个全面”战略布局的重要组成部分和根本保障

“四个全面”战略布局是习近平新时代中国特色社会主义思想的重要组成部分，党的十九大报告对“四个全面”战略布局进行了正式确认，并根据新时代的新特点对其作出了新的部署。其中，全面依法治国既是“四个全面”战略布局的重要组成部分，也是“四个全面”战略布局顺利推进的根本保障。首先，将全面依法治国作为“四个全面”战略布局的重要组成部分，就表明了我们党对法治战略地位的认识日益深刻以及对法治重视程度的日益加深。尽管我们党早在 1997 年十五大就将依法治国作为我们国家治国理政的基本方式，但我们党对法治的认识和重视却经历了一个逐步加深的过程，经历了由“加强社会主义法制建设”（十六大）到“全面落实依法治国基本方略”（十七大）再到“全面推进依法治国”（十八大）最后到“深化依法治国实践”（十九大）的转变，特别

---

〔1〕［古希腊］亚里士多德：《政治学》，吴寿彭译，商务印书馆 1965 年版，第 171 页。
〔2〕《习近平关于全面依法治国论述摘编》，中央文献出版社 2015 年版，第 8 页。

是党的十八届四中全会将全面依法治国上升到“四个全面”战略布局的高度，这是前所未有的，表明了我们党对法治战略地位认识的新高度。正如习近平总书记指出：“要把全面依法治国放在‘四个全面’的战略布局中来把握，深刻认识全面依法治国同其他三个‘全面’的关系，努力做到‘四个全面’相辅相成、相互促进、相得益彰。”〔1〕

其次，我们之所以说全面依法治国是“四个全面”战略布局顺利推进的根本保障，是就全面依法治国与全面建成小康社会、全面深化改革、全面从严治党的关系而言的。尽管“四个全面”战略布局是一个有机统一整体，“从大的关系看，是目标引领举措。全面建成小康社会是战略目标，全面深化改革、全面依法治国、全面从严治党是一个都不能缺的三大战略举措，为全面建成小康社会提供动力源泉、法治保障和政治保证”。〔2〕但全面依法治国无疑为其他三个“全面”的顺利推进和实现提供了根本保障。具言之，其一，全面依法治国既是全面建成小康社会的重要内容和要求，也为全面建成小康社会提供了根本保障。因为全面建成的小康社会，不仅包括经济社会文化方面，还包括法治方面，即要实现法治小康。且只有全面依法治国，首先实现法治小康，才能为经济社会文化方面的建设提供法律上、制度上的指引、规范和保障，才能从法律上、制度上保证经济社会又好又快地发展，才能从法律上、制度上保证人民在全面建成小康社会中的主体地位，并保证全面建成小康社会的成果惠及全民。其二，全面依法治国是全面深化改革的重要保障。因为全面深化改革意味着要突破现有的体制机制障碍，要摆脱现有的各种利益束缚，要自我革命和自我革新，改革要进入攻坚期和深水区，这些都离不开法治的保障。党的十八届四中全会之所以在党的十八届三中全会作出全面深化改革的决定后，就作出全面推进依法治国的决定，其目的就是发挥法治的规范和保障作用，以法治的思维和方式保障全面深化改革的顺利进行，实现全面深化改革的总目标。正如习近平总书记指出：“凡属重大改革都要于法有据。在整个改革过程中，都要高度重视运用法治思维和法治方式，发挥法治的引领和推动作用，加强对相关立法工作的协调，

〔1〕《习近平关于全面依法治国论述摘编》，中央文献出版社2015年版，第15页。

〔2〕黄坤明：《深刻理解“四个全面”的重要意义》，载《求是》2015年第13期。

确保在法治轨道上推进改革。"[1]其三,全面依法治国是全面从严治党的根本保障。因为全面从严治党既要依据党内法规管党治党,也要依据宪法法律管党治党。对于广大党员来说,其具有双重身份,既是我国的公民,又是中国共产党的党员,因而,其既要模范地遵守各项党内法规,也要带头遵守宪法法律。全面依法治国的内在要求之一,就是我们党既要依法执政,也要依规治党,并将两者有机统一起来。所以,只有全面依法治国,才能为全面从严治党提供有效抓手,才能为全面从严治党提供根本保障。

(三)全面推进依法治国是推进国家治理现代化的必然要求

党的十九大报告指出:"明确全面深化改革总目标是完善和发展中国特色社会主义制度、推进国家治理体系和治理能力现代化。"[2]要实现这一总目标,推进国家治理体系和治理能力现代化(以下简称国家治理现代化),就必须坚持全面依法治国,充分发挥法治的作用。因为法治可以为推进国家治理现代化提供制度化、规范化的引领、规范、促进和保障,可以有效解决国家治理面临的困境和问题,可以保障国家治理现代化目标的顺利实现。一方面,法治是推进国家治理现代化的根本保障。推进国家治理现代化,必须要在法治的框架内进行,必须要以法治作为基石。只有从法律上、制度上体现推进国家治理现代化的规律和要求,把国家治理现代化的理念和方式法律化、规范化、制度化,才能真正实现推进国家治理现代化的目标。因为"在法治国家,对社会发展模式的变革、保障和引领必然是以法律为归依的"。[3] 另一方面,法治是国家治理的基本方式。与传统社会将人治作为国家治理的基本方式不同,现代社会大都将法治作为国家治理的基本方式。正如党的十九大报告指出:"全面依法治国是国家治理的一场深刻革命。"[4]将法治作为现代国家治理的基本方式,必然意味着将宪法和法律作为国家治理的最高权威;坚持法律面前人人平等,绝不允许任何组织和个人有超越法律的特权,必然意味着将国家经济、政治、文化、社

[1] 《习近平关于全面深化改革论述摘编》,中央文献出版社2014年版,第153页。

[2] 习近平:《决胜全面建成小康社会 夺取新时代中国特色社会主义伟大胜利——在中国共产党第十九次全国代表大会上的报告》,载《人民日报》2017年10月28日,第1版。

[3] 刘志云、刘盛:《供给侧改革背景下的经济法:挑战与回应》,载《政法论丛》2017年第4期。

[4] 习近平:《决胜全面建成小康社会 夺取新时代中国特色社会主义伟大胜利——在中国共产党第十九次全国代表大会上的报告》,载《人民日报》2017年10月28日,第1版。

会、生态文明等各领域均纳入法治的轨道,依法治理,实现国家治理的法治化,从而为推进国家治理现代化提供法治保障。因此,坚持全面依法治国、推进国家治理法治化是推进国家治理现代化的必然要求。

三、新时代全面推进依法治国的根本原则

党的十六大报告指出:“发展社会主义民主政治,最根本的是要把坚持党的领导、人民当家作主和依法治国有机统一起来。党的领导是人民当家作主和依法治国的根本保证,人民当家作主是社会主义民主政治的本质要求,依法治国是党领导人民治理国家的基本方略。”[1]这是党对中国特色社会主义民主法治建设规律的科学总结,是对中国特色社会主义法治理论的丰富和发展,是马克思主义法律思想中国化的重要成果。因而,坚持“党的领导、人民当家作主和依法治国的有机统一”即“三统一”,是中国特色社会主义法治国家建设必须遵循的根本原则要求,对于全面落实依法治国基本方略、加快中国特色社会主义法治国家建设,具有重大的现实意义和深远的历史意义。

(一)“三统一”是新时代全面推进依法治国的根本原则

党的十九大报告指出:“坚持党的领导、人民当家作主、依法治国有机统一。”[2]新时代中国特色社会主义法治建设必须坚持党的领导、人民当家作主、依法治国有机统一,这是新时代中国特色社会主义法治建设的根本原则,也是中国特色社会主义法治区别于西方资本主义法治的本质特征与根本优势所在。因为其“正确解释了依法治国与党的领导、人民民主的相互关系,为理顺法治与权力、法治与政治、法治与民主等关系提供了重要依循,为中国特色社会主义民主法治建设指明了正确的发展方向和发展道路”。[3] 其中,坚持党的领导是中国特色社会主义法治建设的根本保证,人民当家作主是中国特色社会主义法治建设的本质特征,依法治国是中国特色社会主义法治建设的方略依托,三者统一于中国特色社会主义法治建设的实践中。新时代中国特色社会主义法治建设坚持党的领导、人民当家作主、依法治国有机统一,关键就是要做到以下三

---

〔1〕《江泽民文选》(第3卷),人民出版社2006年版,第553页。

〔2〕习近平:《决胜全面建成小康社会 夺取新时代中国特色社会主义伟大胜利——在中国共产党第十九次全国代表大会上的报告》,载《人民日报》2017年10月28日,第1版。

〔3〕李林:《法治中国建设的宏伟蓝图》,载《中国司法》2014年第1期。

点。一要正确认识和处理好党的领导与社会主义法治建设的关系,必须认识到两者是一致的、统一的,必须把党的领导贯彻落实到依法治国全过程和各方面,从而为新时代中国特色社会主义法治建设提供根本保证。为此,党的十九大报告指出:要"成立中央全面依法治国领导小组,加强对法治中国建设的统一领导"。[1] 二要坚持以人民为中心,始终保证人民在新时代中国特色社会主义法治建设中的主体地位,做到法治建设始终为了人民,法治建设始终依靠人民,法治建设成果始终惠及人民,实现法治工具性与目的性的统一。三要坚持和完善人民代表大会制度,将人民代表大会制度作为新时代中国特色社会主义法治建设的最大最根本的制度平台、制度根基以及制度保障。因为"人民代表大会制度是坚持党的领导、人民当家作主、依法治国有机统一的根本政治制度安排"。[2]

此外,在新时代中国特色社会主义法治建设中坚持党的领导、人民当家作主、依法治国有机统一,还必须要正确认识和处理好两个关键问题:一是如何正确认识和回应"党大还是法大"的问题,二是如何正确认识与处理坚持党的领导与司法审判、检察独立的关系问题。对于第一个问题,必须要明确的是,"党大还是法大"是一个伪命题,因为无论是我国宪法还是中共党章均明确规定,党必须要在宪法和法律范围内活动,这一问题早已解决。正如李林研究员指出:"从理论上说,'党大还是法大'是个'伪命题','党与法'的关系问题也已从法理与制度、党章与宪法的结合上得到有力回答。党与人民、党与国家、党与法不是矛盾对立的关系,而是和谐一致、高度统一的关系"。[3] 实际上,实践中的真问题不是"党大还是法大"的问题,而是"权大还是法大"的问题,而这正是我国社会主义法治建设要解决的核心问题。正如习近平总书记指出:"如果说'党大还是法大'是一个伪命题,那么对各级党政组织、各级领导干部来说,权大还是法大则是一个真命题。"[4] 对于第二个问题,必须明确的是,坚持党的领导与司法审判、检察独立并不矛盾,因为党对司法工作的领导只是思想、政治、组织领

---

〔1〕 习近平:《决胜全面建成小康社会　夺取新时代中国特色社会主义伟大胜利——在中国共产党第十九次全国代表大会上的报告》,载《人民日报》2017年10月28日,第1版。

〔2〕 同上。

〔3〕 李林:《论党与法的高度统一》,载《法制与社会发展》2015年第3期。

〔4〕《习近平关于全面依法治国论述摘编》,中央文献出版社2015年版,第37页。

导,并不是对司法机关具体工作业务的领导,我国法院、检察院独立行使审判权、检察权,不受任何单位和个人的非法干涉。正如习近平总书记指出:“党对政法工作的领导是管方向、管政策、管原则、管干部,不是包办具体事务,不要越俎代庖,领导干部更不能借党对政法工作的领导之名对司法机关工作进行不当干预。”[1]且正是由于坚持了党的领导,才能为我国司法审判、检察独立的实现提供根本保证。这里需要说明的是,我国的司法审判、检察独立与西方国家的司法独立有很大的不同,我国的司法审判、检察独立是在人民代表大会制下的司法审判、检察独立,尽管法院、检察院可以独立行使审判权、检察权,但并不妨碍党对其的领导、人大及其常委会对其的监督,而西方国家的司法独立是三权分立下的司法独立,是立法权、行政权、司法权之间相互制约、相互制衡的结果。

(二)“三统一”指明了中国特色社会主义法治的本质属性

追求法治,实现法治。这既是人类的梦想,又是人类的追求。法治尽管与科学、民主、自由、人权一样,并非资本主义所独有,而是人类在漫长的历史进程中共同追求的价值观和共同创造的文明成果。[2] 但是,与其结合的社会制度不同,其本质属性自然不同。这是因为,任何一个国家所走的道路,首先是社会制度问题,其他所有活动的开展,都是在社会制度确立的前提下进行的。中国特色社会主义法治以社会主义为制度依托,就必然要求中国特色社会主义法治具有深刻的社会主义本质。中国特色社会主义法治以中国特色社会主义理论体系为指导,坚持走中国特色社会主义道路,其本质是政治性、人民性、法律性的有机统一,这与资本主义法治有本质的区别。而“三统一”则从理念上、内涵上体现了中国特色社会主义法治的政治性、人民性、法律性,从而指明了中国特色社会主义法治的本质属性。具体说来:

第一,坚持党的领导,体现了中国特色社会主义法治的政治性本质。坚持党的领导,是由中国共产党的领导地位和历史使命决定的。中国共产党是中国特色社会主义事业的领导核心,也是中国特色社会主义法治建设的领导核心。党的领导是中国特色社会主义法治建设的根本保证,也是社会主义法治与资本

---

[1] 《习近平关于全面依法治国论述摘编》,中央文献出版社 2015 年版,第 111 页。

[2] 温家宝:《关于社会主义初级阶段的历史任务和我国对外政策的几个问题》,载新华网:http://news. xinhuanet. com/politics/2007 - 02/26/content_5775212. htm,最后访问日期:2017 年 12 月 12 日。

主义法治的本质区别。这就决定了社会主义法治的政治性，决定了社会主义法治建设必须毫不动摇地坚持党的领导，必须充分发挥党总揽全局、协调各方的领导核心作用。这就要求中国特色社会主义法治国家建设必须始终坚持党的领导，必须把社会主义法治建设放在党和国家工作全局中来谋划、推进，放在提高党的执政能力、巩固党的执政地位、履行党的执政使命的高度去谋划、去推进，做到与党的事业同步，为党的事业服务，确保党的各项路线、方针、政策和重大决策部署在中国特色社会主义法治建设中得到不折不扣的贯彻执行。

第二，坚持人民当家作主，体现了中国特色社会主义法治的人民性本质。人民当家作主是由中国特色社会主义政治制度保障和实现的。这既是我们党的根本宗旨所在，也是社会主义宪法法律的最高价值所在。人民当家作主的社会主义制度是社会主义法治的基础，决定了中国特色社会主义法治的人民性。而社会主义法治与资本主义法治的根本区别，就在于它的人民性。我们在中国特色社会主义法治国家建设中，始终强调坚持人民当家作主，这就鲜明地揭示了中国特色社会主义法治的人民性。因此，中国特色社会主义法治国家建设必须始终坚持人民当家作主，维护和实现人民利益，这是中国特色社会主义法治人民性的基本要求。这就要求我们必须坚持以民为本、执法为民、司法公正，把维护好、实现好人民权益作为中国特色社会主义法治国家建设的根本出发点和落脚点，着力解决人民群众最关心、最直接、最现实的利益问题，从而为人民群众当家作主提供强有力的法治保障。

第三，坚持依法治国，体现了中国特色社会主义法治的法律性本质。依法治国是党领导人民治理国家的基本方略。坚持依法治国，就是将宪法和法律作为党治国理政的依据，作为人民群众管理国家事务的准则。社会主义宪法和法律是党领导人民制定的，是通过法定程序上升为国家意志、表现为法律文本的党的主张和人民意志，是党的主张和人民意志统一的体现，是党的事业与人民利益的制度表达，理应得到全社会的一致遵循。[1] 依法治国的核心内容就是确立和实现以宪法和法律为治国理政的最具权威的标准。这就决定了中国特色社会主义法治的法律性。因此，中国特色社会主义法治建设必须始终坚持依

〔1〕 郭春雨、张景义：《"三个至上"是对司法工作的更高要求——访吉林省高级人民法院院长张文显》，载《人民法院报》2008 年 6 月 21 日，第 4 版。

法治国的基本方略，摒弃人治，以宪法法律为行动指南，确保宪法法律的有效实施。这就要求我们在建设中国特色社会主义法治国家的伟大进程中，必须毫不动摇地坚持依法治国的基本方略，坚持有法可依、有法必依、执法必严、违法必究，做到法律面前人人平等，切实维护和实现社会公平正义，树立宪法法律的权威，维护宪法法律的尊严，增强宪法法律的公信力。

(三)"三统一"指明了中国特色社会主义法治建设的价值追求

恩格斯认为："在社会历史领域内进行活动的，全部是具有意识的经过思虑或凭激情行动的，追求某种目的的人，任何事情的发生都不是没有自觉的意图，没有预期的目的。"[1]法治建设作为人类社会的一项重要活动，必然要追求一定的目标和效果。而与法治结合的社会基本制度不同，其追求的效果自然不同。社会主义法治以社会主义基本制度为依托，其本质是政治性、人民性、法律性的有机统一。这就决定了中国特色社会主义法治建设在效果追求上，不能只追求法律效果，还要追求政治效果和社会效果，实现"政治效果、社会效果、法律效果"三者的有机统一。中国特色社会主义法治建设坚持"三统一"，这就指明了中国特色社会主义法治建设的价值追求。

第一，坚持党的领导，要求中国特色社会主义法治建设必须追求良好的政治效果。坚持党的领导，就是坚持中国特色社会主义事业，走中国特色社会主义伟大道路，高举中国特色社会主义伟大旗帜。中国特色社会主义法治建设坚持党的领导，就是指中国特色社会主义法治建设必须坚持和维护党的执政地位，必须服从、服务于中国特色社会主义事业的大局。这就要求中国特色社会主义法治建设必须追求良好的政治效果。具体说来：一要自觉担负起维护党的执政地位的政治任务。这就要求我们必须自觉地把中国特色社会主义法治建设置于党的绝对领导下，把中国特色社会主义法治建设放在提高党的执政能力、巩固党的执政地位、履行党的执政使命的高度去谋划、推进，确保党的各项路线、方针、政策在中国特色社会主义法治建设中不折不扣地贯彻落实，从而维护党的执政地位和执政基础。二要自觉担负起服从、服务于社会大局的政治任务。这就要求我们必须悉心把握党和国家在具体社会发展阶段和历史时期的根本任务或中心任务，使法治的使命与之相适应。必须找准法治工作与党和国

[1] 《马克思恩格斯选集》(第4卷)，人民出版社1972年版，第243页。

家工作大局的结合点以及服务大局的工作着力点，以及根据形势的发展变化适时调整结合点和工作着力点的能力。从而服务大局、服从大局、保障大局，为大局创造和谐稳定的社会环境和公正高效的法治环境。[1]

第二，坚持人民当家作主，要求中国特色社会主义法治建设必须追求良好的社会效果。人民当家作主充分体现了我们党以人为本、全心全意为人民服务的根本宗旨，是社会主义制度对中国特色社会主义法治的本质要求。中国特色社会主义法治建设坚持人民当家作主，就是指要以人民群众利益作为评判法治工作好坏的根本标准。法治工作搞得好不好，最终要看人民群众满意不满意，要看人民群众的基本权益是否得到了切实有效的保护。这就要求中国特色社会主义法治建设必须追求良好的社会效果。具体说来，一要自觉地担负起维护人民利益的社会任务。维护人民利益，这是中国特色社会主义法治人民性的基本要求。这就要求我们必须科学把握人民利益及其法治需求，满足人民群众不断增长的法治需求。要坚持以人为本、执法为民，着力解决人民群众最关心、最直接、最现实的利益问题，把维护好人民权益作为中国特色社会主义法治建设的根本出发点和落脚点。二要自觉担负起维护社会公平正义的社会任务。维护社会公平正义是中国特色社会主义法治建设的最高价值追求。中国特色社会主义法治作为社会公平正义的守护者，必须把维护社会公平正义视为生命线。这就要求中国特色社会主义法治建设必须从实体上、程序上、时效上全面体现维护社会公平正义的要求，从而使社会各方面的利益关系得到妥善协调，人民内部矛盾和其他社会矛盾得到正确处理，社会公平正义得到切实维护和实现。

第三，坚持依法治国，要求中国特色社会主义法治建设必须追求良好的法律效果。依法治国，就是把宪法和法律作为治国理政的最具权威的标准，一切国家机关和武装力量、各政党和各社会团体、各企业事业组织都必须遵守宪法和法律，在宪法和法律规定的范围内活动，切实维护宪法和法律的权威。坚持依法治国，既是宪法法律、法治本性的必然要求，也是中国特色社会主义事业建设的题中之义。这就要求中国特色社会主义法治建设必须追求良好的法律效果。具体说来，一要自觉地担负起保证宪法法律实施的法律任务。党的十九大

---

〔1〕 郭春雨、张景义：《“三个至上”是对司法工作的更高要求——访吉林省高级人民法院院长张文显》，载《人民法院报》2008 年 6 月 21 日，第 4 版。

提出，要加强宪法和法律的实施。宪法法律的实施，既是坚持依法治国的必然要求，又是实现依法治国的关键环节。因此，中国特色社会主义法治建设必须坚持“以事实为根据，以法律为准绳”的原则，坚持有法可依、有法必依、执法必严、违法必究的要求，加强宪法和法律的实施，使违反宪法法律的行为得到应有的追究和制裁，从而维护社会主义法制的尊严、统一和权威。二要自觉担负起弘扬社会主义法治精神的法律任务。依法治国是社会主义法治精神的重要内核，是法的价值的集中体现，是中国特色社会主义法治建设必须践行的基本原则。因此，坚持依法治国，必须弘扬社会主义法治精神，引导全社会遵纪守法，依法办事，实现依法执政、依法行政、公正司法、模范守法，从而全面落实依法治国基本方略，加快建设中国特色社会主义法治国家。

四、新时代全面推进依法治国的道路抉择

当今世界和我国社会主义法治建设的实践表明，一个国家选择什么样的法治建设道路，关系其法治国家建设的走向及法治国家建设的成败。一个国家要想实现法治化，建设法治国家，就必须找到既符合法治建设普遍规律、又适合自己国情的发展道路。可以说，追寻和探索中国特色社会主义法治建设道路，全面推进依法治国，已成为新时代中国建设社会主义法治国家的首要选择。

党的十八届四中全会在我们党的历史上第一次比较系统地回答了，在中国这样一个经济文化比较落后、民主法治传统缺失的国家，如何建设中国特色社会主义法治国家的一系列基本问题，开辟了中国特色社会主义法治建设道路，指明了新时代建设社会主义法治国家的方向。正如习近平总书记在《关于〈中共中央关于全面推进依法治国若干重大问题的决定〉的说明》[以下简称《决定》(说明)]中指出：“中国特色社会主义法治道路，是社会主义法治建设成就和经验的集中体现，是建设社会主义法治国家的唯一正确道路。在走什么样的法治道路问题上，必须向全社会释放正确而明确的信号，指明全面推进依法治国的正确方向，统一全党全国各族人民认识和行动。”[1] 因此，新时代建设中国

---

〔1〕 习近平：《关于〈中共中央关于全面推进依法治国若干重大问题的决定〉的说明》，载中国共产党新闻网：http://cpc.people.com.cn/n/2014/1028/c64094-25926150.html，最后访问日期：2018 年 3 月 10 日。

特色社会主义法治国家首要的和最根本的要求,就是坚持中国特色社会主义法治道路,走中国特色社会主义法治国家建设之路。

新时代建设中国特色社会主义法治国家之所以要坚持中国特色社会主义法治道路,是因为从根本上讲,每个国家的法治化道路都有其深刻的政治、经济、社会、文化背景,都是在一定土壤中发展起来的,其中经济起着根本的作用。而由于我国传统社会结构、经济制度、政治制度、法律及其文化和西方国家有着很大不同,这就注定了我们国家的法治化道路和西方国家的法治化道路必然存在很大不同。因此,我们理应在认清中国国情的前提下,从自身实际出发,把法治建设基本原理同中国实际相结合,探索出一条适合中国国情、具有中国特色的社会主义法治建设道路,从而实现法治的固有传统和现代性理念、法治的本土化和国际化、法治的自我创新和学习借鉴的有机统一。

中国特色社会主义法治道路,既坚持了法治建设的基本原则,体现了法治建设的普遍规律,又根据我国实际和时代特征赋予其鲜明的中国特色,因而具有丰富的科学内涵以及鲜明的特点和巨大的优势。具体表现在以下几点。第一,具有鲜明的中国特色。一是具有深刻的社会主义本质。一个国家所走的道路,首先是社会制度问题,其他所有活动的开展,都是在社会制度确立的前提下进行的。中国特色社会主义法治国家以社会主义制度为制度依托,就必然要求中国特色社会主义法治国家建设道路具有深刻的社会主义本质。只有这样,才能保证法治国家建设的正确方向。二是具有强烈的人民民主性质。民主是法治的前提,法治是民主的保障。建设中国特色社会主义法治国家,最终目的是保证人民当家作主。广大人民群众既是建设中国特色社会主义法治国家的主体,又是中国特色社会主义法治国家建成的最终受益者。因此,中国特色社会主义法治建设道路必然具有强烈的人民民主性质。三是以坚持党的领导为根本保障。坚持党的领导是社会主义法治与资本主义法治的根本区别。坚持党的领导,是我国《宪法》确立的政治原则,是我国实现法治、建设中国特色社会主义法治国家的前提和保证。没有党的领导就不可能真正建成中国特色社会主义法治国家。因此,党必须在中国特色社会主义法治建设中始终发挥总览全局、协调各方的领导核心作用。正如习近平总书记在《决定》(说明)中指出:"党的领导是中国特色社会主义最本质的特征,是社会主义法治最根本的保证。中国特色社会主义制度是中国特色社会主义法治体系的根本制度基础,是全面推进依法治国的根本制度保障。中国特色社会主义法治理论是中国特色社会主义法治体系的理论指导和学理支撑,是全面推进依法治国的行动指南。这3个方面实质上是中国特色社会主义法治道路的核心要义,规定和确保了中国特色社会主义法治体系的制度属性和前进方向。"[1]第二,坚持了法治建设的基本原则,体现了法治建设的基本规律,借鉴了域外法治建设的成功经验。建设中国特色社会主义法治国家,如同社会主义其他事业一样,都是马克思主义发展史上的崭新课题,因而可以借鉴域外法治建设的成功经验,吸收有益成果。但这种借鉴和吸收绝不是照搬照抄,而是立足我国国情,把法治建设的基本原理与我国实际相结合,不断探索法治国家建设规律,在实践中开辟一条中国特色的法治国家建设道路。

中国特色社会主义法治道路,是中国共产党在社会主义法治建设问题上的伟大创造,是中国共产党带领广大人民群众在实施依法治国基本方略的实践中,认真总结社会主义法治建设经验教训,坚持借鉴与创新相结合、理论与实践相结合,历经艰辛探索而逐步开辟出来的正确道路,是中国特色社会主义法治建设的重大理论成果和实践成果。我国社会主义法治建设的实践证明,中国特色社会主义法治国家建设必须坚持中国特色社会主义法治道路,只有这条道路能够解决我国法治建设中的问题。新时代建设中国特色社会主义法治国家必须坚持中国特色社会主义法治道路,这是我们党和人民得出的不可动摇的基本结论。

五、新时代全面推进依法治国的基本举措

党的十九大站在决胜全面建成小康社会、开启中国特色社会主义新时代的战略高度,不仅指明了新时代中国特色社会主义法治建设的目标方向,明确了新时代中国特色社会主义法治建设的战略地位,还部署了新时代中国特色社会主义法治建设的基本举措,具体说来要做到以下几点:

---

[1] 习近平:《关于〈中共中央关于全面推进依法治国若干重大问题的决定〉的说明》,载中国共产党新闻网:http://cpc.people.com.cn/n/2014/1028/c64094-25926150.html,最后访问日期:2018年3月10日。

（一）推进科学立法、严格执法、公正司法、全民守法

党的十九大报告指出：要推进“科学立法、严格执法、公正司法、全民守法”。[1] 这新十六字方针是新时代中国特色社会主义法治建设的原则指引，也是对新时代中国特色社会主义法治建设作出的具体工作部署，是一个统一的有机整体，各有目标任务，共同推动了全面依法治国的进程。其中，科学立法是依法治国的前提，目标在于形成完善的中国特色社会主义法律体系；严格执法是依法治国的关键，目标在于推进依法行政，建设法治政府；公正司法是依法治国的重要保障，目标在于守卫公平正义，让人民群众在每一个司法案件中感受到公平正义；全民守法是依法治国的基础，目标在于提高全民族法治素养和道德素质，奠定依法治国的社会基础。与老十六字方针即“有法可依、有法必依、执法必严、违法必究”相比，新十六字方针有了很大发展。一是表明我国法治建设的重心发生了转变，即从初期注重立法向现在注重宪法法律实施转变。如果说老十六字方针的重点任务是解决改革开放初期“无法可依”问题，那么新十六字方针的重点任务就是解决现在宪法法律实施的问题。二是表明我国立法的重心发生了转变，即从解决改革开放初期“无法可依”问题，转变到解决现在立法质量问题，即立“良法”的问题。三是将司法列入了法治元素，将司法公正作为依法治国的重要要求和保障，表明我们对法治的认识更加深刻和全面。四是提出了全民守法的要求，表明我们开始注重依法治国的社会基础。可以说，新十六字方针是对老十六字方针即“有法可依、有法必依、执法必严、违法必究”的发展和提升，其最大的不同在于明确了全面推进依法治国的重要环节和主要任务，适应了新时代中国特色社会主义法治建设的新要求，具有更重要的指导意义。

当前，在新时代中国特色社会主义法治建设中推进“科学立法、严格执法、公正司法、全民守法”，主要应做到以下几点。一要坚持科学立法，尊重立法内在科学规律，健全立法起草、论证、协调、审议机制，走精细化立法之路，切实提高立法质量，不断完善中国特色社会主义法律体系。二要坚持严格执法，按照《法治政府建设实施纲要（2015—2020年）》的要求，“依法惩处各类违法行为、

〔1〕 习近平：《决胜全面建成小康社会　夺取新时代中国特色社会主义伟大胜利——在中国共产党第十九次全国代表大会上的报告》，载《人民日报》2017年10月28日，第1版。

完善执法程序、建立健全行政裁量权基准制度、加强行政执法信息化建设和信息共享、全面落实行政执法责任制”,[1]推进依法行政,确保2020年如期基本建成法治政府。三要坚持公正司法,在继续推进以员额制改革为核心的司法体制改革的基础上,深化司法体制综合配套改革,打好“组合拳”,以优化司法管理体制和司法权力运行机制为重点,以确保依法独立公正行使审判权和检察权为目标,同时规范司法行为,坚持权责统一,全面落实司法责任制,努力让人民群众在每一个司法案件中感受到公平正义。四要坚持全民守法,加大全民普法宣传教育力度,推动全社会树立法治意识,引导全民自觉守法、遇事找法、解决问题靠法,在正确认识中国传统法文化的基础上,可以借鉴域外法文化合理因素,建设社会主义法治文化,为全面依法治国奠定文化基础和社会基础。这里之所以强调要正确认识中国传统法文化,是因为“对正向社会主义法治迈进的现代中国人来讲,更为重要的是应对自己的法传统有一个清醒的认识和估价。……它作为一种惰性力量始终在阻碍着我们社会主义法治的建设进程。因而,随着中国社会的改革和法制的建设进程,对传统法文化进行一次清理与反思是很有必要的”。[2]

(二)完善以宪法为核心的中国特色社会主义法律体系

全面推进依法治国,首要的前提和基础在于有完善的法律体系。尽管中国特色社会主义法律体系已于2010年如期基本形成,但随着社会实践的发展也必须对其进行不断完善,特别是随着中国特色社会主义进入新时代,我国社会主要矛盾发生变化,必然要求我们继续加强立法,根据新时代中国特色社会主义建设的新形势、新要求、新任务,不断完善以宪法为核心的中国特色社会主义法律体系。具言之,第一,我们应继续加强立法工作,适时开展“立改废”工作,一要抓紧制定一些亟须的立法,特别是要推进国家安全、文化、民生、环境保护等重点领域立法,以适应新时代中国特色社会主义建设的新要求;二要及时修改一些不合时宜的立法,特别是与当前全面深化改革不相符合的立法;三要适时开展立法后评估工作,集中开展法律法规清理工作,废止过时的相关立法。

---

〔1〕《〈中共中央关于全面推进依法治国若干重大问题的决定〉辅导读本》,人民出版社2014年版,第98~101页。

〔2〕王人博、程燎原:《法治论》,广西师范大学出版社2014年版,第403页。

第二,我们应推进科学立法、民主立法、依法立法,制定出依法治国所需之良法,以良法保障善治的实现。随着中国特色社会主义法律体系的基本形成,我国立法的重心发生了转变,由“重数量”向“重质量”转变,要求必须坚持科学立法、民主立法、依法立法。因为“立法是一项十分复杂而又严谨的系统性工作,不仅对政治性、技术性和专业性要求很高,而且对程序和法律性都要求也特别严谨”。[1] 其中,科学立法解决的是立法的科学性问题,其目的在于保证所立之法符合立法的内在客观规律。民主立法解决的是立法的正当性问题,其目的在于保证所立之法尽可能地凝聚社会共识。正如时任全国人大常委会委员长张德江指出:“科学立法的核心,在于立法要尊重和体现客观规律;民主立法的核心,在于立法要为了人民、依靠人民。”[2] 依法立法解决的是立法的合法性问题,其目的在于保证所立之法严格遵循了立法的权限和程序,维护社会主义法制的统一和权威。这里需要说明的是,党的十九大报告首次把依法立法与科学立法、民主立法共同作为我国立法的基本原则,是一个巨大的进步,其解决的是我国长期存在的违法立法、立法腐败的问题,与科学立法、民主立法共同保证了良法的出台。

(三)加强宪法实施和监督

党的十九大报告指出:要“加强宪法实施和监督,推进合宪性审查工作,维护宪法权威”。[3] 其中,提出“推进合宪性审查工作”是党的十九大报告的最大亮点之一,也是党的十九大报告突出的贡献之一,这应该是官方文件中首次出现这样的表述。党的十九大报告之所以提出“推进合宪性审查工作”,是因为“宪法虽然是国家的最高法规范,但宪法的这种最高法规范性,有时却会因为法律等下位的法规范或者违宪性质的权力行使,而产生受到威胁或扭曲的事态。因此,有必要在事先防止可能招致宪法崩溃的政治动向,或者预先在宪法秩序之中建立事后可以纠正的措施”。[4] 应当说,党的十九大报告提出“推进

---

[1] 徐凤英:《设区的市地方立法能力建设探究》,载《政法论丛》2017 年第 4 期。

[2] 《〈中共中央关于全面推进依法治国若干重大问题的决定〉辅导读本》,人民出版社 2014 年版,第 12 页。

[3] 习近平:《决胜全面建成小康社会　夺取新时代中国特色社会主义伟大胜利——在中国共产党第十九次全国代表大会上的报告》,载《人民日报》2017 年 10 月 28 日,第 1 版。

[4] [日]芦部信喜:《宪法》,林来梵等译,北京大学出版社 2006 年版,第 327 页。

合宪性审查工作”，无疑抓住了加强我国宪法实施和监督的关键或“牛鼻子”。长期以来，我国宪法之所以实施状态不佳，虚置状态较严重，尽管其原因很多，但“违宪不究”恐怕是最主要的原因。因此，要加强宪法实施和监督，就必须推进合宪性审查工作，以审查和裁决某项立法或某种行为是否合宪，切实做到“违宪必究”，维护宪法权威。

当前，推进合宪性审查工作，关键是要设立专门的合宪性审查机构，使其承担专门的合宪性审查工作，保证合宪性审查工作的常态化。过去，我们宪法实施和监督效果不好的重要原因之一就是缺乏专门的合宪性审查机构，再加上全国人大会期很短以及全国人大常委会工作十分繁重，导致合宪性审查工作难以常态化开展。至于设立什么样的专门合宪性审查机构，综合众多专家学者意见，笔者认为，可以在全国人大下面设立宪法委员会，或将全国人大下设的法律委员会改为宪法和法律委员会，[1]在全国人大闭会期间受全国人大常委会领导，使其承担专门的合宪性审查工作，是比较符合我国政治体制和基本国情的。最终我们采用了后者，即将全国人大下设的法律委员会改为了宪法和法律委员会。此外，还要构建合宪性审查工作机制，明确合宪性审查工作的适用对象、程序、标准、后果等内容，保证合宪性审查工作的制度化、规范化、程序化。正如焦洪昌教授指出：“第一，合宪性审查工作具体由哪个部门来推进实施，未来的机构配置应该尽快跟上；第二，推进合宪性审查工作，要明确合宪性审查的对象；第三，合宪性审查的工作机制问题，要明确具体由哪些机关来提起合宪性审查申请；第四，对违宪的法律法规处理的问题，包括处理方式和处理时效的界定等等。”[2]

---

〔1〕 2018年3月5日上午，第十二届全国人大常委会副委员长兼秘书长王晨在作关于中华人民共和国宪法修正案草案的说明时透露，2月28日，党的十九届三中全会审议通过的《深化党和国家机构改革方案》提出，将“全国人大法律委员会”更名为“全国人大宪法和法律委员会”。《宪法》第70条对全国人大专门委员会的设置作出明确规定。王晨介绍，对上述更名问题，将在此次全国人代会审议宪法修正案(草案)时一并考虑。南都记者了解到，将“全国人大法律委员会”更名为“宪法和法律委员会”意味着，未来该专委会在承担法律案审议工作的同时，还将承担起合宪性审查工作，审查把关法律法规、规范性文件是否合宪、合法，并对发现的违宪违法文件和行为进行纠正，让宪法真正长出“牙齿”。参见《全国人大拟首设“宪法和法律委员会”，背后有何深意？》，载《南方都市报》2018年3月7日，第9版。

〔2〕 《焦洪昌：十九大报告提出要依法立法即破除部门利益法律化问题》，载人民网：http://www.qstheory.cn/2017-10/24/c_1121850699.htm，最后访问日期：2018年1月30日。

(四)坚持依法治国和依规治党有机统一

党的十九大报告指出:要坚持"依法治国和依规治党有机统一"。[1] 之所以如此,是由依规治党在依法治国中的地位和作用所决定的。如前所述,坚持党的领导是中国特色社会主义法治的本质特征和根本优势所在,这就决定了中国的法治建设是以中国共产党为核心的,而不是像西方国家法治建设是以司法为中心的。因而,中国共产党作为中国特色社会主义法治建设的领导者和组织者,必然要求"各级党组织和全体党员要带头尊法学法守法用法,任何组织和个人都不得有超越宪法法律的特权,绝不允许以言代法、以权压法、逐利违法、徇私枉法"。[2] 且只有首先使作为中国特色社会主义法治建设领导者和组织者的中国共产党服从规则的治理、法治的训诫,即通过依规治党,培育全体党员的规则意识和法治观念,率先实现党内法治,再以党内法治带动国家法治,才能保证中国特色社会主义法治建设目标的实现。同时,依规治党对依法治国也有重要的保障作用,广大党员只有严格遵守各项党内法规,才会自觉遵守国家宪法法律,保证宪法法律的良好实施。[3] 正如邓小平同志指出:"国要有国法,党要有党规党法,党章是最根本的党规党法。没有党规党法,国法就难以保障。"[4]应当说,在我们这样的一个后发展中国家,为了节省时间成本和机会成本,只能走自上而下的政府推进型法治道路,即将执政党和政府作为我国法治建设的主要推动力量。在这种情况下,坚持依规治党,率先实现党内法治,再以党内法治带动国家法治,无疑成为我们当前最合理和现实的选择。所以,在新时代中国特色社会主义法治建设中,我们必须坚持依法治国和依规治党的有机统一。

---

〔1〕 习近平:《决胜全面建成小康社会 夺取新时代中国特色社会主义伟大胜利——在中国共产党第十九次全国代表大会上的报告》,载《人民日报》2017 年 10 月 28 日,第 1 版。

〔2〕 同上。

〔3〕 伊士国:《论形成完善的党内法规体系》,载《学习与实践》2017 年第 7 期。

〔4〕 《邓小平文选》(第 2 卷),人民出版社 1994 年版,第 140 页。

第二章　中国特色社会主义法律体系的形成与发展

中国共产党十一届三中全会的召开，标志着中国历史上一个崭新时期的开始，也标志着中国社会主义立法进入了勃勃生机的春天。[1] 改革开放以来，我国的立法工作由简单到成熟、从复苏到繁荣，取得了显著成效，制定了一系列的基本法律和其他重要法律，发布了许多行政法规和地方性法规及行政规章，一个以宪法为核心，部门齐全、数量适度、内在统一、外在协调的中国特色社会主义法律体系基本形成。这从根本上改变了过去那种无法可依的状况，反映了我国改革开放和社会主义现代化建设的进程，肯定了改革开放和现代化建设的成果，反映了社会主义市场经济的客观要求，体现了最广大人民的根本利益，引导、规范、保障和促进了改革开放和现代化建设的顺利进行。可以说，"与时俱进"是改革开放时期我国立法工作最鲜明的特色。

一、中国特色社会主义法律体系形成的基本历程[2]

改革开放以来，中国特色社会主义法律体系实现了从起步到基本形成的伟大转折。回顾中国特色社会主义法律体系的发展历程，以历史发展的顺序，大致可以划分为以下四个阶段。

（一）1978～1992年，中国特色社会主义法律体系的起步阶段

这一时期，是我国新时期法制建设开始的时期，也是我国立法工作取得令人瞩目成果的时期。之所以把这一阶段称为中国特色社会主义法律体系的起步阶段，是因为改革开放初期，中国的法制建设一片荒芜，无法可依的状况十分严重。正如邓小平同志指出的那样，"现在的问题是法律很不完备，很多法律

---

〔1〕 参见李培传主编：《中国社会主义立法的理论与实践》，中国法制出版社1991年版，第355页。

〔2〕 本章第一至第四部分系与周叶中教授合作撰写，特致谢忱！

还没有制定出来”。[1] 为此，党的十一届三中全会明确提出了“加强社会主义民主，健全社会主义法制”的目标，并强调“从现在起，应当把立法工作摆到全国人民代表大会及其常务委员会的重要议程上来”。[2] 邓小平同志也着重指出，“为了保障人民民主，必须加强法制。必须使民主制度化、法律化，使这种制度和法律不因领导人的改变而改变，不因领导人的看法和注意力的改变而改变”。[3] 他还强调，“现在的问题是法律很不完备，很多法律都没有制定出来。往往把领导人说的话当做‘法’，不赞成领导人说的话就叫做‘违法’，领导人的话改变了，‘法’也就跟着改变。所以，应该集中力量制定刑法、民法、诉讼法和其他各种必要的法律……做到有法可依，有法必依，执法必严，违法必究”。[4] 这就明确了社会主义法制建设在国家中的重要地位，也使立法工作在国家制度建设和法制建设中真正获得了它应有的地位，从而对我国新时期社会主义法制建设产生了极大的指导和推动作用。

在党的十一届三中全会正确方针指引下，1979 年以来，全国人大及其常委会将立法工作提到重要议事日程上来。自第五届全国人大第一次会议通过 1978 年《宪法》、第五届全国人大第二次会议通过《刑法》《刑事诉讼法》《地方各级人民代表大会和地方各级人民政府组织法》《全国人民代表大会组织法》《人民法院组织法》《人民检察院组织法》《中外合资经营企业法》7 部重要法律后，每届每次全国人大会议、每届每次全国人大常委会会议，都把立法工作当作重要或主要内容。特别是《七届全国人大常委会工作要点》，把加强和加快立法步伐列为七届全国人大常委会首要工作。乔石当选第八届全国人大委员长后强调，第八届全国人大将进一步加快立法进程，加强全国人大及其常委会的立法职能。[5] 据统计，第五届、第六届和第七届人大及其常委会先后制定了 138 部法律。其中，1982 年颁布了新《宪法》，对 10 部法律进行了修改，包括一系列有关国家机构的法律、民法通则和一系列单行民事法律、刑法、三大诉讼法

---

〔1〕《邓小平文选》（第 2 卷），人民出版社 1994 年版，第 146 页。

〔2〕《中国共产党第十一届中央委员会第三次全体会议公报》，载中国共产党新闻网：http://cpc.people.com.cn/GB/64162/64168/64563/65371/4441902.html，最后访问日期：2018 年 10 月 20 日。

〔3〕《邓小平文选》（第 2 卷），人民出版社 1994 年版，第 146 页。

〔4〕同上书，第 146 ~ 147 页。

〔5〕周旺生：《中国立法五十年》（上），载《法制与社会发展》2000 年第 5 期。

（刑事诉讼、民事诉讼、行政诉讼）以及一批经济方面的、保障公民权利的、涉外方面的、行政管理方面的重要法律，为我国社会主义法制建设奠定了基础。[1]与此同时，国务院根据宪法和法律，从我国对内改革、对外开放以及各方面建设的具体情况和实际需要出发，制定了大量的行政法规；各省、自治区、直辖市及较大的市的人大及其常委会在不同宪法、法律、行政法规相抵触的前提下，从本地区的具体情况和实际需要出发，制定了大量的地方性法规；国务院各部门、各省、自治区、直辖市及较大的市的人民政府更是制定了为数众多的行政规章。这些法律、行政法规、地方性法规和行政规章的制定，使我国的经济、政治、文化等方面基本实现了有法可依，从根本上改变了我国过去无法可依的局面，到1992年10月，我国的法律体系已初具规模，中国特色社会主义法律体系的框架大致形成，这就为中国特色社会主义法律体系在更大规模和更高层次上的发展和完善奠定了基础。

综观中国特色社会主义法律体系这一时期的发展历程，可以看出其具有如下特点：其一，以数量扩张为主。改革开放初期，无法可依的状况十分严重，为了尽快扭转这一局面，使国家政治、经济、文化和社会等方面均实现有法可依，全国人大及其常委会把立法工作提上日程，开始了大规模的立法活动，每年都有大量的法律、法规和规章面世，数量不断增多，部门不断齐全，这就使我国的法律体系得以迅速地、大规模地发展着。其二，立法重点突出。改革开放初期，社会主义法制建设一片荒芜，百废待兴，立法任务十分艰巨，但是力量又严重不足，因此，必须突出立法重点，集中力量制定最急需的法律法规。历史也正是沿着这一思路前进的。这一时期的立法，主要是围绕两个方面展开的：一是加强国家民主政治建设，确立国家政权机构组织、人民民主权利方面的法律法规；二是经济建设和社会经济生活方面的法律法规，特别是涉外经济法律法规。[2]其三，与改革开放的进程相适应。为了保障改革开放的顺利进行，巩固改革开放的成果，在肯定改革开放成果的基础上，引导、规范、保障和促进改革开放的顺利进行。

---

〔1〕 参见顾昂然：《回顾新中国法制建设的历程》，载《中国人大》2004年第8期。

〔2〕 参见李培传主编：《中国社会主义立法的理论与实践》，中国法制出版社1991年版，第366页。

(二)1992~2002年,中国特色社会主义法律体系的初步形成阶段

1992年党的十四大明确提出:"我国经济体制改革目标是建立社会主义市场经济。"与此相适应,党的十四大明确提出要"加强立法工作,特别是抓紧制订与完善保障改革开放、加强宏观经济管理、规范微观经济行为的法律和法规,这是建立社会主义市场经济体制的迫切要求"。从此,我国的立法工作进入了一个新的阶段,中国特色社会主义法律体系的发展也进入了一个新时期。1993年党的十四届三中全会通过的《中共中央关于建立社会主义市场经济体制若干问题的决定》,再次明确指出,"社会主义市场经济体制的建立和完善,必须有完备的法制来规范和保障。要高度重视法制建设,做到改革开放与法制建设的统一,学会运用法律手段管理经济",并提出了"遵循宪法规定的原则,加快经济立法,进一步完善民商法律、刑事法律、有关国家机构和行政管理方面的法律,在本世纪末初步建立适应社会主义市场经济的法律体系"[1]这一立法任务。1995年党的十四届五中全会通过的《中共中央关于制定国民经济和社会发展的"九五"计划和2010年远景目标的建议》,特别强调要加强经济立法,建立和完善适应社会主义市场经济体制的法律体系,进一步推进经济管理体制和运行机制的规范化和法制化。随着我国经济体制改革的深入和社会主义现代化建设的发展,1997年党的十七大明确提出要"进一步扩大社会主义民主,健全社会主义法制,依法治国,建设社会主义法治国家",并把依法治国作为党领导人民治理国家的基本方略,并首次明确提出了"加强立法工作,提高立法质量,到2010年形成有中国特色社会主义法律体系"这一立法目标。

在党的十四大、十五大精神指引下,全国人大及其常委会为适应党的十四大提出的建立社会主义市场经济体制目标的需要,立即采取相应措施,首先,于1993年修改了《宪法》,将建立社会主义市场经济体制确立为我国的宪法性目标,这就成为新时期法制变革的先导;其次,于1994年制定了《八届全国人大常委会立法规划》,把社会主义市场经济立法项目列为其主要内容,提出了要建立社会主义市场经济法律体系的任务。尔后,全国人大及其常委会按照社会主义市场经济体制改革的要求,加快了立法步伐,制定了大量的规范市场主体、规

[1] 《中共中央关于建立社会主义市场经济体制若干问题的决定》,载中国网:http://www.china.com.cn/chinese/archive/131747.htm,最后访问日期:2018年10月20日。

范市场行为、规范市场秩序、规范市场宏观管理、规范对外开放、规范社会保障的法律，在第八届人大任期内使社会主义市场经济法律体系的框架得以大体形成。在此基础上，全国人大及其常委会按照党的十五大提出的“依法治国，建设社会主义法治国家”和“到2010年形成有中国特色社会主义法律体系”的要求，不断加强立法工作，努力提高立法质量。一方面，继续加强市场经济立法，不断完善社会主义市场经济法律体系；另一方面，加强政治、文化、社会等方面的立法，使中国特色社会主义法律体系内容更加全面、结构更加合理。到2002年年底，在前几届全国人大及其常委会工作的基础上，经过不懈努力，构成中国特色社会主义法律体系的各个法律部门已经齐全，每个法律部门中主要的法律已基本制定出来，加上国务院制定的行政法规和地方人大制定的地方性法规，以宪法为核心的中国特色社会主义法律体系已经初步形成。[1] 这就为依法治国、建设社会主义法治国家，实现到2010年形成中国特色社会主义法律体系的目标，打下了坚实的基础。

这一阶段中国特色社会主义法律体系发展的特点主要有以下几点。其一，以建立社会主义市场经济法律体系为主线。在建立社会主义市场经济体制作为我国经济体制改革的目标模式确定后，这一时期的法制建设基本上都是围绕着建立社会主义市场经济法律体系展开的。为此，全国人大及其常委会按市场经济体制改革的要求，把立法特别是市场经济立法放在今后工作的第一位，制定了大量推进市场经济改革方面的法律，初步形成了社会主义市场经济法律体系。其二，以初步形成中国特色社会主义法律体系为目标。党的十五大明确提出了“加强立法工作，提高立法质量，到2010年形成有中国特色社会主义法律体系”这一立法目标。在这一目标指引下，第九届人大及其常委会提出了要在本届人大任期内初步形成中国特色社会主义法律体系的阶段性目标，并制定了相应的立法规划。以此为目标，第九届全国人大及其常委会加强立法，制定了大量的法律规范，涉及社会主义政治、经济、文化、社会等各个方面，初步形成了中国特色社会主义法律体系。其三，以提高立法质量为内在要求。到1992年10月，社会主义法律体系的框架已大致形成，我国无法可依的局面已基本结

---

〔1〕 参见李鹏：《全国人民代表大会常务委员会工作报告（2003年）》，载中国人大网：http://www.npc.gov.cn/wxzl/wxzl/2003-04/04/content_312166.htm，最后访问日期：2018年2月13日。

束,我国立法的重点就应从“数量扩张”转移到“质量提高”上来,尤其是“建立社会主义市场经济体制”和“依法治国,建设社会主义法治国家”这两大战略目标的提出,更是对我国的立法工作提出了新要求。为此,全国人大及其常委会加强立法工作,狠抓立法质量的落实,使所立之法能够引导、规范、保障和促进市场经济的健康发展,保障依法治国基本方略的贯彻落实,从而保证中国特色社会主义法律体系的真正形成。

(三)2002~2008 年,中国特色社会主义法律体系的基本形成阶段

2002 年党的十六大回顾了党的十五大以来我国社会主义建设所取得的巨大成就,科学地总结了党的十三届四中全会以来 13 年建设和发展的基本经验,提出了我国在 21 世纪头 20 年全面建设小康社会的目标。把“社会主义法制更加完备,依法治国基本方略得到全面落实”作为全面建设小康社会的重要目标。为此,党的十六大提出要“加强社会主义法制建设”,并提出了新的立法任务,要“适应社会主义市场经济发展、社会全面进步和加入世贸组织的新形势,加强立法工作,提高立法质量,到二〇一〇年形成中国特色社会主义法律体系”。在这一精神指引下,第十届全国人大及其常委会制定了 5 年立法规划,确立了在本届任期内基本形成中国特色社会主义法律体系的立法工作目标。

为实现这一立法工作目标,第十届全国人大及其常委会在立法的过程中始终着眼于基本形成中国特色社会主义法律体系,以提高立法质量为重点,加强立法:一是制定了对构成中国特色社会主义法律体系具有支架作用、必不可少的重要法律;二是制定了适应社会主义市场经济发展、社会全面进步和加入世贸组织的新形势,改革开放和现代化建设迫切需要、维护人民群众切身利益迫切需要的重要法律;三是制定了符合社会主义初级阶段国情,客观环境和立法条件比较成熟的法律,[1]等等。经过坚持不懈的努力,第十届人大任期内的立法目标已如期实现。到 2008 年 3 月,我国现行有效的法律共 229 件,涵盖宪法及宪法相关法律、民商法、行政法、经济法、社会法、刑法、诉讼及非诉讼程序法 7 个法律部门;现行有效的行政法规近 600 件,地方性法规 7000 多

---

〔1〕 参见吴邦国:《加强立法工作 提高立法质量——为形成中国特色社会主义法律体系而奋斗》,载《求是》2004 年第 3 期。

件,以宪法为核心,以法律为主干,包括行政法规、地方性法规等规范性文件在内的,由7个法律部门、3个层次法律规范构成的中国特色社会主义法律体系已经基本形成,国家经济、政治、文化、社会生活的各个方面基本做到有法可依,为依法治国、建设社会主义法治国家、实现国家长治久安提供了有力的法制保障。[1]

这一时期中国特色社会主义法律体系实现了从"初步形成"到"基本形成"的伟大转变,标志着中国特色社会主义法律体系的发展进入了一个新阶段。综观这一时期中国特色社会主义法律体系的发展历程,可以看出,其具有如下基本特点:其一,以基本形成中国特色社会主义法律体系为目标。在中国特色社会主义法律体系初步形成的基础上,第十届全国人大适时地提出了要在本届人大任期内基本形成中国特色社会主义法律体系的立法目标。在这一目标指引下,全国人大及其常委会、国务院、地方立法主体均致力于基本形成中国特色社会主义法律体系,加强和开展立法工作,制定和修改了大量的法律规范,使中国特色社会主义法律体系得以基本形成。其二,适应新形势的需要。党的十六大提出,要"适应社会主义市场经济发展、社会全面进步和加入世贸组织的新形势,加强立法工作,提高立法质量"。因此,根据这一新形势的要求,全国人大及其常委会制定了一些适应社会主义市场经济发展、社会全面进步和加入世贸组织新形势需要的重要法律,修改完善了一些与这一新形势不相适应的法律法规,从而保证了中国特色社会主义法律体系"与时俱进"。其三,继续以提高立法质量为重心。要想实现中国特色社会主义法律体系从"初步形成"到"基本形成"的转变,提高立法质量是关键。为此,全国人大及其常委会继续以提高立法质量为重心,坚持民主立法和科学立法相结合,坚持立法决策与改革决策相统一,使所立之法能够反映经济社会发展的规律,适应新形势发展的要求,提高法律规范的针对性和可操作性,切实提高立法质量,使中国特色社会主义法律体系得以基本形成。

(四)2008～2010年,中国特色社会主义法律体系形成阶段

2007年,党的十七大从坚持和发展中国特色社会主义的战略高度和全局

[1] 参见吴邦国:《全国人民代表大会常务委员会工作报告(2008年)》,载中国人大网:http://www.npc.gov.cn/wxzl/gongbao/2008-03/18/content_1463243.htm,最后访问日期:2018年5月22日。

角度,对社会主义法治国家建设进行了新探索,指明了新时期建设社会主义法治国家的方向,明确了新时期建设社会主义法治国家的战略地位和目标,部署了新时期建设社会主义法治国家的基本内容,强调指出:要“全面落实依法治国基本方略,加快建设社会主义法治国家”。为此,党的十七大作出重要部署:“要坚持科学立法、民主立法,完善中国特色社会主义法律体系”,以确保 2010 年中国特色社会主义法律体系如期形成。以这一精神为指引,第十一届全国人大及其常委会以完善中国特色社会主义法律体系为目标,制定了五年立法规划,对立法工作进行了全面部署。

为实现党的十五大提出的到 2010 年形成中国特色社会主义法律体系的立法工作目标,第十一届全国人大及其常委会在立法过程中,从我国基本国情出发,始终坚持以人为本,坚持实事求是。一是制定和修改了在中国特色社会主义法律体系中起支架作用的法律;二是及时修改了与经济社会发展不相适应的法律规定;三是督促有关方面制定和修改了与法律相配套的法规;四是督促和指导有关方面全面完成对现行法规的集中清理任务;五是积极推进了科学立法、民主立法。经过各方面坚持不懈的共同努力,到 2010 年年底,中国特色社会主义法律体系如期形成。这就为“全面落实依法治国基本方略,加快建设社会主义法治国家”提供了坚实的基础和前提。

这一时期中国特色社会主义法律体系的发展特点主要有以下两点。其一,以形成中国特色社会主义法律体系为目标。在中国特色社会主义法律体系基本形成的基础上,第十一届全国人大常委会适时地制订了立法规划,对立法工作进行了全面部署,以确保到 2010 年形成中国特色社会主义法律体系。为此,全国人大及其常委会、国务院、地方各级人大及其常委会、地方各级人民政府、各级人民法院和人民检察院以及军队等有关方面,认真履行宪法和法律赋予的职责,积极参与立法工作,共同为形成中国特色社会主义法律体系作出了重要贡献,使党的十五大提出的到 2010 年形成中国特色社会主义法律体系的立法目标如期形成。其二,以实现法律体系内部总体科学和谐统一为任务。中国特色社会主义法律体系不是法律法规的简单相加,而是内部科学和谐统一的有机体。因而,为了实现中国特色社会主义法律体系内部的科学和谐统一,全国人大常委会督促和指导有关方面全面完成了对现行法规的集中清理任务。到 2010 年年底,共修改行政法规 107 件、地方性法规 1417 件,废止行政法规 7 件、地方性法规455件，全面完成了对现行法规的集中清理任务，实现了法律体系内部总体的科学和谐统一，保证了到2010年中国特色社会主义法律体系如期形成。[1]

2010年，中国特色社会主义法律体系如期形成。这是我国社会主义民主法制建设史上的一个重要里程碑，是全面落实依法治国基本方略的重要标志，也是我国改革开放和社会主义现代化建设取得的一项重大成就，具有重大的现实意义和深远的历史意义。对此，吴邦国同志指出："中国特色社会主义法律体系是中国特色社会主义永葆本色的法制根基、中国特色社会主义法律体系是中国特色社会主义创新实践的法制体现、中国特色社会主义法律体系是中国特色社会主义兴旺发达的法制保障。"[2]

二、中国特色社会主义法律体系形成的基本标志

中国特色社会主义法律体系形成的基本标志，也是判断中国特色社会主义法律体系是否形成的标准。一般说来，法律体系形成的基本标志可以分为形式标志和实质标志两种，只有同时符合这两种标志，一国的法律体系才能真正形成。

从形式标志来看，中国特色社会主义法律体系必须符合以下四个方面的要求：一是法律部门齐全，可以涵盖社会关系的各个方面；二是各法律部门中基本的、主要的法律已经制定；三是与法律相配套的行政法规、地方性法规比较完备；四是法律体系内部总体科学和谐统一。以上述标志来衡量，可以看出以下几点：一是我国已形成了以宪法为统帅，以宪法相关法、民法商法等多个法律部门的法律为主干，由法律、行政法规、地方性法规等多个层次的法律规范构成的中国特色社会主义法律体系。各法律部门包括宪法及宪法相关法、民法商法、行政法、经济法、社会法、刑法、诉讼与非诉讼程序法等已经齐全，涵盖了社会关系的各个方面，国家的经济、政治、文化、社会生活等各个方面基本做到有法可依。二是各法律部门中基本的、主要的法律已经制定出来，包括宪法相关法部

---

〔1〕 参见吴邦国：《全国人民代表大会常务委员会工作报告——2013年3月8日在第十二届全国人民代表大会第一次会议上》，载中国人大网：http://www.npc.gov.cn/npc/wbgwyz/content_1789666.htm，最后访问日期：2018年5月10日。

〔2〕 吴邦国：《形成中国特色社会主义法律体系的重大意义和基本经验》，载《求是》2011年第3期。

门中的《全国人民代表大会和地方各级人民代表大会选举法》(以下简称《选举法》)、《立法法》、《各级人民代表大会常务委员会监督法》(以下简称《监督法》),民法部门中的《民法通则》《物权法》,刑法部门的《刑法》,经济法部门的《反垄断法》《反不正当竞争法》,行政法部门的《行政处罚法》,社会法部门的《保险法》《教育法》,诉讼法部门的《刑事诉讼法》《民事诉讼法》《行政诉讼法》,等等。三是与法律相配套的行政法规、地方性法规已经比较完备。到2010年年底,我国已制定行政法规690多件、地方性法规8600多件,对相关法律进行了补充、细化和具体化。四是通过对现行法律和行政法规、地方性法规的集中清理,使法律体系内部总体做到了科学和谐统一。

从实质标志来看,中国特色社会主义法律体系必须符合以下三个方面的要求:一是符合一国的国情和实际,不盲目照搬照抄;二是源于实践并服务于实践;三是体现和反映人民群众的意志和利益。以上述标志来衡量,可以看出,一个立足中国国情和实际、适应改革开放和社会主义现代化建设需要、集中体现党和人民意志的中国特色社会主义法律体系已经形成。具言之,首先,中国特色社会主义法律体系立足于中国的国情和实际,具有鲜明的中国特色,是社会主义初级阶段的法律体系,是社会主义初级阶段政治、经济、文化、社会等各方面情况的法制体现。其次,中国特色社会主义法律体系来源于改革开放和社会主义现代化建设的实践,并服务于改革开放和社会主义现代化建设的实践。它一方面肯定和反映了改革开放和社会主义现代化建设的成功实践经验,另一方面又为改革开放和社会主义现代化建设的健康发展提供了法制保障。最后是中国特色社会主义法律体系集中体现了党和人民的意志,是党的主张和人民意志的有机统一,反映了以人为本、立法为民的要求。

三、中国特色社会主义法律体系的“中国特色”

中国特色社会主义法律体系的“中国特色”,即中国特色社会主义法律体系区别于其他法律体系的基本特征。由于各国的国情和发展道路不同,法治与法治的实现形式的不同,决定了各国建立的法律体系必然具有各自的特色。“中国的法律体系,既与人类政治文明发展的普遍性原则相一致,又与中国社会主义初级阶段的基本国情相适应,与社会主义的根本任务相协调,具有鲜明的中国特色。”[1]具体说来有以下几点。

(一)中国特色社会主义法律体系的“本质特色”

中国特色社会主义法律体系以社会主义为制度依托,这是它的本质特色。一个国家所走的道路,首先是社会制度的问题,其他所有活动的展开,都是在社会制度确立的前提下进行的。社会主义制度的确立,为中国特色社会主义法律体系的构建提供了制度依托,使中国特色社会主义法律体系具有鲜明的社会主义本质,这是其与西方国家法律体系的本质区别。中国特色社会主义法律体系以中国特色社会主义理论体系为指导,以中国特色社会主义道路为指引,坚持党的领导、人民当家作主、依法治国的有机统一,以体现人民共同意志、保障人民当家作主、维护人民根本利益为自己的本质要求,与国家经济发展和社会进步相适应,集中反映了中国特色社会主义经济、政治、文化、社会等各方面的要求,是中国特色社会主义经济建设、政治建设、文化建设、社会建设等创新实践的法制体现,是中国特色社会主义兴旺发达的法制保障,是中国特色社会主义永葆本色的法制根基。

(二)中国特色社会主义法律体系的“国情特色”

中国特色社会主义法律体系立足于社会主义初级阶段的国情和实际,这是它的国情特色。任何法律体系都不是立法者们凭空想象出来的,也不是从其他国家照抄照搬过来的,必须以自己本国的国情和实际为依据,否则就成了无源之水、无本之木。正如马克思指出:“立法者应该把自己看作一个自然科学家。他不是在创造法律,不是在发明法律,而仅仅在表述法律。”[2]当前,我国正处于并将长期处于社会主义初级阶段,这是我国最大的国情,也是我们最大的实际。中国特色社会主义法律体系正是以这一国情和实际为出发点和落脚点,与社会主义初级阶段的国情和实际相适应,以解决社会主义初级阶段的中国问题为目标,集中反映了社会主义初级阶段经济、政治、文化、社会等各方面的要求,全面确立社会主义初级阶段经济制度、政治制度、文化制度、社会制度等各项制度,保障了社会主义初级阶段经济建设、政治建设、文化建设、社会建设等各项

---

〔1〕 中华人民共和国国务院新闻办公室:《中国的法治建设》,载中国政府网:http://www.gov.cn/zwgk/2008-02/28/content_904648.htm,最后访问日期:2018年4月17日。

〔2〕《马克思恩格斯全集》(第1卷),人民出版社1956年版,第183页。

事业的顺利发展。

(三)中国特色社会主义法律体系的“时代特色”

中国特色社会主义法律体系适应了改革开放和社会主义现代化建设的要求,这是它的时代特色。法律是社会实践的反映,随着社会实践的发展而发展。每个阶段社会实践的任务不同,对法律的需求也不同,能够提供的立法条件也不同。因而,每一个阶段的法律体系都具有鲜明的时代特征。在我国,“新时期最鲜明的特点是改革开放”。[1] 中国特色社会主义法律体系正是随着改革开放的历程而逐渐建立起来的,适应了改革开放和社会主义现代化建设的要求。这一法律体系,以改革开放和社会主义现代化建设的伟大实践为基础,以经济建设为中心任务,以全面建设小康社会为奋斗目标。一方面,通过法律的形式反映和确认了改革开放的成功实践经验,形成了经济、政治、文化和社会生活的新秩序,为改革开放和社会主义现代化建设提供了法律支持;另一方面,正确把握了改革发展稳定的关系,妥善处理了立法与改革的关系,不断适应了改革开放和社会主义现代化建设的需要,引导和促进了改革开放和社会主义现代化建设的发展。

(四)中国特色社会主义法律体系的“文化特色”

中国特色社会主义法律体系既借鉴了人类法治文明成果,又传承了中华法制文化优秀传统,这是它的文化特色。“法律是特定民族的历史、文化、社会的价值和一般意识与观念的集中体现。任何两个国家的法律制度都不可能完全一样。法律是一种文化的表现形式,如果不经过某种本土化的过程,它便不可能轻易地从一种文化移植到另一种文化。”[2]因而,一国法律体系的构建,只有体现本民族的历史、文化、社会的价值和一般意识与观念,才能真正具有本国特色,并在现实生活中发挥作用。中国特色社会主义法律体系既借鉴了外国法律体系,吸收了人类所创造的一切优秀文化成果,又传承了中华法制文化优秀传统,体现了中国特有的历史、文化、社会的价值和一般意识与观念,如以人为本

---

〔1〕 胡锦涛:《高举中国特色社会主义伟大旗帜 为夺取全面建设小康社会新胜利而奋斗——在中国共产党第十七次全国代表大会上的报告》,载人民网:http://paper.people.com.cn/rmrb/html/2007-10/25/content_27198418.htm,最后访问日期:2018年6月10日。

〔2〕 [美]格伦顿、戈登、奥萨魁:《比较法律传统》,米健等译,中国政法大学出版社1993年版,第6~7页。

的观念等。这充分表明了中国特色社会主义法律体系在文化上的先进性、包容性和广泛性。

(五)中国特色社会主义法律体系的"结构特色"

中国特色社会主义法律体系是统一多层次的法律体系,这是它的结构特色。"一国的法律体系由哪些不同效力层次的法律规范构成,一般取决于该国的法律传统、政治制度及立法体制等因素,其中立法体制的影响最为突出。"[1]中华人民共和国建立后,遵循在中央统一领导下充分发挥地方主动性、积极性的原则,我国逐渐确立了统一而又多层次的立法体制,除全国人大及其常委会可以制定法律外,国务院可以制定行政法规,省级人大及其常委会、较大的市人大及其常委会可以制定地方性法规,民族自治区、自治州、自治县的人大可以制定自治条例和单行条例,等等。与此相适应,中国特色社会主义法律体系在构成上也是统一而又多层次的,除宪法、法律外,还包括行政法规、地方性法规、自治条例和单行条例、部门规章、地方政府规章,等等。其中,宪法为统帅,法律为骨干,法规为重要组成部门,其他为补充,都是中国特色社会主义法律体系的有机组成部分,共同构成了一个科学和谐统一的法律体系。

四、中国特色社会主义法律体系形成的基本经验

改革开放以来,我国立法的成就,不仅体现在短时期内基本形成中国特色社会主义法律体系,更体现在我国立法理论和实践的成熟。回顾中国特色社会主义法律体系发展的历程,可以发现,我们已经成功走出了一条中国特色的立法之路,积累了诸多基本经验,可以对我国的立法工作得出以下有益的启示。

(一)坚持党的领导、人民当家作主和依法治国的有机统一

改革开放以来,中国特色社会主义法律体系之所以能够在短时期内从起步到基本形成,最根本的原因就是在我国的立法工作中坚持了党的领导、人民当家作主和依法治国这三者的有机统一。其中,党的领导是中国特色社会主义法律体系形成的根本保证,人民当家作主是中国特色社会主义法律体系形成的重要路径,依法治国是中国特色社会主义法律体系形成的目标指引。

---

〔1〕 胡康生:《对中国特色社会主义法律体系几个问题的研讨》,载《中国人大》2010年第19期。

具言之,首先,党的领导是社会主义立法的根本保证,中国特色社会主义法律体系从起步到基本形成都是在党的领导下进行的。党通过制定大政方针、提出立法建议、推荐重要干部、加强思想宣传来加强对人大工作的领导,使人大及其常委会在立法工作中牢固树立党的观念、政治观念、大局观念、群众观念和法治观念,自觉地使党的主张通过法定程序成为国家意志,成为全社会一体遵循的行为规范和准则,从而使社会主义立法工作能够"与时俱进",始终服从并服务于党和国家工作的大局,保证改革开放和现代化建设的顺利进行。其次,人民当家作主是社会主义民主政治的本质要求,在社会主义立法中坚持人民当家作主,就是在立法中坚持走群众路线、充分发扬民主、扩大公民对立法工作的有序参与,这是做好立法工作、提高立法质量、形成中国特色社会主义法律体系的重要途径。只有在社会主义立法中坚持人民当家作主,才能使人民群众真正成为立法的主体,才能使立法的程序民主化,才能使立法的内容体现和反映广大人民群众的意志和利益,才能使中国特色社会主义法律体系"名副其实",也才能使中国特色社会主义法律体系形成并不断发展、不断完善。最后,依法治国是党领导人民治理国家的基本方略,是中国特色社会主义法律体系形成的目标指引。法制是法治的基础,法治是法制的目标。依法治国,建设社会主义法治国家,首要的前提就是要有完备的法制。而形成中国特色社会主义法律体系的最终目的,就是为了实现"有法可依",为"依法治国方略的全面贯彻落实、社会主义法治国家的加快建立"提供坚实的法制基础。

(二)坚持服务大局、统筹兼顾和适当安排的有机统一

在立法中严格遵循和深刻体现服务大局、统筹兼顾和适当安排的有机统一,是社会主义立法的本质要求,也是保证中国特色社会主义法律体系社会主义性质和方向的应有之义。

中国特色社会主义法律体系是党的主张和人民意志的统一。这就要求社会主义立法必须坚持服从并服务于党和国家的大局,以最大多数人的最大利益为准,这是做好社会主义立法工作、提高立法质量的基本前提。一方面,要求在立法中紧紧围绕党和国家的中心工作,按照党和国家的战略部署和重大决策,以改革开放和社会主义现代化建设伟大实践作为立法基础,根据经济社会发展的要求,突出立法重点,保证急需制定和修改的法律以及形成中国特色社会主义法律体系必不可少的重要法律及时出台,从而使我国的立法工作始终服从并

服务于党和国家的工作大局。另一方面,由于我国幅员辽阔,人口众多,情况比较复杂,尤其是在改革开放的过程中各地发展极不平衡,导致利益分化严重,矛盾比较突出,对同一部法律,不同的社会群体有不同的期待和诉求,有时候甚至是截然相反的期待和诉求。如何统筹处理好各个方面的利益关系就成了立法机关的重要职责。因此,立法时必须从全局的情况出发,以最大多数人的利益为准,同时也要考虑各地的特殊情况和实际需要,统筹兼顾,适当安排,切实处理好局部与全局、个别与一般的关系。在服务大局的基础上,统筹兼顾个人利益和集体利益、局部利益和整体利益,当前利益和长远利益,科学合理地分配利益,防止和克服地方和部门的保护主义,维护好国家的整体利益和人民的根本利益,使中国特色社会主义法律体系成为全国人民利益和要求的反映。

(三)坚持实事求是,从实际出发与注重理论指导的有机统一

在立法中坚持实事求是,从实际出发与注重理论指导的有机统一,就是在立法过程中坚持辩证唯物主义的思想方法和工作方法,这是做好立法工作、提高立法质量、形成中国特色社会主义法律体系的客观要求。

社会实践是立法的基础,法律是实践经验的总结。[1] 中国特色社会主义法律体系是社会主义初级阶段的法律体系,其必然要反映社会主义初级阶段的经济、政治、文化的要求,反映社会主义初级阶段生产方式的客观要求。因此,中国特色社会主义法律体系的建设就必须实事求是,从社会主义初级阶段的国情出发,而不能从主观愿望和想当然出发,不能从本本和概念出发,更不能照搬照抄外国的东西。正如马克思所说:“只有毫无历史知识的人才不知道:君主们在任何时候都不得不服从经济条件,并且从来不能向经济条件发号施令。无论政治的立法或市民的立法,都只是表明和记载经济关系的要求而已。”[2] 因此,我们要把立法的基础放在我国改革开放和社会主义现代化的建设的实践基础上,从改革开放和社会主义现代化建设的需要和可能性出发,尊重客观实际,围绕社会主义初级阶段这个最大的国情展开立法活动,使所立的法律适合客观实际的需要。

---

〔1〕 参见吴邦国:《加强立法工作 提高立法质量——为形成中国特色社会主义法律体系而奋斗》,载《求是》2004年第3期。

〔2〕《马克思恩格斯全集》(第4卷),人民出版社1958年版,第121~122页。

立法从实际出发十分重要，但要想使立法能够真正从实际出发，反映经济社会发展的规律，还必须在立法活动中注重理论的指导，这是做好立法工作，提高立法质量的前提和根本保证。这是因为立法不仅是客观实际的反映，也是对未来行动的指引。因此，立法一方面要成为客观实际的反映，另一方面又不能完全是客观实际的反映。既要考虑现实情况，又要反映经济社会发展的趋势。要正确处理法律的现实可行性与前瞻性的关系，既要肯定改革开放的经验和成果，又要为深化改革开放留有空间和余地。要做到这些，既要强调实事求是，从实际出发，又要强调以科学的理论特别是其中的立法理论来指导我国的立法活动，正确把握中国特色社会主义法律体系的性质、功能和价值，妥善处理好法律的阶段性和前瞻性的关系，保证立法正确的方向，使制定的法律能够体现经济社会发展的规律，反映建设中国特色社会主义的要求和客观规律。

（四）坚持稳定性、连续性与适时变动性的有机统一

“法律必须稳定，但又不能一成不变。”[1]这就要求在立法中坚持稳定性、连续性与适时变动性的有机统一，这是做好立法工作、提高立法质量、保持中国特色社会主义法律体系“与时俱进”的必然要求。

法律的特点在于“定”，一旦作出规定，就应当在一定时期、一定范围内保持相对的稳定和连续，避免朝令夕改、频繁变动，使人们无所适从，破坏法律的权威性；但由于法律所调整的社会关系的变动性，随着经济社会的不断发展变化，法律也必须“适时变动”，适应经济社会发展的要求，但在对法律进行“变动”的过程中，必须保持法律相对的连续性，使新旧法律在立法精神、立法原则和立法内容上保持一定的衔接关系，避免任意割裂新旧法的关系，把法律的稳定性、连续性和适时变动性统一起来，从而使立法工作适应经济社会发生的广泛而深刻的变化，更好地发挥法律对现实生活的规范和调整作用。

改革开放以来，我国进入了一个长期稳定的新时期，但同时“改革”成为这一时期的主旋律，这就对立法工作坚持稳定性、连续性和适时变动性的有机统一提出了更高要求。这就要求我们在立法工作中必须体现与时俱进的精神，正确处理法律的稳定性与变动性、阶段性与前瞻性的关系。一方面，必须保持法律的相对稳定，形成良好的经济社会秩序，为改革开放的顺利进行提供坚实的

---

〔1〕［美］庞德：《法律史解释》，曹玉堂等译，华夏出版社1989年版，第1页。

法制保障；另一方面，要根据改革开放的进程，及时地把改革中成功的经验和成果用法律的形式固定下来，对现有法律中不适应改革开放和现实生活需要的规范适时予以变动，并适时进行法律清理工作。从这两方面入手，从而使我国的立法工作适应改革的需要，把法律的"定"与改革的"动"有机统一起来，用立法的形式巩固改革的成果和促进改革的顺利进行。

（五）坚持法制统一，原则性与灵活性的有机统一

在立法中坚持法制统一、原则性与灵活性的有机统一是保证立法科学性的必然要求，也是马克思辩证唯物主义思想方法和工作方法在我国立法工作中的贯彻落实。原则性和灵活性的有机统一是我国立法应坚持的一项基本原则。在立法中坚持原则性和灵活性相结合，是指在立法时既应当坚持各项基本原则，体现广大人民的意志和利益，坚持法制的统一和立法的法治化，要求立法合乎科学；又允许在一定条件下对这些原则作灵活的、变通的运用，允许留有余地。[1] 我国立法的原则性主要表现为社会主义法制的统一性，我国是一个历史悠久、幅员辽阔的统一的多民族国家，只有坚持立法的原则性，才能维护国家统一、政治安定、社会稳定，才能促进经济协调发展和社会的全面进步、社会主义市场经济体制的不断完善。另外，我国幅员辽阔，各地经济社会文化的发展极不平衡，对一些地方或民族的特点，有些法律并不能完全适用，必须予以灵活变通。因此，必须在坚持立法原则性的前提下，保持立法工作的灵活性，因时立法，因地立法，灵活变通，制定出适合当地经济社会发展要求的法律法规，以保证法律在该地区的有效贯彻落实，维护社会主义法制的统一。

（六）坚持总结、借鉴与科学预见的有机统一

在立法中坚持总结、借鉴与科学预见的有机统一，是做好立法工作、提高立法质量必须坚持的一项重要原则，是马克思辩证唯物主义与历史唯物主义思想方法和工作方法在立法中的运用和发展。

立法既具有历史性又具有世界性，法律既有普遍性又有特殊性。"一般地说，法律，在它支配着地球上所有人民的场合，就是人类的理性；每个国家的政治法规和民事法规应该只是把这种人类理性适用于个别情况。"[2] 这就决定了

---

〔1〕 参见周旺生：《立法学教程》，北京大学出版社 2006 年版，第 423 页。

〔2〕 [法]孟德斯鸠：《论法的精神》（上册），张雁深译，商务印书馆 1961 年版，第 6 页。

法律之间可以相互借鉴、移植。而且，经验证明，通过反思、总结国内外立法的经验教训，借鉴和吸收一些有益的成果，对减少立法机关的失误、提高立法质量，建立和完善一国的法律体系大有益处。在此过程中，我们的体会是法律借鉴应当坚持以下三条原则：一是要立足本国国情，法律是经济社会的反映，应该符合本国的政治架构、经济发展水平和历史文化背景，只有这样才能扎根于本国土壤，在借鉴他国法律时应该从本国的实际出发，不能盲目地照抄也不能移植，否则借鉴的法律很容易和现实脱节，实际中也行不通；二是深入研究国外的法律，做到知其现状也知其历史，知其然也知其所以然，科学借鉴；三是要博采众长，兼收并蓄，不能只拘泥于法律制度的借鉴，应该坚持开放思维，对不同制度进行比较，做到择善而从，这样才能妥善处理经验理性与重构理性，积极进取与开拓创新的关系。〔1〕

但是，要想真正提高立法质量，仅仅靠总结和借鉴国内外的立法经验是远远不够的。立法的目的并非是对现实生活作消极的反映，而是要对现实生活既反映又要给予正确引导、能动改造。单以立法反映既有实际生活状况远远不够，还要根据历史和现实，特别注重以立法形式，对一定时空范围内的未来国家生活、社会生活和公民生活，作出科学的规范和指引。这就需要坚持总结、借鉴和科学预见相结合的立法方法和原则。〔2〕

（七）坚持与时俱进，立法决策与改革进程的有机统一

中国特色社会主义法律体系之所以能够“与时俱进”，始终适应经济社会发展的要求，符合社会主义现代化建设新形势的需要，关键是在我国的立法工作中坚持了立法决策与改革决策的有机统一、立法进程与改革进程的有机统一。

改革、开放是社会主义建设新时期的主旋律，立法这一乐章正是围绕这一主旋律展开的。在立法与改革的关系上，有两个基本的方面：一方面，改革的进行和深入，会不断地、越来越多地提出立法要求；另一方面，立法必须反映改革的要求，积极主动地为推行改革政策服务。在我国进入改革时期后，改革基本

〔1〕 参见冯玉军：《借鉴国际法治文明成果完善中国特色社会主义法律体系》，载《光明日报》2007年12月17日，第9版。

〔2〕 参见周旺生：《立法学教程》，北京大学出版社2006年版，第426页。

上是居统揽全局地位的国家中心工作，因此，作为国家工作重要组成部分之一的立法工作，必须明确为改革服务的方针。[1]

改革开放以来，我们时刻坚持立法为改革服务的方针，把立法与改革开放的重大决策紧密地结合起来，把能否巩固改革开放的成果，保障改革开放的顺利进行，促进改革开放的顺利发展，当作衡量立法质量高低的客观标准。这就要求我们在立法中要贯彻落实党的十三大提出的“一手抓建设和改革，一手抓法制”的重要精神，认真研究改革开放的重大决策，把握改革开放的发展规律，以改革开放和社会主义现代化的伟大实践作为立法的基础，坚持立法进程与改革进程的有机统一，做到立法决策和改革决策的有机统一，为改革开放服务，促进改革开放的深入发展。

五、中国特色社会主义法律体系形成的基本规律

如前所述，到2010年年底，一个立足中国国情和实际、适应改革开放和社会主义现代化建设需要、集中体现党和人民意志的，以宪法为统帅，以宪法相关法、民商法等多个法律部门的法律为主干，由法律、行政法规、地方性法规等多个层次的法律规范构成的中国特色社会主义法律体系如期形成。这是社会主义民主法制建设史上的重要里程碑，对全面落实依法治国基本方略、加快建设社会主义法治国家无疑具有重要意义。而中国特色社会主义法律体系之所以能够在短期内形成，关键在于我们坚持党的领导、以中国特色社会主义理论体系为指导、坚持走中国特色社会主义道路、以中国特色社会主义制度为依托，这是中国特色社会主义法律体系形成的基本规律。

（一）坚持党的领导，是中国特色社会主义法律体系形成的根本保证

党的领导是人民当家作主和依法治国的根本保证，也是加强社会主义民主法制建设、做好立法工作的根本保证。中国特色社会主义法律体系之所以能够在短短40年内，从起步到初步形成再到基本形成，最根本的就在于坚持党的领导。坚持党的领导，是由中国共产党的执政党地位决定的。中国共产党是中国特色社会主义事业的领导核心，因而社会主义立法工作必须坚持党的领导，服从并服务于党和国家工作的大局，一切立法都要有利于加强和改善党的领导，

---

〔1〕 参见李培传：《中国社会主义立法的理论与实践》，中国法制出版社1991年版，第325页。

有利于巩固和完善党的执政地位。具体说来,党是社会主义立法工作的领导者和组织者,中国特色社会主义法律体系就是在党的领导和组织下形成的。可以说,正是党的这种领导作用和组织作用,才从根本上保证了中国特色社会主义法律体系的形成。

首先,党是社会主义立法工作的领导者,对中国特色社会主义法律体系的形成起到了重要的领导作用。党是社会主义立法工作的领导者,对社会主义立法工作进行直接领导,这是由党与人大的关系决定的。中国共产党的中国特色社会主义事业领导核心地位,决定了人大及其常委会的立法工作必须在党的领导下进行,决定了人大及其常委会在立法工作中必须树立党的观念、政治观念、大局观念和群众观念,决定了人大及其常委会立法工作的主要内容就是将党的路线、方针、政策通过法定形式转变为国家意志。与此不同的是,西方国家的政党只有通过竞争选举,占据议会席位,才有机会将本党的政策上升为国家意志。也就是说,西方国家的立法并不是在某一政党的领导下进行的,政党只有在进入议会且占据多数席位的情况下,才能发挥主导作用。因而,与西方国家相比,中国共产党对社会主义立法工作的领导,既可以保证社会主义立法工作的正确方向,保证中国特色社会主义法律体系的本质统一,使中国特色社会主义法律体系成为党的意志和人民意志的有机统一体;又可以保证党的各项方针、路线、政策及时通过法定程序转化为国家意志,成为全体人民一致遵循的行为规范和准则,从制度上、法律上保证党的路线、方针、政策的贯彻落实,使党的执政地位更加巩固和完善。但必须明确的是,党是社会主义立法工作的领导者,并不意味着党是中国特色社会主义法律体系的直接制定者。党与国家机关不同,党不能代替立法机关工作,党应积极支持人大及其常委会依法履行职责。党对社会主义立法工作的领导,主要是政治领导、思想领导和组织领导。

其次,党是社会主义立法工作的组织者,对中国特色社会主义法律体系的形成起到了重要的组织作用。党是社会主义立法工作的领导者,决定了党必然也是社会主义立法工作的组织者。党对社会主义立法工作的组织作用,主要奠基于依法治国基本方略的提出。如果说邓小平的"为了保障人民民主,必须加强法制。必须使民主制度化、法律化,使这种制度和法律不因领导人的改变而改变,不因领导人的看法和注意力的改变而改变”,[1]使社会主义立法进入一个春天,那么江泽民的“发展民主必须同健全法制紧密结合,实行依法治国。依法治国,就是广大人民群众在党的领导下,依照宪法和法律规定,通过各种途径和形式管理国家事务,管理经济文化事业,管理社会事务,保证国家各项工作都依法进行,逐步实现社会主义民主的制度化、法律化,使这种制度和法律不因领导人的改变而改变,不因领导人看法和注意力的改变而改变”,[2]则使社会主义立法进入快车道。正是在依法治国基本方略提出的前提下,党才明确提出了建设中国特色社会主义法律体系的目标,并科学制订了立法规划和立法计划。党的十五大首次提出了到2010年形成中国特色社会主义法律体系的立法工作总目标,党的十六大、十七大不断重申这一目标。党的十八大又进一步提出,要完善中国特色社会主义法律体系,加强重点领域立法,拓展人民有序参与立法途径。党的十九大站在新时代的高度明确提出,要推进科学立法、民主立法、依法立法,以良法促进发展、保障善治。围绕这一目标,在其明确指引下,党制订了详细的立法规划和立法计划,实行民主立法和科学立法的原则,使社会主义立法工作能够分阶段、有步骤、有重点地进行,既提高了立法质量,又提高了立法效率,从而使中国特色社会主义法律体系能够如期形成。

(二)坚持以中国特色社会主义理论体系为指导,是中国特色社会主义法律体系形成的根本前提

坚持正确的指导思想是加强民主法制建设、搞好立法工作,形成中国特色社会主义法律体系的根本前提。“法律是实践证明正确的、成熟的、需要长期执行的党的路线方针政策的制度化、规范化和程序化。”[3]因而,只有坚持正确的指导思想,才能确保社会主义立法的正确方向,确保中国特色社会主义法律体系体现党的路线方针政策的内容。目前,这一正确的指导思想是且只能是中国特色社会主义理论体系。中国特色社会主义理论体系,就是包括邓小平理论、“三个代表”重要思想、科学发展观、习近平新时代中国特色社会主义思想等重大战略思想在内的科学理论体系。这个理论体系,坚持和发展了马克思主

[1] 《邓小平文选》(第2卷),人民出版社1994年版,第146页。
[2] 《江泽民文选》(第2卷),人民出版社2006年版,第28~29页。
[3] 吴邦国:《在形成中国特色社会主义法律体系座谈会上的讲话》,载《中国人大》2011年第2期。

义、毛泽东思想,凝结了几代中国共产党人带领人民不懈探索实践的智慧和心血,是马克思主义中国化最新成果,是党最可宝贵的政治和精神财富,是全国各族人民团结奋斗的共同思想基础,是指导党和人民实现中华民族伟大复兴的正确理论。中国特色社会主义理论体系科学地揭示了社会主义社会发展的基本规律,科学地回答了法律产生的社会经济基础、本质、特征、作用和发展等一系列问题,为正确把握中国特色社会主义法律体系的性质、功能和价值提供了理论基础、原则和依据。因此,中国特色社会主义理论体系,不仅是指导党和人民沿着中国特色社会主义道路实现中华民族伟大复兴的正确理论,也是我们做好立法工作的根本指针。在立法工作中,坚持中国特色社会主义理论体系的指导,有利于统一立法指导思想,明确立法工作的思路,使社会主义立法既能坚持四项基本原则又能坚持改革开放,既能坚持社会主义基本制度又能发展社会主义市场经济,既能推动经济基础变革又能推动上层建筑变革,既能提高效率又能促进社会公平,既能促进改革发展又能保持社会稳定,既能坚持独立自主又能参与经济全球化,从而使中国特色社会主义法律体系始终体现党的主张和人民意志的要求,不仅从制度上、法律上保证了人民当家作主,而且也从制度上、法律上保证了党的执政地位。

中国特色社会主义法律体系之所以能够如期形成,关键就是在社会主义立法工作中贯彻落实了中国特色社会主义理论体系。中国特色社会主义理论体系作为整个国家走出一条正确发展道路的指导思想,统领并影响着整个国家的政治、经济、文化和社会等各个领域,自然对促进社会主义立法进程以及形成中国特色社会主义法律体系有着重要指示器的作用。它不仅深刻揭示了社会主义立法的本质要求、根本目的和价值取向,而且指明了形成中国特色社会主义法律体系的发展基础、发展战略、发展模式和发展步骤。在社会主义立法工作中贯彻落实中国特色社会主义理论体系,就是要在形成中国特色社会主义法律体系的进程中汲取中国特色社会主义理论体系的营养,并体现社会主义立法的民主性、科学性、协调性、现代性;要协调并实现中国特色社会主义法律体系的工具价值和目的价值的有机统一,将整个国家的政治、经济、文化等各个方面都纳入法制的轨道,用法律来规范,达到社会治理的最佳状态,使法律既成为手段也成为目的,充分发挥出中国特色社会主义法律体系的功能和效益;要在形成中国特色社会主义法律体系的过程中坚持科学立法,通过科学的机制实现法律资源的充分有效配置,进而通过它实现对整个社会经济、政治、文化等其他各项资源的优化配置,体现出整个社会最大的公平正义、最大限度的以人为本、对国家、社会和个人利益的统一兼顾,从而实现社会主义法律体系的价值追求和目标。可以说,正是因为在我国的立法工作中深入贯彻落实了中国特色社会主义理论体系,才保证了我国立法的社会主义性质和方向;才保证了我国立法工作始终坚持以人为本,尊重和保障人权,为满足人的全面需求和促进人的全面发展提供制度基础和法律保障;才保证了我国立法工作始终坚持全面协调可持续的原则,适应我国经济、政治、文化、社会等全面发展的客观需要;才保证了中国特色社会主义法律体系的如期形成,使社会主义各项事业都有法可依,实现了国家各项工作的法制化,从而为全面落实依法治国基本方略、加快建设社会主义法治国家提供了坚实基础。

(三)坚持走中国特色社会主义道路,是中国特色社会主义法律体系形成的关键

"法律是特定民族的历史、文化、社会的价值和一般意识与观念的集中体现。任何两个国家的法律制度都不可能完全一样。法律是一种文化的表现形式,如果不经过某种本土化的过程,它便不可能轻易地从一种文化移植到另一种文化。"[1]因而,任何国家的法律都必须与本国的国情相适应,任何国家的立法都必须从本国的实际出发,必须走具有本国特色的立法之路。改革开放以来,中国特色社会主义法律体系之所以能够在短期内形成,关键就在于我们在立法工作中始终坚持走中国特色社会主义道路。中国特色社会主义道路,是实现社会主义现代化、创造人民美好生活的必由之路。中国特色社会主义道路,就是在中国共产党领导下,立足基本国情,以经济建设为中心,坚持四项基本原则,坚持改革开放,解放和发展社会生产力,巩固和完善社会主义制度,建设社会主义市场经济、社会主义民主政治、社会主义先进文化、社会主义和谐社会、社会主义生态文明,促进人的全面发展,逐步实现全体人民共同富裕,建设富强、民主、文明、和谐、美丽的社会主义现代化强国。坚持走中国特色社会主义道路,既是中国人民不断从胜利走向胜利的重要保证,也是中国特色社会主义

---

〔1〕 参见[美]格伦顿、戈登、奥萨魁:《比较法律传统》,米健等译,中国政法大学出版社 1993 年版,第 6~7 页。

法律体系形成的关键。

在我们的立法工作中坚持中国特色社会主义道路，具体说来，就是坚持走中国特色社会主义的立法之路。中国特色社会主义立法之路之所以完全正确、能够在短期内形成中国特色社会主义法律体系，关键在于我们既坚持了立法的一般原则，符合立法的普遍规律，又根据我国实际和时代特征赋予其鲜明的中国特色。中国特色社会主义的立法之路，主要包括以下几点。其一，坚持从中国国情和实际出发。任何法律体系都不是立法者们凭空想象出来的，也不是从其他国家照抄照搬过来的，必须以自己本国的国情和实际为依据，否则就成了无源之水、无本之木。正如马克思指出："立法者应该把自己看作一个自然科学家。他不是在创造法律，不是在发明法律，而仅仅在表述法律。"[1]当前，我国正处于并将长期处于社会主义初级阶段，这是我国最大的国情，也是我们最大的实际。我们的立法工作正是以这一国情和实际为出发点和落脚点，与社会主义初级阶段的国情和实际相适应，以解决社会主义初级阶段的中国问题为目标，集中反映了社会主义初级阶段经济、政治、文化、社会等各方面的要求，全面确立社会主义初级阶段经济制度、政治制度、文化制度、社会制度等各项制度，保障了社会主义初级阶段经济建设、政治建设、文化建设、社会建设等各项事业的顺利发展。[2] 其二，坚持民主立法和科学立法相结合。民主立法和科学立法是我国立法的基本原则。坚持民主立法，是由我国法律的社会主义本质所决定的。我国法律的社会主义本质不仅决定了中国特色社会主义法律体系必然是人民群众共同意志和利益的反映，必然以保障人民当家作主、实现最广大人民群众的根本利益为最终归宿，而且决定了我们必须走民主立法之路。这就要求立法必须依靠人民，必须使人民群众成为立法的真正主体；必须实现立法过程的民主化，使人民群众真正参与到立法过程中来，并在其中发挥实质性影响；必须使立法内容充分体现和反映最广大人民群众的根本利益和意志。坚持科学立法，是由立法工作的复杂性、艰巨性、规律性和科学性所决定的。立法工作实际上是一种科学活动，搞法律就是搞科学，这就要求任何立法工作必须遵循

---

〔1〕《马克思恩格斯全集》(第1卷)，人民出版社1956年版，第183页。

〔2〕周叶中、伊士国：《关于中国特色社会主义法律体系的几个问题》，载《思想理论教育导刊》2011年第6期。

客观规律,以科学的方式进行。具体说来,科学立法就是实事求是,一切从实际出发,不凭空臆测,减少立法活动中的盲目性和随意性;就是建立科学的立法制度,实现立法活动的规范化和程序化;就是博采众长,兼收并蓄;就是加强技术创新,降低立法成本,提高立法效益。

(四)坚持以中国特色社会主义制度为依托,是中国特色社会主义法律体系形成的根本制度保障

“一个国家所走的道路,首先是社会制度的问题,其他所有活动的展开,都是在社会制度确立的前提下进行的。”[1]我国立法活动的展开,就是在中国特色社会主义制度确立的前提下进行的。中国特色社会主义制度,是当代中国发展进步的根本制度保障,集中体现了中国特色社会主义的特点和优势。我们推进社会主义制度自我完善和发展,在经济、政治、文化、社会、生态文明等各个领域形成一整套相互衔接、相互联系的制度体系,主要包括:人民代表大会制度这一根本政治制度,中国共产党领导的多党合作和政治协商制度、民族区域自治制度以及基层群众自治制度等构成的基本政治制度,中国特色社会主义法律体系,公有制为主体、多种所有制经济共同发展的基本经济制度,以及建立在根本政治制度、基本政治制度、基本经济制度基础上的经济体制、政治体制、文化体制、社会体制、生态文明体制等各项具体制度。[2] 中国特色社会主义制度的确立,为中国特色社会主义法律体系的形成提供了制度依托,同时,中国特色社会主义制度的性质决定了中国特色社会主义法律体系必然具有鲜明的社会主义本质,这是其与西方国家法律体系的本质区别,这就为中国特色社会主义法律体系的形成提供了根本制度保障。

具体说来,这一根本制度保障作用主要表现在以下两点。其一,中国特色社会主义制度保障了我国立法工作始终坚持以人为本、立法为民,使中国特色社会主义法律体系体现和反映了最广大人民群众的根本利益和意志。坚持以人为本、立法为民,既是中国特色社会主义制度的必然要求,也是加强民主法制建设、做好立法工作的根本目的。中国特色社会主义制度不仅包括工人阶级领

〔1〕 周叶中、伊士国:《关于中国特色社会主义法律体系的几个问题》,载《思想理论教育导刊》2011年第6期。

〔2〕 参见胡锦涛:《在庆祝中国共产党成立90周年大会上的讲话》,载新华网:http://news.xinhuanet.com/politics/2011-07/01/c_121612030.htm,最后访问日期:2018年7月12日。

导的、以工农联盟为基础的人民民主专政的政治制度，还包括以公有制为主体、多种所有制经济共同发展的基本经济制度，这就使人民群众不仅成为生产资料的主人，而且也成为自己命运的主人；不仅是法律上、原则上的“主人”，而且是政治现实中的主人。[1] 因此，人民当家作主、一切权力属于人民的中国特色社会主义制度，决定了我们建立的必然是中国特色社会主义法律体系，必然要体现中国特色社会主义制度经济、政治、文化、社会等各方面的要求，必然要有利于巩固和发展中国特色社会主义制度，以体现人民群众共同意志、维护人民群众根本利益、保障人民当家作主为本质要求。这就要求我们在立法工作中，必须始终坚持把实现好、维护好、发展好最广大人民群众的根本利益作为出发点和落脚点，无论是在立法的过程中，还是在法律规范上都坚持以人为本，尊重人民主体地位，尊重人民首创精神，从人民的实践创造中汲取智慧，从人民的发展要求中获得动力。[2] 其二，中国特色社会主义制度保障了社会主义法制的统一。坚持社会主义法制的统一，既是中国特色社会主义制度的应有之义，也是加强民主法制建设、做好立法工作的内在要求。一个国家采用什么样的立法体制主要是由一个国家的国体、政体和国家结构等因素决定的。中国特色社会主义制度确立的人民民主专政的国体和人民代表大会制度的政体，使人民成为国家的主人，使各级人民代表大会成为人民行使国家权力的机关，使立法权牢牢掌握在了人民手中。为了维护人民的有效统治，必然要求立法权的统一性，也必然要采取适合人民统治的一元立法体制，以使立法能够集中体现和反映人民群众的意志和利益。此外，中国特色社会主义制度确立的单一制国家结构，使我国只存在一个最高的立法机关，即全国人大及其常委会，这就直接决定了我国的立法体制必然是一元的、统一的。同时，考虑到我国各地经济社会文化发展不平衡的现状，我国建立了统一而又分层次的立法体制。这就要求我们在立法的过程中，必须始终坚持社会主义法制统一的原则，必须始终维护宪法国家根本大法的权威地位，根据法定权限、遵循法定程序立法，以保证法律、行政法规、地方性法规不同宪法相抵触，保证行政法规不同法律相抵触，保证地方性法

---

〔1〕 参见周叶中主编：《宪法》，高等教育出版社、北京大学出版社 2005 年版，第 225 页。

〔2〕 参见吴邦国：《在形成中国特色社会主义法律体系座谈会上的讲话》，载《中国人大》2011 年第 2 期。

规不同法律、行政法规相抵触，保证法律法规之间的规定相衔接、相协调，以确保统一而又多层次的中国特色社会主义法律体系形成。

六、中国特色社会主义法律体系的完善

中国特色社会主义法律体系的如期形成，标志着中国开启了后法律体系时代。但是，中国特色社会主义法律体系的形成，只是"万里长征走完了第一步"。以党的十八大确立的全面建成小康社会和全面深化改革开放的目标之一——"依法治国基本方略全面落实，法治政府基本建成，司法公信力不断提高，人权得到切实尊重和保障"来衡量，以党的十八届四中全会提出的"全面推进依法治国，总目标是建设中国特色社会主义法治体系，建设社会主义法治国家"来要求，中国特色社会主义法律体系仍然不够民主科学完善，必须继续加强立法，进一步予以完善。因此，党的十八届四中全会作出的《决定》明确提出了"完善以宪法为核心的中国特色社会主义法律体系"的重大战略任务，以为中国特色社会主义法治体系的构建提供基础和前提。这就要求我们：

（一）适时修改我国宪法，为完善中国特色社会主义法律体系提供前提和基础

宪法是我国的根本大法，具有最高的法律效力，在中国特色社会主义法律体系中居于统帅地位。这种统帅地位是由宪法的性质和地位所决定的，具体表现在，"宪法是法律制定的依据，宪法是保障社会主义法制统一的基础，宪法的发展是整个法律体系发展的前提等"。[1] 另外，实践证明，1982 年宪法颁布实施后的 4 次（1988 年、1993 年、1999 年、2004 年）适时部分修改，对中国特色社会主义法律体系的形成都起到了重要的统帅作用。"总的看，4 次宪法修改体现了中国共产党领导人民进行改革开放和社会主义现代化建设的成功经验，体现了中国特色社会主义道路、理论、制度、文化的发展成果。通过 4 次宪法修改，我国宪法在中国特色社会主义伟大实践中紧跟时代步伐，不断与时俱进，有力推动和保障了党和国家事业发展，有力推动和加强了我国社会主义法治建

---

〔1〕 许崇德：《充分认识宪法在中国特色社会主义法律体系中的统帅作用》，载《求是》2011 年第 7 期。

设。"[1]因而,我们要继续加强立法,完善中国特色社会主义法律体系,就应该以适时修改宪法为基础和前提。正如许崇德先生指出:"立法首先要有宪法依据。国家立法机关不能制定宪法没有原则规定的事项。所以,为了从源头上解决问题,修改宪法便是必要的了。"[2]特别是2004年修宪以来,中国特色社会主义理论和实践取得了新的重大突破和发展,要求在宪法中得到明确的反映,以便使我国宪法与时俱进,能够适应新形势的发展需求。正如王晨同志指出:"自2004年宪法修改以来,党和国家事业又有了许多重要发展变化。特别是党的十八大以来,以习近平同志为核心的党中央团结带领全国各族人民毫不动摇坚持和发展中国特色社会主义,统筹推进'五位一体'总体布局、协调推进'四个全面'战略布局,推进党的建设新的伟大工程,形成一系列治国理政新理念新思想新战略,推动党和国家事业取得历史性成就、发生历史性变革,中国特色社会主义进入了新时代。党的十九大在新的历史起点上对新时代坚持和发展中国特色社会主义作出重大战略部署,提出了一系列重大政治论断,确立了习近平新时代中国特色社会主义思想在全党的指导地位,确定了新的奋斗目标,对党和国家事业发展具有重大指导和引领意义。"[3]这就要求我们必须及时修改宪法,为中国特色社会主义事业建设和推进国家治理体系和治理能力现代化提供宪法根基和宪法保障,同时,在总体保持我国宪法连续性、稳定性、权威性的基础上,实现宪法自身的与时俱进。

基于此,2018年3月11日下午第十三届全国人大第一次会议投票表决通过了《宪法修正案》,对我国现行宪法进行了第五次修改,共通过了21条宪法修正案,修改内容之多前所未有(前四次宪法修改一共通过了31条宪法修正案),具体来说:一是确立了科学发展观、习近平新时代中国特色社会主义思想在国家政治和社会生活中的指导地位;二是调整充实了中国特色社会主义事业总体布局和第二个百年奋斗目标的内容;三是完善了依法治国和宪法实施举措;四是充实完善了我国革命和建设发展历程的内容;五是充实完善了爱国统

[1] 王晨:《关于〈中华人民共和国宪法修正案(草案)〉的说明》,载中国人大网:http://www.npc.gov.cn/npc/xinwen/2018-03/20/content_2052202.htm,最后访问日期:2018年5月1日。

[2] 许崇德:《中华人民共和国宪法史》(下册),福建人民出版社2005年版,第529页。

[3] 王晨:《关于〈中华人民共和国宪法修正案(草案)〉的说明》,载中国人大网:http://www.npc.gov.cn/npc/xinwen/2018-03/20/content_2052202.htm,最后访问日期:2018年5月1日。

一战线和民族关系的内容；六是充实了和平外交政策方面的内容；七是充实了坚持和加强中国共产党全面领导的内容；八是增加了倡导社会主义核心价值观的内容；九是修改了国家主席任职方面的有关规定；十是增加了设区的市制定地方性法规的规定；十一是增加了有关监察委员会的各项规定。[1] 应当说，这次宪法修改广泛发扬了民主，凝结了社会共识，体现了党的意志与人民意志的有机统一，同时以国家根本大法的形式确认了党和人民在实践中取得的重大理论创新、实践创新、制度创新成果，体现了党和国家事业发展的新成就新经验新要求，为我们坚定中国特色社会主义道路自信、理论自信、制度自信、文化自信提供了宪法根基，为我们新时代坚持和发展中国特色社会主义、实现“两个一百年”奋斗目标和中华民族伟大复兴的中国梦提供了有力宪法保障，也为我们新时代完善中国特色社会主义法律体系奠定了基础。

（二）继续加强立法，进一步完善中国特色社会主义法律体系

社会实践是法律的基础，法律是社会实践经验的总结。社会实践永无止境，法律体系也要与时俱进、不断完善。中国特色社会主义法律体系的形成是一个长期的历史过程，中国特色社会主义法律体系的完善也是一项长期的历史任务，必须随着中国特色社会主义实践的发展而发展。因而，中国特色社会主义法律体系的形成，只能理解为“基本形成”，而不能简单理解为“完全形成”，中国特色社会主义法律体系形成后的立法任务依然重大。这就要求我们丝毫不能放松立法工作，必须继续加强立法工作，随着中国特色社会主义实践的发展而不断完善中国特色社会主义法律体系。

中国特色社会主义法律体系形成后，我国“立法工作的重点将会逐渐发生变化：将从注重制定与修改并重，逐步转向更加注重法律法规的修改完善；将从注重经济领域立法，逐步转向更加注重社会领域立法和其他领域立法的均衡发展”。[2] 因而，我们继续加强立法工作，一是要对一些现行法律进行修改完善。在修改法律过程中，应一切从实际出发，把握经济社会发展规律，深刻认识当前我国经济社会发展的阶段性特征，根据我国经济社会发展中出现的新情况、新

---

〔1〕 王晨：《关于〈中华人民共和国宪法修正案（草案）〉的说明》，载中国人大网：http://www.npc.gov.cn/npc/xinwen/2018-03/20/content_2052202.htm，最后访问日期：2018 年 5 月 1 日。

〔2〕 全国人大常委会法工委研究室：《在新的历史起点上不断完善中国特色社会主义法律体系》，载《求是》2011 年第 6 期。

问题,适时地对相应的法律作出修改、补充和完善,增强法律的针对性、实效性和操作性,做到法律变动与形势发展同步,充分发挥法律在推动科学发展、促进社会和谐中的规范、引导和保障作用,使中国特色社会主义法律体系随着我国经济社会发展的需要而逐步完善。就目前的具体工作而言,我们应按照党的十八届四中全会《决定》的要求,加快完善体现权利公平、机会公平、规则公平的法律制度,完善社会主义市场经济法律制度,健全以公平为核心原则的产权保护制度,完善惩治贪污贿赂犯罪法律制度等。二是要制定一些新法律。中国特色社会主义法律体系的形成,并不表明国家和社会所有的方面都已完全实现了有法可依,实际上,有许多方面还没有被纳入法律的调整范围。再加上改革开放的新形势、经济社会的新发展,对立法工作提出了新任务新要求,这就要求我们必须制定一些新的法律,以推动中国特色社会主义法律体系的与时俱进和发展完善。[1] 就目前的具体工作而言,我们应按照党的十八届四中全会《决定》的要求,加强重点领域立法,包括加强企业社会责任立法、加快推进反腐败国家立法、加强互联网领域立法、加强社会组织立法等。另外,有学者认为,军事法作为一个独立的法律部门存在具有悠久的历史和法律渊源,且具备构成的基本要素,应将军事法作为中国特色社会主义法律体系一个独立的部门法,加强军事方面的立法。[2]

(三)更加注重配套法规制定工作,增强中国特色社会主义法律体系的可操作性

中国特色社会主义法律体系的形成,使我国在各方面已基本实现了有法可依,但其实施情况却不尽如人意,没有充分发挥法律应有的作用。一个重要的原因就在于,我国的法律体系中缺少与现有法律相配套的法规,缺少与之相配套的具体实施细则,已有的一些配套法规也尚未完全实现体系化,从而使整个中国特色社会主义法律体系的可操作性不强。因此,现阶段我们必须更注重配套法规制定工作,从各地、各部门的实际出发,因地、因时制宜,做好法律法规配套制定工作,尽快制定和修改与法律相配套的法律法规,增强法律的针对性和

---

〔1〕 参见周叶中、伊士国:《关于中国特色社会主义法律体系的几个问题》,载《思想理论教育导刊》2011年第6期。

〔2〕 参见张建田:《再论军事法应当作为中国特色社会主义法律体系的部门法》,载《法学杂志》2011年第8期。

实效性，增强中国特色社会主义法律体系的可操作性，发挥中国特色社会主义法律体系的整体功能，保证中国特色社会主义法律体系得到全面正确的实施。正如时任全国人大常委会委员长张德江指出："针对一些法律规定比较原则、需要制定的配套法规和规章过多等问题，强调要科学严密设计法律规范，能具体就尽量具体，能明确就尽量明确，努力使制定和修改的法律立得住、行得通、切实管用。"〔1〕

第一，全国人大常委会应督促有关方面抓紧制定和修改法律配套法规。目前，我国法律配套法规制定方面存在的问题主要有：有的法律明确规定了应当制定相关的配套法规，但目前尚未制定；有的法律有关行政处罚特别是罚款的规定，比较原则，缺乏具体实施细则；有的法律虽然没有明确规定应当制定相关配套法规，但从实践情况来看，如不及时制定相关配套法规，法律实施起来的难度必然很大。据统计，目前我国尚有许多法律需要尽快制定或修改相关配套法规，如《旅游法》《环境保护法》《出境入境管理法》《大气污染防治法》等。对此，全国人大常委会应督促有关方面抓紧制定和修改法律配套法规。就采取的具体措施而言，其一，全国人大常委会应对法律的配套法规的制定问题作出专门规定。目前，我国对法律配套法规的制定问题尚未作出过专门规定，对法律配套法规制定的主体、时间、要求、责任等尚无具体要求，导致我国法律配套法规制定工作的规范性不强，许多法律配套法规没有及时制定，即使有的制定了，也难以实现体系化。因而，全国人大常委会应对法律的配套法规的制定问题作出专门规定，以增强对法律配套法规制定工作的约束、规范和监督，使有关部门能够重视法律配套法规的制定，及时制定出相关配套法规。其二，全国人大常委会应通过执法检查和立法后评估等方式，对有关法律法规的实施情况进行检查或评估，对有关法律法规的可操作性作出评价，以发现有关法律法规在实施过程中存在的问题，从而督促有关方面抓紧制定和修改法律配套法规。

第二，有关部门应抓紧制定和修改有关法律的配套法规。根据我国立法权限的划分，国务院和有立法权的地方国家权力机关是我国法律配套法规的主要

---

〔1〕 张德江：《全国人民代表大会常务委员会工作报告——二〇一四年三月九日在第十二届全国人民代表大会第二次会议上》，载人民网：http://politics. people. com. cn/n/2014/0317/c1024 - 24648865. html，最后访问日期：2018 年 3 月 13 日。

制定主体,承担着将有关法律具体化、细致化的重任。为了增强有关法律的可操作性,保证有关法律的实施,国务院和有立法权的地方国家权力机关应抓紧制定和修改有关法律的配套法规,"对于法律明确规定需要制定配套法规的,原则上应当在法律施行前制定完毕,与法律同步实施。对于涉及面广、情况复杂、需要在实践中积累经验的配套规定,可以在法律实施后一段时间推出,但不能滞后太多。一些正在改革进程中的事项,也要根据改革进程和实践发展需要,适时推出配套规定"。[1] 当务之急是,国务院和有立法权的地方国家权力机关应根据立法权限的划分,制定或修改与上文中提及的一些法律相关的配套法规。此外,有关部门在制定或修改法律配套法规时,应以宪法和法律为依据,严格遵循"不抵触"原则,以维护社会主义法制的统一。这个绝不是杞人忧天,如全国人大常委会法工委负责人曾坦言,他们发现不少配套法规、规章和司法解释,背离了法律的原意,有的甚至篡改了法律的原意。[2]

第三,应建立配套法规与相关法律同步起草、同步出台、同步实施制度。配套法规制定的目的,在于对相关法律进行具体化、细致化,以增强相关法律的可操作性。因而,配套法规只有及时制定出来,才能保证相关法律的良好实施。但是,目前我国法律中"另行制定"的规定较多,许多法律配套法规没有及时制定出来,严重影响了相关法律的实施效果。对此,我们应建立配套法规与相关法律同步起草、同步出台、同步实施制度,在制定新法律时,尽量减少"另行制定"的规定。这就要求,立法机关在确定立法项目、起草法律草案时,应同时对相关配套法规、实施细则作出设计安排,进行详细论证。在提出法律案的同时,附有相关配套法规的设计思路、设计方案、实施时间、实施办法等,原则上做到配套法规与相关法律同步起草、同步出台、同步实施。对于个别不能同步进行的,全国人大常委会应加强督促,确保相关配套法规及时出台和实施。此外,立法机关在制定立法规划时,应将相关法律配套法规优先立项、优先起草、优先审议、优先表决,以保证其与相关法律同步出台和实施。

(四)健全相关配套机制,确保中国特色社会主义法律体系的良好实施

中国特色社会主义法律体系的良好实施,既是中国特色社会主义法律体系

---

[1] 孙大雄:《论法律体系完善中的配套法规建设》,载《社会主义研究》2011 年第 2 期。

[2] 参见《全国人大常委会如何立法?》,载《新京报》2014 年 3 月 9 日,第 22 版。

完善的重要内容，也是中国特色社会主义法律体系完善的应有之义。因为法治的关键正在于“已成立的法律获得普遍的服从”。[1] 特别是在中国特色社会主义法律体系已经形成的情况下，实施中国特色社会主义法律体系就显得更突出、更紧迫，应成为我们的中心工作。这就要求，必须健全相关配套机制，确保中国特色社会主义法律体系的良好实施。

第一，完善法律解释机制的途径和方法，建立法律解释常态化机制。“法律解释是指决定某些存在争议的一种文本如一部法律、合同或遗嘱的意思的过程。”[2] 由于法律是概括的、抽象的，只有经过解释，才能成为具体行为的规范标准。因而，任何法律在实施过程中都面临解释的问题。“我国现行法律解释对于正确实施法律和弥补立法粗疏等方面起到了积极作用，但是由于复杂的历史和现实原因，现行法律解释在制度和观念等方面均与法治存在冲突。这些冲突主要表现在：法律解释的法律依据的规范性程度差；在法律解释主体方面存在立法解释和检察解释，行政解释权过大等。”[3] 对此，应完善我国法律解释机制的途径和方法，建立法律解释常态化机制，以对需要进一步明确法律规定的具体含义或者法律制定后出现新情况需要明确法律适用依据的，及时作出法律解释，从而保证中国特色社会主义法律体系的正确实施。具言之，一是要制定统一的、专门的法律解释法。目前，我国法律解释的法律依据过多、过乱，且部门利益明显，法律解释权配置不统一，法律解释主体多元化，导致我国法律解释活动比较混乱。因此，为了重新配置我国的法律解释权，建立统一的法律解释体制，规范和保障法律解释权的正当运行，我们应尽快制定一部统一的、专门的法律解释法。[4] 二是要明确我国法律解释的具体方法和规则。目前，我国法律只规定了法律解释的主体，但对其进行法律解释的具体方法和规则等却没有明确规定，这样导致法律解释主体在解释法律时往往随意性较大，规范性较差。因此，为了保证我国法律解释活动的客观性、规范性，我们应修改法律，明确规定法律解释的具体方法和规则。

第二，健全备案审查机构，完善备案审查机制。坚持社会主义法制统一，既

---

〔1〕［古希腊］亚里士多德：《政治学》，吴寿彭译，商务印书馆 1983 年版，第 199 页。

〔2〕［英］戴维·M. 沃克：《牛津法律大辞典》，李双元等译，法律出版社 2003 年版，第 586 页。

〔3〕周永坤：《我国现行法律解释与法治观念的冲突》，载《现代法学》2006 年第 4 期。

〔4〕参见魏胜强：《我国需要制定统一的法律解释法》，载《法学》2007 年第 1 期。

是中国特色社会主义法律体系形成的重要经验,也是完善和实施中国特色社会主义法律体系的内在要求。正如恩格斯指出:"在现代国家中,法不仅必须适应于总的经济状况,不仅必须是它的表现,而且还必须是不因内在矛盾而自相抵触的一种内部和谐一致的表现。"[1]而且,这也是由我国实行统一而又分层次的立法体制所决定的。特别是在当前我们对我国《立法法》进行修改,已将过去 49 个较大的市才享有的地方立法权扩大至全部 282 个设区的市、使地方立法主体大量增加的情况下,强调坚持和维护社会主义法制统一,意义更重大。这就要求,我们必须加强对规范性文件的备案审查,以保证法律、行政法规、地方性法规不同宪法相抵触,保证行政法规不同法律相抵触,保证地方性法规不同法律、行政法规相抵触,保证法律法规的规定之间衔接协调、不相互矛盾,从而保证中国特色社会主义法律体系的真正完善和整体实施。为此,我国的《立法法》《各级人民代表大会常务委员会监督法》等确立了我国的备案审查制度。根据该制度,法律目前尚不在备案审查范围之列,法律之下的行政法规、地方性法规、自治条例和单行条例、规章等应当在其公布后的 30 日内分别依照法定程序报有关机关备案。备案审查制度的建立,是我国立法体制的重大完善,是形成和完善中国特色社会主义法律体系的重要保障。

但从目前我国规范性文件备案审查的实践来看,还存在机构不健全、编制紧张、人员不固定、机制不健全、制度不规范、备案范围不明确、工作责任难落实等问题,致使我国的备案审查工作没有形成常态化运作,形式化较严重。对此,首先,我们应健全备案审查机构。目前,除全国人大常委会设立了专门的备案审查机构即法规备案审查室(编制 20 余人)外,其他主体包括地方人大常委会大都尚未设立专门的备案审查机构,而由其他机构附带承担备案审查的任务,且大都缺乏固定的工作人员。由于其他机构都有自己的本职工作,其根本没有精力和能力承担起种类、数量众多的规范性文件的备案审查任务,容易使备案审查工作出现形式化现象。因此,其他主体特别是地方人大常委会应尽快设立专门的备案审查机构,扩充编制,配置固定的工作人员,使其专门从事备案审查工作。其次,我们应完善备案审查机制。目前,我国的备案审查机制不健全,致使备案审查工作的开展往往缺乏具体的依据,无法实现经常化、规范化运作。

---

[1] 《马克思恩格斯选集》(第 4 卷),人民出版社 1995 年版,第 702 页。

对此，我们认为，应根据我国《立法法》《监督法》等的规定，制定专门的备案审查办法，对备案审查的范围、时间、期限、内容、方法、程序、处理办法等作出明确规定，不断完善我国的备案审查制度。[1] 可喜的是，这次《立法法》修改的亮点之一就是"加强备案审查"，"修改后的《立法法》明显加强了备案审查力度，明确规定主动审查，如规定：有关的专门委员会和常务委员会工作机构可以对报送备案的规范性文件进行主动审查。再如，新的《立法法》还提出建立向审查申请人反馈与公开机制，规定全国人大有关的专门委员会和常委会工作机构可以将审查、研究情况向提出审查建议的国家机关、社会团体、企业组织以及公民反馈，并可以向社会公开"。[2]

第三，健全法律法规清理工作机制，建立常态化法律法规清理工作机制。对法律法规的清理，是我国立法监督的重要内容，是中国特色社会主义法律体系和谐统一的重要保证。这是因为，法律法规是社会实践检验的总结，随着社会实践的发展，便会出现法律的规定与社会现实不相符合的情况，也会出现新法与旧法不一致的情况，这时就需要及时对不适应客观情形变化的法律法规予以清理，以避免法律法规适用时的混乱，保持中国特色社会主义法律体系的和谐统一。但目前，我们还没有建立常态化的法律法规清理工作机制，实践中常采取集中清理的办法，这就无法及时对我国不适应客观情形变化的法律法规进行清理。对此，我们应该健全法律法规清理工作机制，建立常态化法律法规清理工作机制，实现法律法规清理工作常态化，确保中国特色社会主义法律体系内在的科学和谐统一。具体说来，一要明确法律法规清理的主体及其权限。对法律法规的清理属于立法权的内容，因而，只有具有立法权限的主体或其授权的主体才能进行。至于其具体权限，应根据其具有的相应立法权限来决定。二要明确法律法规清理的方式。应实行定期清理与不定期清理相结合的方式，在定期清理的基础上，针对特殊情况，再进行不定期清理。三要明确法律法规清理的具体程序，包括启动、受理、审查、处理等。四要明确法律法规清理的后果。法律法规清理的后果不是简单的"一废了之"，而应根据审查情况决定是否继

---

〔1〕 参见伊士国：《当代中国社会转型中的法律制度变革》，载《甘肃社会科学》2015 年第 1 期。

〔2〕 《中国 15 年来首次修改立法法，六大亮点引关注》，载新华网：http://news.xinhuanet.com/politics/2015-03/15/c_127582571.htm，最后访问日期：2018 年 3 月 15 日。

续适用,当不再适用时,再根据具体情况,决定是否修改、补充或废止。也可以在清理的基础上,按照一定的标准进行法律法规汇编。

综上,我们通过四个方面,不断完善以宪法为核心的中国特色社会主义法律体系,只是提供了现代法治所需求的良法,而现代法治所追求的善治则需要通过不断实施以宪法为核心的中国特色社会主义法律体系才能实现。因为现代法治的核心是良法善治,其中良法是善治的前提,善治是良法的归宿。但令人遗憾的是,中国特色社会主义法律体系形成后的实施效果并不尽如人意,有法不依、执法不严、违法不究的现象还比较严重。究其原因,根本的一点在于,作为中国特色社会主义法律体系根基的宪法没有得到良好实施,宪法至上的权威没有树立起来。而宪法作为"治权之法",其一旦得不到良好实施,权力便不会被"关进制度的笼子中去",权力的滥用便会成为常态,法律体系实施效果不好便会成为自然。正是基于此,党的十八届四中全会着重强调了加强宪法实施问题,并强调指出"坚持依法治国首先要坚持依宪治国,坚持依法执政首先要坚持依宪执政",[1]从而为我们指明了中国特色社会主义法治建设的方向和努力的重点所在。

---

〔1〕《中共中央关于全面推进依法治国若干重大问题的决定》,载西部网:http://news.cnwest.com/content/2014-10/28/content_11767768.htm,最后访问日期:2018年8月14日。

第三章　从法律体系迈向法治体系

党的十八届四中全会通过的《决定》是我国新时期全面推进依法治国的纲领性文件,在中国特色社会主义法治建设方面,提出了建设中国特色社会主义法治体系的重大战略任务,描绘了法治中国建设的宏伟蓝图,为新时期中国特色社会主义法治建设指明了方向。而推进中国特色社会主义法治体系建设,关键在于实现由“法律体系”到“法治体系”的转变。因为法治的要义正在于:“已成立的法律获得普遍的服从。”[1]

一、由“法律体系”到“法治体系”的历史发展

“法治应当优于一人之治。”[2]在经过长期的“人治”与“法治”之争后,党的十五大将“依法治国”确立为了党领导人民治理国家的基本方略,明确提出了“依法治国,建设社会主义法治国家”的战略目标,从而拉开了社会主义法治建设的序幕。正如江泽民同志指出:“依法治国,是党领导人民治理国家的基本方略,是发展社会主义市场经济的客观需要,是社会文明进步的重要标志,是国家长治久安的重要保障。”[3]1999 年第九届人大第二次会议又将“中华人民共和国实行依法治国,建设社会主义法治国家”载入了我国《宪法》。这是很不寻常的做法,表现了我们国家要厉行法治,真正实行社会主义民主宪治的决心。[4] 但是,考虑到我国社会主义法治建设的长期性、复杂性,特别是我国社会主义法制不健全的实际情况,因而,党采取了分步骤、分阶段推进社会主义法治建设的策略,即以 2010 年为界划分为两个大的阶段。第一阶段,重点加强

〔1〕［古希腊］亚里士多德:《政治学》,吴寿彭译,商务印书馆 1965 年版,第 199 页。

〔2〕同上书,第 171 页。

〔3〕《江泽民文选》(第 2 卷),人民出版社 2006 年版,第 29 页。

〔4〕许崇德:《中华人民共和国宪法史》(下卷),福建人民出版社 2005 年版,第 544 页。

“法律体系”建设，建立完善的中国特色社会主义法律体系，以为社会主义法治建设提供基础和前提。而第二阶段，重点加强“法治体系”建设，实现由“法律体系”到“法治体系”的转变，以最终建成中国特色社会主义法治体系。在此，我们首先必须对“法律体系”与“法治体系”的关系作以说明。“法律体系”即“指一国在一定时期的全部现行法律规范，按照一定标准和原则，划分为各个法律部门而形成的内部和谐一致的统一体”。[1] “法治体系”义同“法治国家”。正如徐显明教授所言：“法治国家的另一个表述是‘法治体系’，可以说，法治体系形成时，就是法治国家建成时。”[2]“法律体系”与“法治体系”既有联系又有区别。就联系而言，“法律体系”是“法治体系”的逻辑起点，“法治体系”是“法律体系”的升华和目标；就区别而言，“法律体系”与“法治体系”相比，存有四个方面的不同，“一是法之静态方面与法之动态方面；二是法之形式方面与法之实质方面；三是法之外在方面与法之内在方面；四是法之政治机制方面与法之社会机制方面”。[3] 因而，由“法律体系”到“法治体系”，既是法治建设规律的普遍要求，又是中国特色社会主义法治建设的必由之路。

因而，按照上述部署，在2010年以前，我国社会主义法治建设的重点一直是“法律体系”，即加强立法，健全社会主义法制，以保证2010年形成中国特色社会主义法律体系。正如党的十五大报告指出，“加强立法工作，提高立法质量，到二〇一〇年形成有中国特色社会主义法律体系”，[4]党的十六大报告指出，“加强社会主义法制建设。坚持有法可依、有法必依、执法必严、违法必究。适应社会主义市场经济发展、社会全面进步和加入世贸组织的新形势，加强立法工作，提高立法质量，到二〇一〇年形成中国特色社会主义法律体系”，[5]并将“社会主义法制更加完备，依法治国基本方略得到全面落实”作为全面建设小康社会的奋斗目标之一。[6] 党的十七大报告指出：“要坚持科学立法、民主

---

〔1〕 李龙主编：《法理学》，人民法院出版社、中国社会科学出版社2003年版，第366页。

〔2〕 《“法治之梦”开始于法律体系的形成》，载《新华月报》2011年增刊。

〔3〕 张淑芳：《法律体系与法治体系之比较》，载《探索与争鸣》2011年第9期。

〔4〕 《江泽民文选》（第2卷），人民出版社2006年版，第30页。

〔5〕 《江泽民文选》（第3卷），人民出版社2006年版，第555页。

〔6〕 同上书，第542页。

立法，完善中国特色社会主义法律体系。"[1]以上述精神为指导，经过各方面坚持不懈的共同努力，中国特色社会主义法律体系于 2010 年如期形成，从而为社会主义法治建设奠定了坚实的基础。正如吴邦国委员长指出："一个立足中国国情和实际、适应改革开放和社会主义现代化建设需要、集中体现党和人民意志的，以宪法为统帅，以宪法相关法、民法商法等多个法律部门的法律为主干，由法律、行政法规、地方性法规等多个层次的法律规范构成的中国特色社会主义法律体系已经形成，国家经济建设、政治建设、文化建设、社会建设以及生态文明建设的各个方面实现有法可依，党的十五大提出到 2010 年形成中国特色社会主义法律体系的立法工作目标如期完成。"[2]

正是基于此，党的十八大报告在考虑中国特色社会主义法律体系已经形成，社会主义法治建设的重点已由立法转向宪法法律实施实际的基础上，明确提出了由"法律体系"到"法治体系"转变的重大战略任务，强调要"全面推进依法治国"。这与党的十五大报告提出的"健全社会主义法制，依法治国，建设社会主义法治国家"，党的十六大报告提出的"社会主义民主更加完善，社会主义法制更加完备，依法治国基本方略得到全面落实"，党的十七大报告提出的"全面落实依法治国基本方略，加快建设社会主义法治国家"相比，既体现了我们党逐步推进社会主义法治建设的深入，也体现了我们党对社会主义法治建设规律掌握的成熟。"全面推进依法治国，意味着要在深入推进依法治国方略实施的基础上更上一层楼；意味着要统筹兼顾，切忌片面和表面，克服观念上的片面认识和实践中的表面文章；意味着改革要与法治协调推进，在法治的轨道上和法律的框架内推进改革；意味着要高度重视改革的顶层设计，并将顶层设计落实到法律层面，把改革的顶层设计与改革的法治保障有机结合起来；意味着要为全面建成小康社会提供更加强有力的法治保障。"[3]因而，全面推进依法治国，关键点是"全面推进"，这不仅意味着中国特色社会主义法治建设要向纵深

---

〔1〕 胡锦涛：《高举中国特色社会主义伟大旗帜　为夺取全面建设小康社会新胜利而奋斗——在中国共产党第十七次全国代表大会上的报告》，载新华网：http://news.xinhuanet.com/newscenter/2007-10/24/content_6938568.htm，最后访问日期：2018 年 6 月 27 日。

〔2〕 吴邦国：《全国人民代表大会常务委员会工作报告——2011 年 3 月 10 日在第十一届全国人民代表大会第四次会议上》，载新华网：http://news.xinhuanet.com/politics/2011lh/2011-03/18/c_121203794.htm，最后访问日期：2018 年 6 月 27 日。

〔3〕 刘武俊：《解读十八大报告的法治精神》，载《中国司法》2012 年第 12 期。

方向推进,而且意味着中国特色社会主义法治建设要向横向方向发展。换言之,全面推进依法治国的目标,就是要实现由“法律体系”到“法治体系”的转变,以最终建成中国特色社会主义法治体系。

党的十八届三中全会在此基础上,将“全面推进依法治国”,进一步深化为“推进法治中国建设”。其中,“法治中国”是在党的文献中第一次提出,具有里程碑的意义。“法治中国”是“依法治国,建设社会主义法治国家”的集中和最新最高概括。“法治中国”的提出,既凸显了我国当前社会主义法治建设的重点,又指明了我国社会主义法治建设的目标图景。正如李林研究员指出:“‘法治中国’或者建设法治中国的概念,同以往‘依法治国,建设社会主义法治国家’提法相比较,前者对于后者既具有内在统一的连续性和一致性,又具有与时俱进的创新性和前瞻性。以‘新十六字方针’为逻辑主线、以‘三个共同建设’和‘三个一体推进’为主要内容的‘法治中国’概念,无疑是在历史新起点上推进‘依法治国,建设社会主义法治国家’最鲜明的旗帜和最响亮的进军号。‘法治中国’这一新提法新要求,贯彻了法治统一的基本原则,创新了依法治国的理论观念,丰富了法治发展的实践内涵,指明了法制改革的正确方向。”[1]而且,党的十八届三中全会《中共中央关于全面深化改革若干重大问题的决定》还明确指出:“建设法治中国,必须坚持依法治国、依法执政、依法行政共同推进,坚持法治国家、法治政府、法治社会一体建设。”[2]这更清晰地表明,今后社会主义法治建设的主要任务就是要实现由“有法可依”到“有法必依、执法必严、违法必究”的转变,就是要实现由“中国特色社会主义法律体系”到“中国特色社会主义法治体系”的转变。此外,党的十八届三中全会《中共中央关于全面深化改革若干重大问题的决定》还明确指出:“到二〇二〇年,在重要领域和关键环节改革上取得决定性成果,完成本决定提出的改革任务,形成系统完备、科学规范、运行有效的制度体系,使各方面制度更加成熟更加定型。”[3]这就明确了“法治中国”建设的时间表和阶段性任务,即在二〇二〇年初步建成中国特色社会主义法治体系。

---

〔1〕 李林:《法治中国建设的宏伟蓝图》,载《中国司法》2014 年第 1 期。

〔2〕《授权发布:中共中央关于全面深化改革若干重大问题的决定》,载新华网:http://www.sn.xinhuanet.com/2013-11/16/c_118166672.htm,最后访问日期:2018 年 6 月 14 日。

〔3〕 同上。

在此基础上,党的十八届四中全会在我们党的历史上第一次专题研究依法治国问题,作出了《决定》,明确将中国特色社会主义法治体系作为了全面推进依法治国的总目标,即“全面推进依法治国,总目标是建设中国特色社会主义法治体系,建设社会主义法治国家”,并对中国特色社会主义法治体系这一总目标进行了阐释,“这就是,在中国共产党领导下,坚持中国特色社会主义制度,贯彻中国特色社会主义法治理论,形成完备的法律规范体系、高效的法治实施体系、严密的法治监督体系、有力的法治保障体系,形成完善的党内法规体系,坚持依法治国、依法执政、依法行政共同推进,坚持法治国家、法治政府、法治社会一体建设,实现科学立法、严格执法、公正司法、全民守法,促进国家治理体系和治理能力现代化”。其中,将完善的党内法规体系作为中国特色社会主义法治体系的重要组成部分,是中国特色社会主义法治理论与实践的重大创新,不仅明确了党内法规在中国特色社会主义法治体系中的重要地位和作用,而且使中国特色社会主义法治体系根本不同于西方资本主义法治体系。正如习近平总书记指出:“需要明确的是,在我们国家,法律是对全体公民的要求,党内法规制度是对全体党员的要求,而且很多地方比法律的要求更严格。我们党是先锋队,对党员的要求应该更严。全面推进依法治国,必须努力形成国家法律法规和党内法规制度相辅相成、相互促进、相互保障的格局。”此外,《决定》还对中国特色社会主义法治体系建设进行了顶层设计和全面部署,一是指明了中国特色社会主义法治体系建设的道路,即建设中国特色社会主义法治体系,必须坚持走中国特色社会主义法治道路。因为“中国特色社会主义法治道路,是社会主义法治建设成就和经验的集中体现,是建设社会主义法治国家的唯一正确道路。在走什么样的法治道路问题上,必须向全社会释放正确而明确的信号,指明全面推进依法治国的正确方向,统一全党全国各族人民认识和行动”。[1] 二是指明了中国特色社会主义法治体系建设的原则,即“实现这个总目标,必须坚持以下原则:坚持中国共产党的领导、坚持人民主体地位、坚持法律面前人人平等、坚持依法治国和以德治国相结合、坚持从中国实际出发”。[2]

---

〔1〕 习近平:《关于〈中共中央关于全面推进依法治国若干重大问题的决定〉的说明》,载新华网:http://news.xinhuanet.com/2014-10/28/c_1113015372.htm,最后访问日期:2018年4月12日。

〔2〕《中共中央关于全面推进依法治国若干重大问题的决定》,载新华网:http://news.xinhuanet.com/2014-10/28/c_1113015330.htm,最后访问日期:2018年4月10日。

三是指明了中国特色社会主义法治体系建设的重点所在,即正确认识和处理好党与社会主义法治的关系。因为“党和法治的关系是法治建设的核心问题。全面推进依法治国这件大事能不能办好,最关键的是方向是不是正确、政治保证是不是坚强有力,具体讲就是要坚持党的领导,坚持中国特色社会主义制度,贯彻中国特色社会主义法治理论”。[1] 四是指明了中国特色社会主义法治体系建设的具体路径,即完善以宪法为核心的中国特色社会主义法律体系,加强宪法实施;深入推进依法行政,加快建设法治政府;保证公正司法,提高司法公信力;增强全民法治观念,推进法治社会建设;加强法治工作队伍建设;加强和改进党对全面推进依法治国的领导。[2] 这就为我们加快建设中国特色社会主义法治体系、实现由“法律体系”到“法治体系”的转变指明了方向。

二、中国特色社会主义法治体系的基本构成

如前所述,党的十八届四中全会作出的《决定》明确提出了建设中国特色社会主义法治体系的总目标,并就如何加强中国特色社会主义法治体系建设作出了顶层设计和全面部署,无疑具有重大理论意义与实践意义。而建设中国特色社会主义法治体系,就必须要首先了解什么是中国特色社会主义法治体系及其基本构成。尽管学界对中国特色社会主义法治体系的概念尚有争论,但从《决定》的内容来看,中国特色社会主义法治体系的基本构成应是以下六个方面的有机统一。

(一)中国特色社会主义法治体系是“党的领导、人民当家作主和依法治国”的有机统一

坚持党的领导、人民当家作主和依法治国的有机统一,既是中国特色社会主义法治建设的基本要义和重要经验,也是中国特色社会主义法治体系建设必须要坚持的首要原则。正如《决定》(说明)指出:“把坚持党的领导、人民当家

---

〔1〕 习近平:《关于〈中共中央关于全面推进依法治国若干重大问题的决定〉的说明》,载新华网:http://news.xinhuanet.com/2014-10/28/c_1113015372.htm,最后访问日期:2018年4月12日。

〔2〕 参见《中共中央关于全面推进依法治国若干重大问题的决定》,载新华网:http://news.xinhuanet.com/2014-10/28/c_1113015330.htm,最后访问日期:2018年4月10日。

作主、依法治国有机统一起来是我国社会主义法治建设的一条基本经验。”[1]之所以如此,是因为我们在社会主义国家搞法治建设尚属先例,没有现成的经验可资借鉴,没有现成的模式可资遵循,但我国社会主义制度的根本属性决定了,只有将党的领导、人民当家作主和依法治国这三者有机统一起来,才能保证社会主义法治建设的顺利推进,才能保证社会主义法治建设的成功。而且,我国社会主义法治建设的实践也充分证明了,将党的领导、人民当家作主和依法治国有机统一起来是我国社会主义法治建设的一条有益经验。其中,党的领导是根本保证,人民当家作主是本质要求,依法治国是基本保障。

这就要求,我们必须要将党的领导、人民当家作主和依法治国这三者有机统一于中国特色社会主义法治体系建设的实践中。具体说来,第一,中国特色社会主义法治体系建设,必须坚持党的领导。中国共产党的执政地位决定了,如何正确认识和处理党与法治的关系是中国特色社会主义法治体系建设面临的首要和核心问题。正如《决定》(说明)指出:“党和法治的关系是法治建设的核心问题。”[2]对此,《决定》在我们党的历史上第一次对党与社会主义法治的关系作了明确界定,即“党的领导是中国特色社会主义最本质的特征,是社会主义法治最根本的保证。把党的领导贯彻到依法治国全过程和各方面,是我国社会主义法治建设的一条基本经验”,“党的领导和社会主义法治是一致的,社会主义法治必须坚持党的领导,党的领导必须依靠社会主义法治”。[3] 因而,中国特色社会主义法治体系建设必须要坚持党的领导,并且要在中国特色社会主义法治体系建设中改善党的领导。第二,中国特色社会主义法治体系建设,必须要实现和维护人民当家作主。这既是社会主义的应有之义,也是社会主义法治建设的本质要求。这就要求,中国特色社会主义法治体系建设,必须坚持人民主体地位,始终将广大人民群众作为中国特色社会主义法治体系建设的主体和力量依托,发挥广大人民群众在中国特色社会主义法治体系建设中的主导作用,始终以实现和维护人民当家作主为出发点和落脚点。第三,中国特色社

---

〔1〕 习近平:《关于〈中共中央关于全面推进依法治国若干重大问题的决定〉的说明》,载新华网:http://news.xinhuanet.com/2014-10/28/c_1113015372.htm,最后访问日期:2018 年 4 月 12 日。

〔2〕 同上。

〔3〕 《中共中央关于全面推进依法治国若干重大问题的决定》,载新华网:http://news.xinhuanet.com/2014-10/28/c_1113015330.htm,最后访问日期:2018 年 4 月 10 日。

会主义法治体系建设，必须要坚持依法治国基本方略。“法治应当优于一人之治。”[1]只有坚定不移地实行依法治国的基本方略，全面推进依法治国，摒弃人治，中国特色社会主义法治体系建设才既有可能，又有必要，也才能真正建成。因为建成中国特色社会主义法治体系正是全面推进依法治国的目标图景所在。

（二）中国特色社会主义法治体系是法治道路、法治理论和法治制度的有机统一

党的十九大指出："道路、理论、制度"问题至关重要。[2] 对于中国特色社会主义法治体系建设来说，必须要坚持"道路、理论、制度"的有机统一，这正是中国特色社会主义法治体系建设的根本遵循。正如《决定》指出："中国特色社会主义道路、理论体系、制度是全面推进依法治国的根本遵循。"[3]此外，中国特色社会主义法治体系自身的"道路、理论、制度"问题一样重要，只有努力探索并形成中国特色社会主义法治道路、法治理论和法治制度，并实现这三者的有机统一，才能真正建成中国特色社会主义法治体系。这是因为，只有努力探索并形成一条适合中国国情的中国特色社会主义法治道路，才能找到中国特色社会主义法治体系的实现途径；只有努力探索并形成中国特色社会主义法治理论，才能为中国特色社会主义法治体系建设提供行动指南；只有努力探索并形成中国特色社会主义法治制度，才能为中国特色社会主义法治体系建设提供制度依托和保障。因而，建设中国特色社会主义法治体系，必须要坚持法治道路、法治理论和法治制度的有机统一，并将之统一于中国特色社会主义法治体系建设的实践之中。[4] 具体说来：

第一，中国特色社会主义法治体系建设，必须要坚持走中国特色社会主义法治道路。"中国特色社会主义法治道路，是社会主义法治建设成就和经验的

---

〔1〕［古希腊］亚里士多德：《政治学》，吴寿彭译，商务印书馆1965年版，第171页。

〔2〕党的十九大指出：中国特色社会主义道路是实现社会主义现代化、创造人民美好生活的必由之路，中国特色社会主义理论体系是指导党和人民实现中华民族伟大复兴的正确理论，中国特色社会主义制度是当代中国发展进步的根本制度保障。

〔3〕《中共中央关于全面推进依法治国若干重大问题的决定》，载新华网：http://news.xinhuanet.com/2014-10/28/c_1113015330.htm，最后访问日期：2018年4月10日。

〔4〕参见伊士国、尚海龙：《由"法律体系"到"法治体系"》，载《政法论丛》2014年第4期。

集中体现,是建设社会主义法治国家的唯一正确道路。"[1]中国特色社会主义法治体系建设,之所以要坚持走中国特色社会主义法治道路,而不能照搬照抄别的国家的法治道路,是由法治与法治模式的不同决定的,也是由我国的基本国情决定的。尽管法治如同民主、人权一样具有普遍共识,但不同国家的基本国情决定了各国的法治模式不同,也决定了各国的法治建设道路不同。因而,努力探索并找到一条既不同于欧美资本主义国家法治道路又不同于其他社会主义国家法治道路,既遵循法治建设普遍原理又具有鲜明中国特色的社会主义法治道路,自然就成为了中国特色社会主义法治体系建设的首要选择。正如周叶中教授指出:"中国的法治建设既要遵循法治的普遍要求、价值共性和精神实质,又要尊重中国的文化传统、现实国情和公民诉求,走中国特色社会主义法治道路。"[2]中国特色社会主义法治道路正是"适应中国基本国情、解决中国实际问题,立足于总结自身的法治经验、适应自身的法治需求、彰显自身的法治特色,走自我发展、自我创新、自我完善的自主型法治道路"。[3] 此外,中国特色社会主义法治道路是一个复杂的有机体,是诸多要素的综合体,其核心要义就是要坚持党的领导、坚持中国特色社会主义制度、贯彻中国特色社会主义法治理论。其中,坚持党的领导是其最本质的特征,坚持中国特色社会主义制度是其最根本的制度依托,贯彻中国特色社会主义法治理论是其理论支撑。这三者不仅规定和保证了中国特色社会主义法治道路的本质属性和独特优势,又规定和保证了中国特色社会主义法治体系的制度属性和前进方向。正如《决定》(说明)指出:"党的领导是中国特色社会主义最本质的特征,是社会主义法治最根本的保证。中国特色社会主义制度是中国特色社会主义法治体系的根本制度基础,是全面推进依法治国的根本制度保障。中国特色社会主义法治理论是中国特色社会主义法治体系的理论指导和学理支撑,是全面推进依法治国的行动指南。这三个方面实质上是中国特色社会主义法治道路的核心要义,规定

---

〔1〕 习近平:《关于〈中共中央关于全面推进依法治国若干重大问题的决定〉的说明》,载新华网:http://news.xinhuanet.com/2014-10/28/c_1113015372.htm,最后访问日期:2018年4月12日。

〔2〕 周叶中:《关于"法治中国"内涵的思考》,载《法制与社会发展》2013年第5期。

〔3〕 孙谦:《走中国特色社会主义法治道路》,载《求是》2013年第6期。

和确保了中国特色社会主义法治体系的制度属性和前进方向。”[1]

第二,中国特色社会主义法治体系建设,必须要坚持以中国特色社会主义法治理论为指导。“中国特色社会主义法治理论是中国特色社会主义法治体系的理论指导和学理支撑,是全面推进依法治国的行动指南。”[2]中国特色社会主义法治理论之所以重要,是因为“没有革命的理论,就不会有革命的运动”,[3]没有成熟的法治理论就不会有成功的法治实践。如果我们不能首先从理论上对中国特色社会主义法治建设的性质、方向、道路、总目标、指导思想、基本原则、主要任务等阐释清楚,中国特色社会主义法治体系建设就无从开展,也必然无法成功。但是,我们必须要清楚地认识到,法治在我国毕竟属于舶来品,是“西风东渐”的产物,我国既缺乏本土法治实践传统,也缺乏本土法治理论,因而与中国特色社会主义法治体系建设的要求相比,我国远未形成与之相对应的中国特色社会主义法治理论。对西方国家法治体系建设实践经验的总结和理论提升,是西方国家经济、政治、文化、社会等各方面的综合反映,必然无法全部解释和指导中国特色社会主义法治体系建设的实践。正如李林研究员指出:“当前法学领域存在的主要问题,是某些法学学术话语脱离中国国情和社会实际,既不能真正满足我国经济社会发展和民主法治建设对法学理论的需求,难以引领中国法治的科学发展,也不能真正融入中华优秀法律文化的传统之中,缺乏应有的历史文化底蕴;同时对西方法学学术话语体系缺少全面深入的研究和分析,各取所需或者照搬照抄地对待西方法学概念和话语,甚至言必称西方法学话语。”[4]这就要求我们在建设中国特色社会主义法治体系的实践中,在借鉴西方法治理论的基础上,不断推进社会主义法治理论探索和创新,并努力形成立足中国基本国情、总结中国法治经验、适应中国法治需求、体现中国法治规律、解决中国法治问题、彰显中国法治特色的中国特色社会主义法治理论,以为中国特色社会主义法治体系的建设提供理论指导和学理支撑。

---

〔1〕 习近平:《关于〈中共中央关于全面推进依法治国若干重大问题的决定〉的说明》,载新华网:http://news.xinhuanet.com/2014-10/28/c_1113015372.htm,最后访问日期:2018年4月12日。

〔2〕 同上。

〔3〕《列宁选集》(第6卷),人民出版社1986年版,第23页。

〔4〕 李林:《努力构建中国特色的法学学术话语体系》,载《中国社会科学报》2013年10月16日,第7版。

第三，中国特色社会主义法治体系建设，必须以中国特色社会主义法治制度为依托。中国特色社会主义法治制度作为中国特色社会主义制度中的重要组成部分，既是中国特色社会主义法治体系的物质载体，也是中国特色社会主义法治体系建设的制度依托。中国特色社会主义法治制度之所以重要，是因为"法治的主旨在于依据一定的价值观来构建社会的基本结构和行为方式（运行机制），形成以法律制度为主导的有序化模式。因而，从形式的意义上说，法治就是人们对社会的一种制度设计和安排，即对权利、自由、义务、权力、责任等进行合理分配"。[1] 中国特色社会主义法治制度是一系列具体法治制度的统称，主要包括法律规范体系、法治实施体系、法治监督体系、法治保障体系、党内法规体系等。这五个制度体系有机联系，缺一不可，共同为中国特色社会主义法治体系建设提供制度平台和依托。

具言之，其一，法律规范体系是前提。只有首先形成较完善的法律规范体系，才能为中国特色社会主义法治体系建设奠定前提和基础。尽管中国特色社会主义法律体系已于2010年基本形成，但其并不是完全形成，还有许多不完善之处，而且其本身也要随着社会实践的发展而与时俱进。因而，要加强科学立法、民主立法，不断完善中国特色社会主义法律体系，以形成完备的法律规范体系。其二，法治实施体系是核心。因为法治的生命在于实施，法治的权威也在于实施，离开了法治实施体系的保障，法律规范体系就难以真正转换成法治体系。特别是在中国特色社会主义法律体系已基本形成的情况下，如何使"已成立的法律获得普遍的服从"[2] 自然就成了当前各项法治工作的重中之重，因而，应健全宪法法律实施机制，以形成高效的法治实施体系，不断加强中国特色社会主义法律体系的实施。其三，法治监督体系是关键。因为法治就是使人们的行为特别是国家行使公权力的行为服从规则治理的事业，但离开了法治监督，法律规范体系不可能得到良好实施，宪法法律的至上权威不可能真正得以树立，人们的行为特别是国家行使公权力的行为也不可能自动服从规则的治理。因而，我们应加强法治监督工作，以形成严密的法治监督体系。其四，法治保障体系是保证。因为"没有法治保障体系作为动力，依法治国的'法治机车'

---

〔1〕 王人博、程燎原：《法治论》，广西师范大学出版社2014年版，第209页。

〔2〕 [古希腊]亚里士多德：《政治学》，吴寿彭译，商务印书馆1965年版，第199页。

就开不动、跑不快;没有法治保障体系作为调节,依法治国的'法治机车'就可能跑偏、脱轨"。[1] 因而,我们要加强法治保障体系建设,以形成有力的法治保障体系,为中国特色社会主义法治体系建设提供动力支持和协调保障。其五,党内法规体系是重要内容和保障。因为"国要有国法,党要有党规党法,党章是最根本的党规党法。没有党规党法,国法就难以保障"。[2] 因而,要加强党内法规体系的"立、改、废"工作,以形成完善的党内法规体系,为依法治党提供前提和基础,同时为依法治国提供坚实保障。

(三)中国特色社会主义法治体系是"价值、规范、实践"的有机统一

法治作为一种政治理想的法治,无疑应有自己的价值目标和追求,但这些价值目标和追求必须通过一定的规范形式作为物质载体和表现形式,而且还要通过实践的途径将这些规范及其背后的价值予以落实。因而,法治的过程实际上就是一个将"法的价值"上升为"法的规范",再经由"法的实践"将其予以落实的过程。中国特色社会主义法治体系建设的过程,也是由"法的价值"到"法的规范"再到"法的实践"的过程。所以,中国特色社会主义法治体系本身就是由"价值、规范、实践"要素组成的有机统一体。其中,价值要素在这三者中最重要。因为"从法治的内在性出发,决定一种社会组织结构为法治的关键并不在它的形式化意义,而在于它的实体价值形态。离开了法治的实体价值形态,法治也就失去了它的支撑点"。[3] 具言之:

第一,就价值要素而言,中国特色社会主义法治体系的"价值要素"包括三个层面。一是中国特色社会主义法治体系建设能够保护和促进哪些价值,这也是中国特色社会主义法治体系的目的性价值。人类社会之所以需要法治,需要发挥法治的功能,目的正在于保护和促进一些事关人类福祉的价值,这些价值构成了法治所追求的目的性价值。只不过不同的法治体系所保护和促进的目的性价值有所不同,但这并不排除两者存有共同之处。就中国特色社会主义法治体系而言,其目的性价值即为社会主义核心价值观;而资本主义法治体系则以资本主义核心价值观为目的性价值。二是中国特色社会主义法治体系本身

[1] 《为法治提供有力保障》,载《人民日报》2014 年 11 月 19 日,第 17 版。
[2] 《邓小平文选》(第 2 卷),人民出版社 1994 年版,第 146 页。
[3] 王人博、程燎原:《法治论》,广西师范大学出版社 2014 年版,第 113 页。

所具有的价值要素,这也是中国特色社会主义法治体系的形式价值。中国特色社会主义法治体系不仅是实现一定目的性价值的手段,同时,它本身在形式上也应具备一些特定的价值要素,如自由、平等、正义、秩序等。而这些形式价值正是中国特色社会主义法治体系的精神内核,是中国特色社会主义法治体系的高度凝练和集中表达,反映了中国特色社会主义法治体系的丰富内涵和实践要求。三是中国特色社会主义法治体系所包含的价值评价标准。由于中国特色社会主义法治体系所保护和促进的诸多目的性价值之间在所难免有矛盾,因而,必须根据一定的价值评价标准,对这些目的性价值进行排序,并在其发生冲突时确定如何取舍,以保证整个目的性价值体系的和谐一致。中国特色社会主义法治体系所包含的价值评价标准,其意义正在于此。〔1〕

第二,就规范要素而言,中国特色社会主义法治体系以中国特色社会主义法律体系、党内法规体系和道德等为规范要素。其中,中国特色社会主义法律体系是其"国家法"层面的规范要素,党内法规体系和道德等是其"社会法"层面的规范要素。就后者而言,这一点具有极大的特殊性,因为西方的资本主义法治体系仅以西方资本主义法律体系为规范要素,而不包括任何政党的党内法规体系。之所以如此,这是由中国共产党唯一的、法定的执政党地位所决定的,而西方国家并不存在唯一的、法定的执政党。中国共产党的执政地位决定了,我们党既要依据"国家法"即宪法法律来治国理政,也要依据"社会法"即党内法规来管党治党。而且,从某种意义上来说,我们党依据党内法规管党治党,实现党内法治,再以党内法治带动国家法治,对中国特色社会主义法治体系建设更具有决定性意义。正如强世功教授指出:"应该从法律多元主义的角度重新理解'法'的含义。'法'不应该仅仅局限在'国家法',还应该包括政策和道德等规范,尤其重要的是党规、党法。执政党依照党规和国法来治国,应该成为未来建设'法治中国'的重心。"〔2〕

第三,就实践要素而言,中国特色社会主义法治体系以"立法、执法、司法、守法、普法"等为实践要素。这五个实践要素有机统一、缺一不可,完整地构成

〔1〕 参见周叶中主编:《宪法》,高等教育出版社2011年版,第148~149页。

〔2〕 《"依法执政"应成为建设"法治中国"的重心——专访北京大学法学院教授强世功》,载《21世纪经济报道》2014年3月4日,第23版。

了中国特色社会主义法治体系建设实践的全过程。为此,《决定》就这五个方面分别作出了战略部署。但中国特色社会主义法治体系建设的实践能否顺利推进,并不完全取决于这五个实践要素自身的努力,而在很大程度上取决于能否正确处理好党与这五个实践要素的关系。这是由党的执政党地位所决定的。因为党只有正确地领导、支持和保证社会主义立法、执法、司法、守法、普法等工作,才能保证中国特色社会主义法治体系建设实践的顺利推进和成功。这一点也已被历史所证明。正如蔡定剑先生指出:"党对法制建设认识好,则法制兴;党对法制轻视,则法制衰。党严格守法,则法制存;党不守法,则法制亡。这是中国法制过去和现在所证实了的,是我国法制建设的悲喜和忧患之所在。"[1]

(四)中国特色社会主义法治体系是"依法治国、依法执政、依法行政"的有机统一

中国特色社会主义法治体系是一个复杂的有机体,具有多个层面和领域:就国家层面而言,是依法治国的问题;就政府层面而言,是依法行政的问题;就执政党层面而言,是依法执政的问题。[2] 这三个层面有机统一,缺一不可,都是中国特色社会主义法治体系建设的抓手。这是因为,依法治国是前提,依法执政、依法行政是依法治国的子目标和重要内容,只有在国家层面上坚持依法治国基本方略,全面推进依法治国,依法执政、依法行政才有可能,中国特色社会主义法治体系建设才有必要和可能。依法行政是关键,因为"法治的意思就是指政府在一切行动中都受到事前规定并宣布的规则的约束"。[3] 只有深入推进依法行政,加快建设法治政府,依法治国的主体任务才能完成,中国特色社会主义法治体系建设的主要指标指数才能实现。依法执政是保证,因为"法治不仅是法院的事情,不仅仅建立一个公正的司法,而是执政党和政府的事情,其目标就是让整个国家、社会和公民个人都服从于规则的治理。而在实现法治理想过程中,当前面临的首要问题在于执政党能不能做到'依法执政'"。[4] 只

---

[1] 蔡定剑:《历史与变革——新中国法制建设的历程》,中国政法大学出版社 1999 年版,第 296 页。

[2] 参见伊士国、尚海龙:《由"法律体系"到"法治体系"》,载《政法论丛》2014 年第 4 期。

[3] [英]哈耶克:《通往奴役之路》,王明毅等译,中国社会科学出版社 1997 年版,第 73 页。

[4] 《"依法执政"应成为建设"法治中国"的重心——专访北京大学法学院教授强世功》,载《21 世纪经济报道》2014 年 3 月 4 日,第 23 版。

有中国共产党坚持依法执政，在宪法和法律范围内活动，依法行政、依法治国才能得以保证，中国特色社会主义法治体系建设的总目标才能真正得以实现。因而，中国特色社会主义法治体系无疑应是“依法治国、依法执政、依法行政”的有机统一体。这也正是中国特色社会主义法治体系不同于西方资本主义法治体系的重要之处。这就要求我们必须坚持依法治国、依法执政、依法行政共同推进，并将之统一于中国特色社会主义法治体系建设的实践中。

（五）中国特色社会主义法治体系是“法治国家、法治政府、法治社会”的有机统一

如前所述，中国特色社会主义法治体系是“依法治国、依法执政、依法行政”的有机统一体。但这是就法治方式而言的，因为依法治国是治国理政的方式，依法执政是党执政的方式，依法行政是政府行政的方式。但就法治建设的目标而言，中国特色社会主义法治体系则是“法治国家、法治政府、法治社会”的有机统一体。这是因为，全面推进依法治国的目标图景正是建成中国特色社会主义法治国家，即法治中国；深入推进依法行政的目标图景正是建成中国特色社会主义法治政府；而中国共产党坚持依法执政的目标图景正在于领导、支持和保证中国特色社会主义法治国家和法治政府的建成，并在建成中国特色社会主义法治国家和法治政府的同时，最终形成中国特色社会主义法治社会。正如李林研究员指出：“全面推进依法治国，目标是建设法治国家；全面推进依法行政，目标是实现法治政府；建成法治国家与法治政府的同时，形成法治社会。”〔1〕

可以说，“法治国家、法治政府、法治社会”三位一体，相互补充、相得益彰、互为条件，从不同层面体现和反映了中国特色社会主义法治体系建设的目标图景。其中，法治国家是中国特色社会主义法治体系建设在国家层面上的目标追求，意指把国家的政治、经济、社会、文化、生态等各方面都纳入法治的轨道，特别是把国家公权力纳入法治的轨道，依法治理，促进国家治理体系和治理能力现代化。法治国家在这三者关系中是主体，法治政府和法治社会是两翼，没有法治国家发挥总的统领作用，法治政府和法治社会就无法实现。法治政府是中国特色社会主义法治体系建设在政府层面上的目标追求，意指政府的一切行政

---

〔1〕 李林：《习近平法治观八大要义》，载《人民论坛》2014 年第 33 期。

行为应依法而为,权责统一,特别是政府的行政权力应受到宪法和法律的严格约束,以实现政府行政权力的法治化。法治政府在这三者关系中是核心和关键,因为“法律的进步作用之一乃是约束和限制权力,而不论这种权力是私人权力还是政府权力。在法律统治的地方,权力的自由行使受到了规则的阻碍,这些规则迫使掌权者按一定的行为方式行事”。[1] 因而,建立有限的法治政府是法治建设的基本精神和核心要求,没有对政府行政权力的约束和控制,法治国家和法治社会建设便缺乏保障,无法顺利进行。法治社会是中国特色社会主义法治体系建设在社会层面上的目标追求,意指社会治理和管理的法治化,核心是社会成员对法治精神的普遍认同和身体力行。法治社会在这三者关系中是基础,离开了法治社会建设,法治国家和法治政府建设就是无源之水、无本之木,因为当社会的结社性秩序没有发育到足以与国家权力的强制性秩序相抗衡的阶段,其实往往即使有“治法”,也很难产生实际的法治局面。[2]

(六)中国特色社会主义法治体系是“依法治国与以德治国”的有机统一

《决定》指出,建设中国特色社会主义法治体系,要“坚持依法治国和以德治国相结合”。《决定》之所以如此提出,是由依法治国与以德治国的关系所决定的。依法治国即“法治”,以德治国即“德治”,两者都是治国理政的基本方式。只不过依法治国主张依照宪法和法律治理国家,以德治国主张通过道德教化治理国家。因而,依法治国与以德治国的关系实际上即法律与道德的关系。众所周知,法律与道德之间,既有联系又有区别。就联系而言,法律与道德互相渗透、互相制约、互相保障;就区别而言,法律与道德的表现形式不同、违反后果不同、调节人们行为的方式不同、调整的对象不同、规范体系的结构不同等。[3] 正如习近平总书记指出:“法律是成文的道德,道德是内心的法律,法律和道德都具有规范社会行为、维护社会秩序的作用。”[4] 那么,由法律与道德的关系所决定,“法治”与“德治”之间的关系也是既有联系也有区别。但“法治”与“德

---

〔1〕 [美]E. 博登海默:《法理学——法律哲学与法律方法》,邓正来译,中国政法大学出版社 1999 年版,第 358 页。

〔2〕 季卫东:《宪政新论——全球化时代的法与社会变迁》,北京大学出版社 2005 年版,第 53 页。

〔3〕 参见张文显主编:《法理学》,高等教育出版社 2003 年版,第 471 ~ 475 页。

〔4〕 习近平:《加快建设社会主义法治国家》,载《求是》2015 年第 1 期。

治”的区别也从一个层面说明了两者的联系,即两者存有很强的互补性,可以优势互补,以弥补两者各自的不足。此外,“法治”与“德治”的联系还表现在,“法治”是“德治”的底线和后盾,“德治”是“法治”的内核和基础。因而,在建设中国特色社会主义法治体系的过程中,要注重发挥“依法治国”与“以德治国”各自优势,使两者优势互补、相辅相成、相得益彰。但是,必须要说明的是,在建设中国特色社会主义法治体系的过程中,坚持“依法治国”与“以德治国”的有机统一,并不表明两者的地位和重要性是一样的,而是存在主次之分,“依”字和“以”字的不同就说明了两者的关系,即应该是以“依法治国”为主、“以德治国”为辅。

第四章　中国特色社会主义法治体系的建设路径

党的十八届四中全会作出的《决定》指出："全面推进依法治国，总目标是建设中国特色社会主义法治体系，建设社会主义法治国家。这就是，在中国共产党领导下，坚持中国特色社会主义制度，贯彻中国特色社会主义法治理论，形成完备的法律规范体系、高效的法治实施体系、严密的法治监督体系、有力的法治保障体系，形成完善的党内法规体系。"[1]因而，我们要实现由法律体系到法治体系的过渡，实现建设中国特色社会主义法治体系的目标，就必须要形成完备的法律规范体系、高效的法治实施体系、严密的法治监督体系、有力的法治保障体系，形成完善的党内法规体系，具体说来要做到以下几点。

一、形成完备的法律规范体系[2]

加强中国特色社会主义法治体系建设，首先必须要形成完备的法律规范体系，这是其前提和基础。在当前中国特色社会主义法律体系基本形成的情况下，我们应不断完善中国特色社会主义法律体系，以形成完备的法律规范体系。因为社会实践是法律的基础，法律是社会实践经验的总结。社会实践永无止境，法律体系也要与时俱进、不断完善。因此，中国特色社会主义法律体系形成后的完善任务依然重大。一些重要法律亟待研究制定，一些已经制定出来的法律法规尚需修改完善，一些应与法律相配套的法规和实施细则还未出台，一些法律与法律、法律与法规、法规与法规之间的矛盾或不协调问题依然存在，等等。此外，还有一些法律法规的制定并不符合科学立法、民主立法的要求，地方

---

〔1〕《中共中央关于全面推进依法治国若干重大问题的决定》，载新华网：http://news.xinhuanet.com/2014-10/28/c_1113015330.htm，最后访问日期：2018年4月10日。

〔2〕本章第一部分系与吴占英教授合作撰写，特致谢忱！

保护和部门利益化比较严重。基于此,我们应不断完善中国特色社会主义法律体系,以形成完备的法律规范体系。由于第二章对此已经进行了阐述,这里不再赘述。这里只谈一点,即我们在完善中国特色社会主义法律体系的过程中,必须要坚持正确的立法价值取向。之所以如此,是因为"价值问题虽然是一个困难的问题,但它是法律科学所不能回避的"。[1] 法律既是一种行为规则,也是一种价值导向。因此,立法并不单纯是国家制定规则的活动,更重要的是通过立法这一活动来内在地表达、传递、推行能够被认同和接受的一定价值原则和价值需求。立法的过程,既是一个设定规则的过程,也是价值博弈、权衡与选择的过程。任何立法活动的开展都应当有明确的目的、价值目标和价值取向。古往今来的立法,无论立法者有意为之还是无意为之,事实上一般都是在坚持一定价值取向的基础上运作的。立法的价值取向并不是外加的,而是由立法这一特定的实践活动的品格所决定的,其本质是一个人类在立法时对利益追求的取舍问题。

价值取向是立法的思想先导。严格意义上的立法活动都是在一定的价值取向指导下的国家行为。这一行为的动因、意图、目标都无不由一定的价值取向所决定并为这一价值取向服务。在忽视或否定立法价值取向的立法者看来,法只不过是一种工具、一种手段。这样的立法者,他们根本不可能重视立法,更不可能开展大规模的立法活动。在歪曲或误解立法价值取向的立法者手中,根本不可能产生良好的法。错误的价值取向孕育出错误的法,这已为历史和实践所证明。可以说,立法的首要问题,绝不是法律规范的制定,而是价值取向的选择。

(一)我国立法价值取向的定位

所谓立法价值取向,就是指人们进行立法活动时所普遍认同并加以追求的理念、普遍原则、目标等,"主要有两层含义:一是各国在制定法律时希望通过立法所达到的目的或追求的社会效益;二是指当法律所追求的多个价值目标出现矛盾时的最终价值目标选择。价值取向主要涉及价值界定、价值判断和价值选择。价值选择又主要通过两种方式来实现:一是应然的法律价值是否为立法

---

〔1〕 [美]庞德:《通过法律的社会控制——法律的任务》,沈宗灵译,商务印书馆 1984 年版,第 55 页。

者所接受和接纳,即价值本身的优化;二是当存在多重价值目标时的价值取舍和价值目标重要性的排序”。[1] 立法价值取向定位的过程,也就是对立法价值界定、判断和选择的过程。从我国当前社会发展阶段和立法价值本身的属性来看,立法的价值取向必然是多元的。但多元的价值取向,必须是有序的,谁为主、谁为从;谁起决定作用,谁起一般作用,应当清晰明了,而不能是相互冲突混乱的。然而,我国现在的立法价值取向却存在混乱之处,本应成为主导的价值取向一直未能真正、全面地占据主导地位。而“法律是使人们的行为服从规则治理的事业”,[2]立法如果缺乏价值合理性和实质民主性,就不可能得到良好实施,就不可能使人们的行为服从法律规则的治理。因此,必须对我国立法价值取向进行准确定位。

1. 法治统一优位:法治统一与法制统一相结合的价值取向

这种价值取向是说,我国立法要追求法制统一,更要追求法治统一。在处理法制统一与法治统一的关系时,应坚持法治统一的优位,以法治统一为依归。作为立法价值取向的“法制统一”,就是指立法应以宪法和上位法为依据,一切法律、行政法规、地方性法规、自治条例和单行条例、规章都不得同宪法相抵触,下位阶的法不得同上位阶的法相抵触,同位阶的法之间也要互相衔接和一致,保持法律体系内部的和谐一致,以保证社会主义法制的统一和尊严。作为立法价值取向的“法治统一”,则是指立法应以“法的统治”为目标和归宿,法治统一不仅强调立法,还要强调法的实施,强调树立宪法法律的权威,使一切都在法治的轨道上运行,实现规范化、制度化、程序化;不仅使法律制度在形式上保持一致,而且使法律制度在内在精神、价值理念上保持和谐一致。可以说,法制统一是法治统一的前提和基础,法治统一则是法制统一的目的和归宿。

我国是统一的单一制国家,目前已经形成了统一而又多层次的立法体制,立法自然应当坚持法制统一的价值取向,以保持中国特色社会主义法律体系的和谐一致。但随着我国依法治国方略的提出和逐步全面落实,我国社会主义法治建设的重心将由法制化向法治化的方向发展。我国立法价值取向也应以此

---

[1] 赵万一:《论民商法价值取向的异同及其对我国民商立法的影响》,载《法学论坛》2004 年第 1 期。

[2] [美]E. 博登海默:《法理学——法哲学及其方法》,姬敬武、邓正来译,华夏出版社 1987 年版,第 184 页。

为契机，实现由法制统一向法治统一的转化，但这并不是否定"法制统一"的价值取向，而是说"法制统一"应以"法治统一"为目的和归宿，以"法治统一"为优位。

2. 民主优位：民主与集中相统一的价值取向

这种价值取向就是说，我国立法既要进一步体现民主的价值，又要进一步体现集中的价值，在处理民主与集中的关系时，应当把民主放在优先的地位。立法上的民主与集中，是有机统一的。集中是指与民主相对应的集中，民主是指与集中相对应的民主，民主与集中是相辅相成的，应当有机结合。然而，民主与集中的有机结合并不仅指"民主基础上的集中，集中指导下的民主"。更重要的是，民主是集中的目的，是集中的灵魂。集中是民主的条件和保障。民主与集中是目的和手段的关系，而不可能是相反。因此，防止集中的过程偏离民主、脱离民主，防止集中的过程发生背离民主的畸变，是法制和法治发展的必然要求。因此，在立法价值取向上，既要坚持民主的价值，又要坚持集中的价值，并要以民主价值为优位。

除此之外，之所以要以民主价值为优位，是因为立法权虽然是国家最重要的权力，但立法权本身不具有终极性和自我合法性的性质。立法权源于人民的授权并且必须体现和服务于人民的利益；一旦立法者利用人民赋予他们的权力进行有悖于人民意志、有损于人民利益的活动，立法权就丧失了其正当性根据。[1] 换句话说，应当"使法律成为人民意志的自觉表现，也就是说，它应该同人民的意志一起产生并由人民的意志所创立"。[2] 而民主对立法的意义就在于，作为一种规范立法的竞争机制，从过程的角度看，如果没有开放性和透明度，没有人民的广泛参与，就不是民主；从结果的角度看，如果立法最终无法反映经过选择的有必要提升为国家意志的人民共同意志，则是与民主的精神相违背的，是对民主立法的异化。因此，民主应该成为我国立法的优位价值取向。

3. 自由优位：秩序与自由相统一的价值取向

这种价值取向就是说，我国立法既要重视秩序价值，也要重视自由价值，在

---

〔1〕 参见张际：《论立法权的范围》，载周旺生主编：《立法研究》（第2卷），法律出版社2001年版，第284～285页。

〔2〕 《马克思恩格斯全集》（第1卷），人民出版社1956年版，第184页。

处理自由与秩序的关系时,要把自由价值放在优先的位置。立法,在某种程度上,即意味着秩序。因为立法的目的就是要实现法律的治理,使人们服从规则,形成一定的秩序。秩序是立法的价值取向之一,是与立法永相伴随的基本价值。在一定意义上说,法本身就是为了建立和维护某种秩序才制定出来的,立法的重要目标之一就是实现整个社会的一致性、连续性和确定性的状态。而自由则是法律的精神内核和价值追求,体现、保障和发展自由,应当是所有法律的精髓。自由是法的进化基础和基本构成要素,是法必须和必然追求的基本目标。自由是法的重大价值。法律应当是自由的法,是自由的准则、依据和保证;法律规范是为了确认和保障自由而制定的,法律权利和义务也是为了实现自由而设定的,法律实施的出发点和归宿都是为了自由。简言之,法律是以自由为前提和归宿的,同时必须通过法律实现自由。正如洛克所言:"不管会引起人们怎样的误解,法律的目的不是废除或限制自由,而是保护和扩大自由。"[1]因此,自由应成为立法的价值取向,只有这样,才能保证法律的自由价值的实现。

秩序与自由虽然都是立法的价值取向,但两者并非处于同等的地位,秩序价值与自由价值相比,前者是后者的前提和基础,后者则是前者的目的和发展。立法形成某种秩序,最终是为了保证人们自由的实现。秩序是立法的直接追求,自由价值则是以秩序价值为基础的法律企望,没有秩序价值的存在就没有立法的自由价值之实现。可以说,秩序价值和自由价值是工具性价值和目的性价值的对立统一,在立法过程中,必须坚持自由价值的优位。

4. 效益优位:效率与效益相统一的价值取向

这种价值取向要求我国立法不仅要体现效率价值,而且要重点强调效益价值,把效益价值放在优先的地位。在立法上,效率与效益既紧密相关又明显区别。"立法效率"一般是指立法投入与立法产出或立法成本与立法收益之间的对比关系。对立法效率的衡量标准就是是否利用最小的立法资源生产出了最大量的法律产出。"立法效益"则是指立法行为所产生的合目的的有益效果,即良法。效益是讲结果的有用性、利益性;效率则是讲事物过程的经济性、节省性。有效率的事不一定都有效益,因为可能投入大而收效甚微,或者效益虽大,但其与投入量相比却很少,即耗费大而效率低。反之,效率很高,但产生的结果

---

〔1〕《中外法学原著选读》,群众出版社 1986 年版,第 462 页。

不符合预期的目的,甚至与预期目的相反,则效益可能为零或负。立法效益主要是从立法者和立法工作的角度来衡量,主要看立法者设定的立法目的是否达到了它预期的效果。立法效率则限于立法效益与立法成本之比,强调以最小的立法成本获取最大的立法收益。因此,立法不仅要坚持效率的价值取向,更要坚持效益的价值取向,实现立法效率与效益的最大化。

除此之外,之所以要坚持效益价值优先,是因为在现代的市场经济社会中,通过一定方式的"投入"或"消耗"以获取一定的收益来实现或创造效益,已成为社会的普遍现象并成为人们的共识。立法作为社会活动中一种特殊的价值取向,有其明确的目的性和自觉性,与人类其他一切活动一样,也必须"投入"或"消耗"并按照特定的价值取向实现自身的价值目标。之所以如此,是因为立法本质上就是一种对有限资源的利用过程,它本身要消耗一定的成本,以取得立法收益为目的。立法固然要讲究效率,以最小的立法成本换取最大的产出,但同时必须保证该产出为有益的产出。如果该产出是无益的甚至是有害的,不仅所制定的法律得不到良好的实施,导致立法资源的浪费。更重要的是,它将破坏人们内心对法律的敬仰和信任,"污染整条河流"。[1] 正如伯尔曼指出:"法律必须被信仰,否则它将形同虚设。"[2]可以说,立法作为一种资源,其本质及其意义都内在地体现了对效益价值的追求。在我国的立法过程中,必须坚持效益价值优先。

(二)我国立法价值取向实现的障碍

立法价值取向的实现,是立法价值目标的现实化,价值界定、价值判断和价值选择等的过程与结果的总称,是立法的价值目标得以现实化的过程与结果。[3] 实现立法价值取向与立法价值取向实现的障碍是共生、互动的。立法价值取向从其产生开始就具有了阻碍其实现的因素,并与之同在,而且始终将这些因素作为要努力克服、必须战胜的对象。可以说,立法价值取向实现的过

〔1〕 西方国家有法谚言道:如果说违法犯罪污染河流,那么司法不公污染的是水源,水源污染了,整条河流都无法干净。实际上,相较而言,立法不公导致的恶法才会污染水源,污染整个河流。

〔2〕 [美]伯尔曼:《法律与宗教》,梁治平译,三联书店1991年版,第47页。

〔3〕 立法价值取向的实现有狭义和广义之分,狭义的立法价值取向的实现是指正确的价值取向在所立之法上得以确立和体现的过程和结果;广义的立法价值取向的实现不仅是指正确的价值取向在立法层面上的确立和实现,还包括在执法、司法以及守法层面上的实现。本文是指狭义上的立法价值取向的实现。

程也就是不断克服阻碍其实现的因素的过程。具体说来,阻碍我国立法价值取向实现的因素主要有以下几种。

1. 法律制度设置上的障碍因素

在法律制度的设置上,立法价值取向是难以协调和体现的。在立法过程中,立法者之间的诸多争议,其实都是价值取向的争议。立法的过程,其实就是各方利益相互妥协和最大化的过程,也是各种价值取向相互冲突与协调的过程。这个过程进行的特别成功,并达到最高境界时,立法的价值取向就会表现的异常统一。否则,不同的立法价值取向就可能彼此对立地存在于同一法律体系,甚至同一法律制度中。内在的立法价值取向的矛盾,就会外化为法律制度、法律规范之间的冲突。在法律制度设置上,除了价值矛盾冲突的障碍外,还有立法价值取向能否被准确表述的问题。

第一,制度内容上的矛盾。在法律制度设置上,首先,是不同法典之间,可能会产生价值取向设置的矛盾,影响价值取向的实现。不同的法典可能是由不同的起草者起草的。由于立法者价值取向上的差异,可能在法典的胚胎上就注入了不同法典相互矛盾的基因。尤其是在部门立法较为普遍的立法体制下,更容易出现不同等级的不同法典或同一等级的不同法典之间的价值冲突。对立的价值设置,相对于所要实现的立法价值取向来说,就是一种障碍。其次,也可能因同一法典不同部分或不同条款之间的价值取向设置障碍,影响立法价值取向的实现。由于立法者的疏漏或者立法技术的欠缺致使法典内部出现价值冲突的现象并不鲜见,甚至在特殊的情况下,也可能是立法者的故意导致这种价值障碍的产生,这样便会使应有的立法价值取向无法实现。

第二,制度表述上的失误。制度表述上的问题,在法制不发达的国家是经常存在的,即使是在法制发达的国家也无法完全避免。制度表述的问题对法律的实施,包括立法价值取向的实现有多方面的影响。立法的价值取向必须通过法律制度的设置才能得以具体表现和实现。由于立法者立法技术不成熟等方面的原因,会使价值取向在法律制度的表述上出现种种失误,使立法的价值目标得到不合理的表述甚至相反的表述。法律制度价值取向设置的偏差,必然会导致执法、司法层面上对立法原意的误解,使执法、司法偏离立法所设定的轨道,达不到立法的目的。这也是我国立法价值取向实现的重要障碍。

2. 社会物质生活条件的障碍因素

社会物质生活条件是法的最终基础。法的内容和性质是由一定的社会物质生活条件所决定的,法的变更与发展也决定于一定社会的变更和发展。立法活动的开展也要受制于当时社会物质生活条件,以适应社会发展的需求。正如马克思指出:“立法者应该把自己看做一个自然科学家。他不是在制造法律,不是在发明法律,而仅仅是在表述法律,他把精神关系的内在规律表现在有意识的现行法律之中。如果一个立法者用自己的臆想来代替事情的本质,那么我们就应该责备他极端任性。同样,当私人想违反事物的本质任意妄为时,立法者也有权利把这种情况看做是极端任性。”[1]作为立法活动思想先导的价值取向也必须受制于社会物质生活条件。具言之,首先,价值取向的确定受制于当时的社会物质生活条件。立法总是时代的反映,作为立法内在精神品格的价值取向也要随时代的嬗变而嬗变。每一时代立法价值取向的确定莫不由当时社会物质生活条件所决定。如作为我国古代立法价值取向的礼治秩序和教化等,是由当时的农业经济基础所决定的;而作为现代立法价值取向的自由、法治等,则是由现在的市场经济基础所决定。其次,立法价值取向的最终实现也要受制于社会物质生活条件。立法价值取向的实现需要社会提供一定的物质条件,没有物质条件作基础,立法价值取向的实现只能成为无源之水。如自由是立法的重要价值取向,但如果社会成员没有一定的社会物质生活条件作保障,自由的存在总是有限度的,法所规定的丰富自由也终究是纸上的自由而已,而无法转化为现实中的自由。

3. 传统立法价值取向的障碍因素

中国古代的立法,有着几千年的悠久历史。在漫长的历史发展过程中,积累了丰富的立法经验,至今仍然是我们民族宝贵的精神财富,对当代中国的立法具有借鉴意义。但另外,我国古代立法中的诸多缺点,对我国现在的立法产生了消极影响,尤其是那些超越法律制度本身的传统立法价值取向对我国现代立法价值取向的实现产生了重要影响。与现代立法价值取向相比,传统立法价值取向对我国现代立法价值取向实现的障碍表现在以下方面。首先,“是非差异”的障碍因素。在社会变革中,法律制度是经常变化的,这种是与非的价值

---

〔1〕《马克思恩格斯全集》(第1卷),人民出版社1956年版,第183页。

障碍因素是经常出现的。如法制是我国传统立法的重要价值取向,奉行的是“法律工具主义”,把法律作为治理社会的工具。而在建设市场经济的今天,立法的价值取向是排斥“法制”,实行“法治”,奉行“法律至上主义”,强调一切都在法治的轨道上运行。然而,时至今日,法律至上的信念尚未得以普遍确立。在我国的立法中,坚持“法制”的价值取向仍相当普遍,尤其是在地方立法中。其次,“轻重差异”的价值因素。这表现为在立法价值取向上,传统立法和现代立法着重点不同。如在秩序与自由的关系上,传统立法为了维护统治阶级利益,着重强调秩序的建立和维护,而忽略了自由。这表现在法律上就是,对人们的义务作了大量规定,而对人们的权利却规定很少。而与此相反,现代立法最终目的是维护人们的自由,秩序是为自由服务的,在立法价值取向上就重自由轻秩序,表现在法律上就是对人们权利的广泛规定和人们义务的合理规定,但“重秩序、轻自由”的立法价值取向在许多立法中还广泛存在,如很多立法对人们义务的过多规定。

4. 价值多元的障碍因素

价值多元在立法上的表现是十分明显的,其至少表现在这样几个层面上:第一,法本身具有不同的价值,如秩序、自由、公正等;第二,立法本身也具有不同价值,如法治、法制、自由等;第三,立法主体的价值观念也是以多元状态存在的。不同的立法主体对立法有着不同的价值追求。价值多元有其存在的客观依据,是无法回避的事实。价值多元对立法的影响是巨大的,立法的争议其实就是价值取向的争议。它至少可能导致立法速度的减缓,影响立法的进程,使一些早就该制定的法律被久拖不决,导致一些立法资源的浪费。价值多元对立法价值取向实现的影响也是巨大的。由于立法价值取向的多元性,立法价值取向的选择也具有多样性,不同的立法主体由于其出发点不同,价值的选择也会不同。另外,立法价值取向的多元性,甚至相互贯通性,导致立法主体在价值选择时往往难以取舍。这一切都将阻碍立法价值取向的实现。

(三)我国立法价值取向实现的条件

1. 法律制度具有良好的立法价值取向设定

第一,立法价值取向应在法律制度上得以正确确定。立法价值取向的确定对法律制度的建立具有首要的意义。任何法律制度的建立都是在立法价值取向的指导下进行的,要么是在良好的价值取向指导下进行的,要么是在邪恶的价值取向指导下进行的。而在良好的价值取向指导下的立法中，很难有恶法；在邪恶的价值取向指导下的立法中，不可能有良法。

立法价值取向在法律制度上的正确确定，要求立法者具有良好的价值观念而不受自己职业、个人偏好的影响。因为立法价值取向在法律制度上的确定，与立法者的价值观念有不容忽视的关系。在我国的立法中，部门立法的现象十分严重，立法者往往从个人偏好、职业特点出发来制定法律，容易出现各种弊端。这就要求立法者尽力摆脱自己职业、个人偏好的影响，使立法价值取向确实是人民意志的反映，而不是某个部门或某个人的意志的反映。

第二，立法的价值取向应在法律制度上得以明确设定。立法的价值取向是由法律制度具体体现的。在法律制度的设置中，价值取向设定特别重要。它是立法意图得以贯彻的重要环节。但将立法价值取向准确、明确地体现在法律制度中，则是一件极其艰难的工作，一般的立法工作人员很难胜任，结果使立法工作在很大的程度上不得不依靠立法专家来完成。

第三，立法价值取向应在法律制度上得以始终贯彻。立法价值取向的设定是一个极其艰苦的工作。在立法上，既定的立法价值取向不仅是在基本原则的设定时要予以体现，在非原则的具体规范的规定中也应予以始终如一地坚持与贯彻，避免在口头上肯定、实际上否定，原则上肯定、细节上否定的畸形状况。

2. 立法制度创新

立法制度是立法活动、立法过程所须遵循的各种实体性准则的总称，是国家法制的重要组成部分。立法是由制度确立和保障的，没有制度化、规范化和程序化的立法体制，立法活动便无法得到良好开展，便很难有良好的法律、法规、规章和其他规范性文件的产生。立法的价值取向便难以在法规范性文件中得以确立和实现，实现法治或建设现代法治国家便没有基本的条件。可以说，立法制度是立法价值取向实现的条件和保障，立法价值取向的实现必须依赖于立法制度的创新。所谓制度创新，是指制度安排的积极变动和替换。在我国，实现立法制度的创新，就是要建立民主立法制度和科学立法制度。

第一，民主立法制度的建立。民主是立法的内在诉求，立法是民主首要的外在表达。民主是现代立法的正当性基础，立法必须以民意为依归，反映人民的意志。正确的立法价值取向不是立法者个人意志或少数人意志的体现，而是人民共同意志的体现。要想使代表人民意志的立法价值取向得以实现，首要的选择便是坚持民主立法,建立民主立法制度。这是立法价值取向实现的首要条件和保障。

由于立法的民主化主要体现为立法主体的广泛性、立法行为的制约性、立法内容的平等性和立法过程的程序化。因此,建立民主立法制度要做到以下几点。首先,必须建立健全民主参与制度,保证立法主体的广泛性,做到体民情、表民意、聚民智、得民心,使法律能够真正体现人民的意志,以实现立法内容的平等性。其次,必须建立健全民主程序制度,使立法的运行实现规范化、制度化、程序化,以保证立法过程的民主化。最后,必须建立健全民主监督制度,使人民能够对立法的过程和结果进行有效监督,以保证立法行为的制约性。

第二,科学立法制度的建立。现代立法应当是科学活动,建立科学立法制度,也就是实现立法的科学化、现代化问题。建立科学立法制度,有助于提升立法质量和产生良法,有益于尊重立法规律,减少立法成本,提高立法效益。而立法价值取向的实现,必须依赖于良好法律制度的确定和设定,而良好法律制度的产生又依赖于科学立法制度。因此,立法价值取向的实现也必须依赖于科学立法制度的建立。

建立科学立法制度,必须建立科学的立法权限划分、立法主体设置和立法运行机制,使整个立法制度合乎社会和立法发展规律,合乎国情、民情,从而保证立法活动的开展尊重社会的客观情况和实际国情,符合社会的客观需要,使立法的价值取向得以实现,产生良好的法律。

3. 立法理念的更新

立法理念,是人们对立法的必要性和重要性以及终极关怀的认识、看法、见解的总称。立法是在一定理念指导下进行的,立法者之所以制定某种内容的法律,而不是其他内容的法律,往往就是立法理念之作用所致。不同的立法理念,不仅影响对特定立法之必要性认识,而且对特定立法的宗旨及其终极关怀都将产生举足轻重的影响。有什么样的立法理念就有什么样的法,这已为实践所证明。因此,制定良法以实现立法的价值取向,必须以正确的立法理念为指引,必须实现立法理念的更新。在立法的过程中,应坚持以下立法理念。

第一,人民主权的理念。人民主权是社会主义民主政治、人民当家作主和现代民主法治的逻辑起点。立法权源于人民的授予,是人民主权的重要体现。

正如卢梭指出:"我将选择一个立法权属于全体公民的国家作为我的祖国。"[1]因此,立法活动的开展必须坚持人民主权的理念,以民意为依归,使所立之法能够反映人民的意志和利益。

第二,宪法法律至上的理念。立法中坚持宪法法律至上的理念,就是指法律规范的制定必须以宪法和上位法为依据,不与宪法和上位法规定的内容和原则、精神相抵触。宪法是万法之法,是具有最高法律效力等级的法律。坚持宪法法律至上的立法理念,一方面,有利于我国的法制统一,保持中国特色社会主义法律体系的和谐一致;另一方面,有利于树立宪法法律至上权威,实现法治的灵魂,从而有利于立法价值取向的实现。

第三,尊重和保障人权的理念。人权是法的重要价值,也是立法的终极价值追求。制定法律的最终目的就是确认和保障人权。因此,在立法的过程中必须坚持尊重和保障人权的理念,以人权为立法的终极价值追求。只有这样,在公民权利和义务的规定上,才会以权利为主、义务为辅;在自由与秩序的规定上,才能以秩序为基础,以自由为目的,等等。

第四,效益的理念。立法的目的不在于法律规范的制定,而在于法律规范的良好实施。可以说,当今社会,已不是有无法可依的问题了,而是法律能否得到良好实施的问题。而法律得到良好实施的首要前提便是良法的制定。这就需要坚持立法效益的理念,根据客观需要开展立法活动,要尊重社会的客观规律和实际情况,以最小的立法成本产生最大的立法收益,以保证立法过程中良法的产生。

二、形成高效的法治实施体系

建设中国特色社会主义法治体系,必须要形成高效的法治实施体系,这是其关键所在。因为法治的要义在于,"已成立的法律获得普遍的服从,而大家所服从的法律又应该本身是制定得良好的法律"。[2] 因而,形成完备的法律规范体系,只是中国特色社会主义法治体系建设的第一步,而使"完备的法律规范体系"获得普遍的服从,则是中国特色社会主义法治体系建设的最关键一

---

〔1〕[法]卢梭:《论人类不平等的起源和基础》,李常山译,商务印书馆1962年版,第53页。
〔2〕[古希腊]亚里士多德:《政治学》,吴寿彭译,商务印书馆1965年版,第199页。

步，这就需要我们形成高效的法治实施体系，具体说来：

（一）加强宪法和法律实施

维护宪法法律权威，既是建设中国特色社会主义法治体系的基础，又是建设中国特色社会主义法治体系的应有之义。因为维护宪法法律权威，是法治的集中表现和要求。正如潘恩所言："在专制政府中国王便是法律，同样地，在自由国家中法律便应成为国王。"〔1〕只有维护宪法法律权威，才能引导全社会共同尊重宪法法律、信仰宪法法律，才能引导全社会自觉地遵守宪法法律，才能推动宪法法律的良好实施。而维护宪法法律权威，关键是维护宪法权威。因为树立宪法至上权威，正是法治的最高体现。正如周叶中教授指出："宪法至上是法治的最高体现。因为法律支配权力是法治的根本，但离开了宪法至上，权力绝不会服从于法律；民主和人权是法治最核心的价值追求，但离开了宪法至上，法治就丧失了生命和活力；法治有赖于不同层次的法律规范，但离开了宪法至上，法治就没有了存在的前提。"〔2〕然而，令人遗憾的是，由于种种原因，我国至今尚未完全树立宪法法律的权威，这已经成为中国特色社会主义法治体系建设的症结所在。基于此，党的十八届四中全会《决定》明确提出，"任何组织和个人都必须尊重宪法法律权威，都必须在宪法法律范围内活动，都必须依照宪法法律行使权力或权利、履行职责或义务，都不得有超越宪法法律的特权"。〔3〕但要"维护宪法法律权威"，必须努力地实施宪法和法律。因为"徒善不足以为政，徒法不足以自行"。〔4〕 有了良法只是为实现法治提供了前提，但法治最关键之处却在于，"已成立的良法获得普遍的服从"。也就是说，法治的生命在于法律的质量，法治的效益却在于法律的实行。"任何法律，即使是最好的法律，如果不能贯彻执行，不过是一张废纸。"〔5〕特别是，"宪法的生命在于实施，宪法的权威也在于实施"。〔6〕 因此，加强宪法和法律实施，做到有法必依、执法必严、违

〔1〕［美］潘恩：《潘恩选集》，马清槐译，商务印书馆1981年版，第35~36页。

〔2〕周叶中：《宪政中国研究》（上册），武汉大学出版社2006年版，第1~7页。

〔3〕《中共中央关于全面推进依法治国若干重大问题的决定》，载新华网：http://news.xinhuanet.com/2014-10/28/c_1113015330.htm，最后访问日期：2018年4月10日。

〔4〕《孟子·离娄上》。

〔5〕许崇德主编：《中国宪法》，中国人民大学出版社1996年版，第65页。

〔6〕习近平：《在首都各界纪念现行宪法公布施行30周年大会上的讲话》，载新华网：http://news.xinhuanet.com/politics/2012-12/04/c_113907206.htm，最后访问日期：2018年7月2日。

法必究，是建设中国特色社会主义法治体系的关键。当前我国法治建设存在的主要问题已不是无法可依，而是有法不依、执法不严、违法不究、守法意识淡薄的问题，是已成立的法律无法获得普遍服从的问题。因此，面对中国特色社会主义法治体系建设的新形势新任务，我们就必须按照法治建设基本规律的要求，加强宪法和法律的实施，保证有法必依、执法必严、违法必究。具体说来，各级执法部门要按照新时代建设中国特色社会主义法治体系的总体要求，加强各项执法工作，严格公正执法，努力提高执法水平，切实增强维护社会和谐、化解社会矛盾、保障公平正义、促进社会进步的意识和能力，保证宪法和法律的实施。要建立与我国宪法相适应的救济机制，构建中国特色的宪法监督制度，保障宪法得到良好实施。坚持法律面前人人平等，坚持公民权利平等受到保护，公民义务平等得到履行，违法犯罪平等受到法律追究，维护社会公平正义。

其中，加强宪法实施，一个有效途径就是健全宪法解释机制，“特别是，在社会转型时期宪法理论与宪法实践的良性互动主要是通过宪法解释活动得到实现的”。[1] 因而，通过宪法解释的运用，对宪法规范的内容、含义及其界限作出说明，可以使宪法更好地适应社会发展的需要，避免频繁的宪法修改，保证宪法的良好实施。目前，我国已初步建立了由全国人大常委会解释宪法的宪法解释体制，这具有极大的优越性，可以更好地理解宪法规范的原意和精神，可以保证宪法解释的权威性。但这一体制还有待完善之处，我国的宪法解释工作过去未能实现经常化，可喜的是，2018 年 2 月，党的十九届三中全会审议通过的《深化党和国家机构改革方案》提出，将“全国人大法律委员会”更名为“全国人大宪法和法律委员会”。新成立的全国人大宪法和法律委员会职责之一就是开展宪法解释工作，这就使我们有了专门的宪法解释工作机构，使宪法解释工作可以经常性进行。因而，未来我们健全宪法解释体制的重点就是制定《宪法解释法》，明确宪法解释的原则、程序、方法等内容，使宪法解释工作规范化、制度化、程序化，增强可操作性。

（二）推进依法行政

推进依法行政，建设法治政府，是法治中国建设的重要内容和必然要求，也是中国特色社会主义法治体系建设中最重要的一环。各级政府作为宪法法律

---

〔1〕 韩大元编著：《1954 年宪法与新中国宪政》，湖南人民出版社 2004 年版，第 618 页。

实施的重要主体，其自身能否做到依法行政，无疑关系到法治中国建设的成败。为此，党的十八届四中全会《决定》明确指出："坚持依法治国、依法执政、依法行政共同推进，坚持法治国家、法治政府、法治社会一体建设。"[1]目前，我国的依法行政已迈出坚实步伐，行政执法行为得以规范，行政执法水平得以提高，法治政府建设卓有成效。但是，不可否认的是，我国行政执法领域依然存在问题，与社会主义民主政治的发展要求还不适应，有法不依、执法不严、违法不究的现象仍严重，一些行政违法或者不当行政行为还不能及时得到纠正，依法行政仍然是中国特色社会主义法治体系建设中比较薄弱的一环。可以说，我国宪法法律得不到良好实施的主要原因，就在于未能完全实现依法行政。因此，党的十八届四中全会作出的《决定》明确提出，要深入推进依法行政，加快建设法治政府，即"各级政府必须坚持在党的领导下、在法治轨道上开展工作，创新执法体制，完善执法程序，推进综合执法，严格执法责任，建立权责统一、权威高效的依法行政体制，加快建设职能科学、权责法定、执法严明、公开公正、廉洁高效、守法诚信的法治政府"。[2]

这就要求我们必须按照党的十八届四中全会作出的《决定》的要求，加快行政管理体制改革，着力转变职能、理顺关系、优化结构、提高效能，形成权责一致、分工合理、决策科学、执行顺畅、监督有力的行政管理体制。健全政府职责体系，推行行政执法责任制。规范行政行为，加强行政执法部门建设，减少和规范行政审批，减少政府对微观经济运行的干预。加大机构整合力度，探索实行职能有机统一的大部门体制，健全部门间协调配合机制。精简和规范各类议事协调机构及其办事机构，减少行政层次，降低行政成本，着力解决机构重叠、职责交叉、政出多门的问题。其中，关键是要"深化行政执法体制改革"。具体说来：一要加快行政执法体制改革，着力转变职能、理顺关系、优化结构、提高效能，建立权责统一、权威高效的行政执法体制；二要健全政府职责体系，理顺城管执法体制，推行行政执法责任制，提高执法和服务水平；三要规范行政行为，完善行政执法程序，规范执法自由裁量权，加强对行政执法的监督；四要加强行

---

[1] 《中共中央关于全面推进依法治国若干重大问题的决定》，载新华网：http://news.xinhuanet.com/2014-10/28/c_1113015330.htm，最后访问日期：2015年4月10日。

[2] 同上。

政执法部门建设，整合执法主体，精简行政执法机构，减少行政执法层级，加强重点领域基层执法力量。

(三)深化司法体制改革

司法是法治建设的重要环节，是实现、维护和争取社会公平正义的最后一道防线，是建设中国特色社会主义法治体系的重要途径。离开了司法活动的实践，“法律体系”就是一堆僵硬的条文，必然无法自动转化为“法治体系”。因此，必须坚持审判独立，实现司法公正，维护社会公平正义，为中国特色社会主义法治体系建设提供坚实的保障。而要实现审判独立和司法公正，就必须从制度和体制着手，从根本上解决问题。当前我国之所以未能完全实现审判独立和司法公正，一个重要原因就在于司法体制不健全、司法职权配置不合理。我国现行司法体制是在计划经济体制基础上建立起来的，已不适应社会主义市场经济体制和法治建设的要求，因而，对其进行改革已成为依法治国、建设中国特色社会主义法治体系的迫切要求。因而，党的十八届三中全会《中共中央关于全面深化改革若干重大问题的决定》明确提出，要“深化司法体制改革，加快建设公正高效权威的社会主义司法制度，维护人民权益，让人民群众在每一个司法案件中都感受到公平正义”。具体说来：一要改革司法管理体制，推动省以下地方法院、检察院人财物统一管理，探索建立与行政区划适当分离的司法管辖制度，以避免司法的地方化，确保审判机关、检察机关依法独立公正地行使审判权、检察权，实现司法公正；二要优化司法职权配置，规范司法行为，加强司法监督，健全司法权力分工负责、互相配合、互相制约的运行机制；三要坚持司法公开原则，推进审判公开、检务公开，广泛实行人民陪审员、人民监督员制度，拓宽人民群众有序参与司法渠道，接受社会监督，提高司法活动的透明度；四要加强司法人员队伍建设，建立符合职业特点的司法人员管理制度，健全法官、检察官、人民警察统一招录、有序交流、逐级遴选机制，健全法官、检察官、人民警察职业保障制度；五要健全人权司法保障制度，尊重和保障人权，完善公民权利救济机制，落实司法保障，发挥司法在维护公民和法人合法权益方面的重要作用。

但需要指出的是，司法体制改革的深入，有赖于政治体制改革的深入。因为司法体制内部自身的改革，永远解决不了司法权和其他国家权力之间的制约问题。这个问题的解决，只能依赖于深层次的政治体制改革。只有深化政治体制改革，才能深化司法体制改革，才能解决好司法权与其他国家权力的制约问题,才能优化司法权的配置。党的十九大提出了推进政治体制改革的任务,在此基础上,我们应按照党的十九大的要求,进一步深化司法体制改革,优化司法职权配置,规范司法行为,加强司法监督,完善诉讼制度,健全公民权利救济机制,落实司法保障,建设公正高效权威的社会主义司法制度,确保审判机关、检察机关依法独立公正地行使审判权、检察权,实现司法公正,维护社会公平正义和司法权威。

(四)加强社会主义法治文化建设

社会主义法治文化既是社会主义法治的重要组成部分,也是社会主义文化的重要内容,无论是社会主义法治建设,还是社会主义文化的大发展和大繁荣,都必然要求重视和加强社会主义法治文化建设。党的十八大首次把社会主义法治建设提升到文化层面,并把社会主义法治文化建设纳入党的最高纲领性文件。这既表明我们党对法治认识的深入和对法治建设规律把握的成熟,更表明我们党厉行法治的决心,同时也标志着社会主义法治国家建设将走进一个新的时代。

法治文化是一国法治的重要指标和参数,法治文化水平的高低反映着一国法治水平的高低,法治文化的状况在某种意义上决定着法治建设的成败。这是因为,“法治并不是存在于文化之外的东西,它无法仅仅通过设定框架、修改宪法和法律这些并不复杂的权宜手段而附着在原有的文化之上。从实质意义上说,法治是一种文化。而文化的创造和改变是一个非常复杂的过程,这一点往往被忽略”。[1] 当前我国法治建设的现状并不完全是制度本身造成的,它与我国法治文化的缺失、人们法观念的缺失存在重大关联。尽管我国现行法治制度符合现代法治精神和原则,顺应时代潮流,但现代法治制度的构建却并未给我国带来相应的法治。究其原因,最根本的在于社会主义法治文化的缺失,以至于现代法治制度时常被人们所忽视、漠视,甚至轻视,而不能在现实生活中真正发挥作用。所以,制度的变迁须与文化的变迁相伴随,而且在大多数情况下更应该是文化先行、观念先行。可以说,我国法治建设如果缺乏文化支撑,缺乏法观念的启蒙,制度下的非法治化就在所难免。因此,党的十八大报告在多处阐

〔1〕 何勤华、任超等:《法治的追求——理念、路径和模式的比较》,北京大学出版社 2005 年版,第 125 页。

述了社会主义法治文化建设,如深入开展法制宣传教育,弘扬社会主义法治精神,树立社会主义法治理念,增强全社会学法、尊法、守法、用法意识,这就指出了我国社会主义法治文化建设的方向,也指出了我国社会主义法治文化建设的着力点。

但是,必须承认的是,长久形成的观念、文化较之表面的法律制度更不易改变,转变的过程也更痛苦。因而,社会主义法治文化建设绝非朝夕之功,而是一个长期的、复杂的过程。其中,加强社会主义法治文化建设,关键是树立起人们对宪法法律的信仰。因为"法律必须被信仰,否则它将形同虚设"。〔1〕然而,在中国长期的传统文化中,一直缺乏对法律的信仰,与此相对的则是权力至上的传统在中国根深蒂固。人们不太重视法律,更谈不上法律的权威地位。在那样的历史条件下,人们生成的观念只能是法律工具主义和法律机会主义,甚至会滑向法律虚无主义,法律作用的实质是通过法律强化封建统治者的权威。在那样的社会,法律是极不牢固和稳定的,人们既无法信赖法律也无法依靠法律。因此,崇尚权力及以官本位观念对人的价值进行判断成了普遍现象。〔2〕而要改变这种状况,就必须改变人们对宪法法律社会功能的传统认识,正确认识宪法法律的社会功能,认识到"法律的目的不是废除或限制自由,而是保护和扩大自由。这是因为在一切能够接受法律支配的人类的状态中,哪里没有法律,哪里就没有自由。这是因为自由意味着不受他人的束缚和强暴,而哪里没有法律,那里就不能有这种自由"〔3〕等,以树立起宪法法律至上的观念,使人们自觉地尊崇宪法法律,信仰宪法法律。

三、形成严密的法治监督体系

"法治监督体系既是中国特色社会主义法治体系的重要内容和内在目标,又是建成中国特色社会主义法治体系的根本保障和必然要求。"〔4〕因而,建设中国特色社会主义法治体系,必须要形成严密的法治监督体系,以保证宪法法律的良好实施,维护国家法制统一、尊严、权威。形成严密的法治监督体系,是

---

〔1〕[美]伯尔曼:《法律与宗教》,梁治平译,中国政法大学出版社 2002 年版,第 19 页。
〔2〕参见丁军:《刍论公民的法律至上观》,载《理论导刊》2005 年第 9 期。
〔3〕[英]洛克:《政府论》(下篇),叶启芳等译,商务印书馆 1964 年版,第 36 页。
〔4〕曹建明:《形成严密法治监督体系,保证宪法法律有效实施》,载《求是》2014 年第 24 期。

一项涉及面很广的系统工程,需要发挥各方面的合力,形成包括党内监督、人大监督、民主监督、监察监督、群众监督、媒体监督等在内的法治监督体系。其中,最重要的是人大监督。因为人大监督权就其性质而言,是人民当家作主的政治性权力,是实现人民当家作主、管理国家各项事务的重要途径和方式。监督权的有效行使,有利于避免国家权力的滥用,维护和实现人民主权。诚如密尔所言:"代议制议会的适当职能不是管理——这是它完全不适合的——而是监督和控制政府:把政府的行为公开出来,迫使其对人们认为有问题的一切行为作出充分的说明和辩解;谴责那些该受责备的行为,并且,如果组成政府的人员滥用职权,或者履行责任的方式同国民的明显舆论相冲突,就将他们撤职,并明白地或事实上任命其后继人。这的确是广泛的权力,是对国民自由的足够保证。"[1]因而,要形成严密的法治监督体系,最重要的就是要加强人大监督,保证人大及其常委会有效地行使监督权。下面我们从人大监督的视角,谈谈如何形成严密的法治监督体系,具体说来有以下几点。

（一）要建立完善的监督宪法法律实施制度

加强宪法和法律的实施,是依法治国、建设中国特色社会主义法治体系的应有之义。但是,目前有法不依、执法不严、违法不究的现象在某些方面依然十分严重,已制定的法律、法规等并没有得到良好的遵守和执行。这表明人大及其常委会对宪法和法律实施的监督力度远远不够,未能保证宪法和法律的良好实施。在监督宪法实施方面,由于过去未能建立具有可操作性的合宪性审查制度,缺乏专业的宪法监督机构,大量的违宪现象未能得到处理,这就严重损害了宪法的权威和尊严,妨碍了宪法的良好实施;在法律实施方面,尽管各级人大及其常委会在执法检查方面取得很大成效,促进了法律的良好实施,但是由于执法检查存在的诸多问题,严重影响了人大监督工作的效果。具体说来:一是执法检查的对象重点应是执法部门、执法人员及执法部门的领导,重点应是检查执法部门的领导和执法人员业务素质、执法能力与水平、执法行为与活动、执法职责的履行、执法中的突出问题。但是,在各级人大常委会执法检查的实践中还不同程度的存在偏重于检查基层和群众学法、普法、守法等情况,而对执法部门本身的执法情况检查相对不足。二是执法检查针对有法不依、执法不严、违

〔1〕［英］J. S. 密尔:《代议制政府》,汪瑄译,商务印书馆1982年版,第80页。

法不究、以权压法、以言代法等问题的处理显得捉襟见肘,损害了执法检查的权威,束缚执法检查工作有效深入的开展。三是从执法检查运用的方法和手段看,普遍采用的是听汇报、看现场、座谈、反馈意见等方法,显得比较单调且效果不佳,难以了解真实情况。而很少综合运用询问、质询、任免、典型案件听证会、明察暗访、书面反馈意见、应知应会考试、答辩等有力的监督手段,难以克服例行公事走过场的弊端。有时,对下级反映和检查出来的问题,事后纠正处理跟踪督办少,也难以查处违法人员,执法主体容易出现侥幸心理和短期行为,检查过后又一切如初。[1] 四是由人大会议听取和审议执法检查报告未能实现制度化。将听取和审议执法检查报告列入人大会议议程,既有利于提高执法检查这种监督形式的重要性,也有利于提出改进执法工作的意见和建议,推进法律的良好实施。但目前,这一做法尚未形成制度化,表明人大及其常委会尚未将法律实施放在与立法同等重要的地位。这样,就使人大及其常委会的监督工作难以取得实在的监督效果。

要有效解决上述问题,确保宪法和法律的良好实施,关键就是要建立完善的监督宪法法律实施制度,主要包括几点。第一,建立专业的宪法监督机构,明确宪法监督的程序。关于宪法监督的问题,一直是法学界的热点问题,学者们提出了诸多良好的建议,但从目前实际情况来看,这些措施难以很快落实,我们应选择一个突破口,予以逐步落实。我们认为,应先建立一个专业的宪法监督机构,这是比较切合实际且较易做到的。根据2018年党的十九届三中全会审议通过的《深化党和国家机构改革方案》,我们将“全国人大法律委员会”更名为“全国人大宪法和法律委员会”,并赋予其“推进合宪性审查、加强宪法监督”的重要职责,从而建立起了专业的宪法监督机构,迈出了坚实步伐。在此基础上,全国人大或全国人大常委会应先制定《关于加强宪法监督工作的决定》,在总结实践经验的基础上,再制定《宪法监督法》,明确宪法监督的程序,以增强宪法监督的可操作性,等等。第二,完善执法检查制度。完善执法检查制度的重点,一是明确执法检查的重点,这里面包括两个方面,即重点事项和重点事项的重点方面。我国《各级人民代表大会常务委员会监督法》明确了执法检查重点事项,即本级人大常委会在执法检查中发现的突出问题,本级人大代表对人

---

〔1〕 参见师正伟:《执法检查不能偏重于基层和群众的守法情况》,载《人大研究》2010年第12期。

民政府、人民法院和人民检察院工作提出的建议、批评和意见集中反映的问题，本级人大常委会组成人员提出的比较集中的问题，本级人大专门委员会、常委会工作机构在调查研究中发现的突出问题，人民来信来访集中反映的问题，社会普遍关注的其他问题。在明确这些重点事项的同时，我们还应明确重点事项的重点检查方面，即应重点检查执法部门的领导和执法人员业务素质、执法能力与水平、执法行为与活动、执法职责的履行、执法中的突出问题。二是规定人大常委会在执法检查中可以采取更多的处理措施。人大常委会在执法检查中或结束后，能够采取什么样的处理措施，决定了执法检查的效果大小。但我国《各级人民代表大会常务委员会监督法》并没有赋予人大常委会多少实质性的处理权，人大常委会也不能采取多少实质性措施来保证监督实效的落实。因而，应通过立法，赋予人大常委会实质性处理权，使其可以在执法检查中或结束后采取众多的处理措施来保证执法检查工作的深入开展，增强监督的实效。三是与其他监督方式相结合，增强监督的实效。如把执法检查、实行执法责任制、开展执法评议三者结合进行；在听取和审议"一府两院"工作报告时，可包括听取和审议"一府两院"执行某项法律情况的专题工作报告；把执法检查同舆论监督结合起来等，都能取得较好的效果。[1] 四是由人大听取和审议常委会执法检查报告。应将人大常委会执法检查报告列入人大会议议程，由人大听取和审议，以更好地发现执法检查中的问题，提出更好的意见和建议，推进法律的良好实施。

（二）要强化对行政权力的监督和制约

孟德斯鸠曾指出："一切有权力的人都容易滥用权力，这是亘古不易的一条经验。有权力的人们使用权力一直到遇有界限的地方才休止。"[2] 而且，实践充分证明，权力导致腐败，绝对的权力导致绝对的腐败。因而，加强对行政权力的监督和制约，是避免和防止行政权力滥用的有效途径和必然要求，也是建设中国特色社会主义法治体系的内在要求。但由于社会各方面对人大监督工作的理性认识不够深入，监督制度不够完善，人大代表的结构不够合理等原因，

---

〔1〕 参见刘政、程湘清：《人民代表大会制度的理论与实践》，中国民主法制出版社 2003 年版，第 259 页。

〔2〕 ［法］孟德斯鸠：《论法的精神》（上册），张雁深译，商务印书馆 1961 年版，第 154 页。

人大监督政府工作仍存在诸多问题，对行政权力的监督和制约依然是人大薄弱的环节，人大监督政府工作的实效必须进一步增强。正如时任全国人大常委会委员长李鹏指出："如何改进人大监督工作，是摆在我们面前的一项十分重要的课题。今后全国人大常委会要把监督工作放在重要的位置，加大监督力度，完善监督方式，特别是要增强监督的实效。"[1]

目前，人大监督政府工作存在的问题主要有三个方面。其一，听取和审议政府工作报告在某种程度上"流于形式"。人大及其常委会通过听取和审议政府工作报告的形式，对政府的工作进行监督，是一种具有中国特色的监督制度，取得了一定成效。但是，由于相关法律的不完善，这一制度在某种程度上"流于形式"。其中的关键问题是现行法律并没有明确规定政府工作报告不通过的法律后果。实践中的做法，一是由代表大会作出决议，责成报告机关根据代表的审议意见对政府工作报告进行修改，授权常委会听取和审议修改后的政府工作报告，并对该政府工作报告作出批准的决议。如采取上述处理办法，要在深入细致地做好代表工作的基础上，提请大会表决。二是由主席团根据代表的意见，对决议草案进行修改完善，在决议中如实反映多数代表对政府工作的意见和建议，包括要求改进政府工作的措施，然后再交付代表解决。[2] 这样的做法，实难对政府形成压力，督促政府改进工作，取得监督实效。另外，审议时间短、议程多，人大代表没有时间对每一个问题详细了解，难以做到实质审议。[3] 此外，根据规定，人大应对政府的工作报告作出决议，以反映和体现代表对政府工作的整体评价，反映代表对政府工作的意见、建议和要求，并作为下次对政府工作进行评议的依据。但人大作出的决议往往一般化，缺乏实质内容，弹性大，缺乏硬性要求，难以作为衡量政府工作的标准，很大程度上"流于形式"。

其二，对计划和预算的监督难以做到精细化。在过去一段时间，"豪华办公楼事件""豪华公车事件""巨额招待费事件""公款出国旅游事件"等层出不穷，突出反映了人大及其常委会在控制政府"钱袋子"方面的乏力。这主要是

---

〔1〕《十五大以来重要文献选编》（上册），人民出版社 2000 年版，第 320 页。

〔2〕参见陈斯喜：《人民代表大会制度概论》，中国民主法制出版社 2008 年版，第 284 页。

〔3〕实践中，全国只有两起工作报告未获批准，即 2001 年 2 月 14 日辽宁省沈阳市第十二届人大四次会议关于中级法院工作报告的决议与 2007 年 1 月 24 日湖南省衡阳市第十二届人大五次会议关于中级法院工作报告的决议。

由于人大及其常委会对计划和预算的监督难以做到精细化，难以对政府的每一件开支做到有效监督，导致有的地方政府在花钱上几乎“随心所欲”，造成了许多不必要的浪费。[1] 在我国，计划和预算草案由政府编制的，但政府在编制计划和预算草案时，往往基于自身考虑，预算编制较粗，没有详细的收支分类，没有做到科学细化，缺乏一套科学、细化的预算报表，预算信息没有得到充分反映，使预算的科学性和准确性不高，且预算编制缺乏公开和透明，难以对预算的编制过程进行监督。这样，导致人大及其常委会对计划和预算的监督，难以实现精细化，基本上是形式上的审查，容易“一揽子”表决通过，且人大的预算审查能力也有待提高。

其三，人大质询权长期处于“虚置”状态。虽然我国宪法和法律明确规定了人大质询制度，明确赋予了人大及其常委会质询权，且越来越规范化、程序化，然而，与此不相适应的是，各级人大及其常委会行使质询权的次数却越来越少。据有关媒体统计，近30年来有不少于80%的地方各级人大及其常委会从没有行使过一次质询权。如果说我们过去还能列举几个经典的质询案例，如“1989年5月，在湖南省七届人大二次会议上，代表们就中央要求清理整顿公司提出质询案，最后以副省长杨汇泉被罢免告终；2000年1月，广东省九届人大三次会议上代表们提起质询案，导致省环保局局长易人；2009年，湖南省人大常委会对省政府部分直属机构违法收费和挪用财政资金行为提出质询案……”[2]那么，近年来，无论是全国人大及其常委会，还是地方人大及其常委会，都很少行使质询权，质询案例自然鲜有谈起。2010年，吴邦国委员长(时任)在其工作报告中明确提出要“依法开展专题询问和质询”，然而，由于缺乏相应的跟进措施，到目前为止，人大质询权行使的次数依然不多。对于这种情况，学者们将其称为，质询权的“闲置”“虚置”“休眠”等。正如王鸿任代表指出：“质询权的长期闲置，并不是各地‘一府两院’的工作中没有值得质询的问题，而是规避刚性监督措施的惰性。”[3]笔者认为，人大质询权被“虚置”的原因很多，但主要有以下几个方面。一是认识上的误区。由于质询是人大通过一

[1] 蔡玉龙：《地方人大监督权研究》，河北大学2015年博士学位论文，第92～93页。

[2] 《昆明人大质询开炮：请正面回答问题》，载搜狐网：http://www.sohu.com/a/224638224_275786，最后访问日期：2018年5月23日。

[3] 王鸿任：《从代表角度谈质询权的闲置》，载《人民代表报》2012年3月24日，第3版。

定的法律程序,强制被监督对象回答代表或委员提出的问题,且代表或委员可以根据回答的情况采取必要的措施,因而,质询权具有较强的“刚性”,与询问、审议、视察、检查等监督方式相比,“问责性”更浓一些。因而,一些对人大质询权不了解的“一府两院”的领导人及工作人员,误认为人大从事质询工作,就是给自己找“麻烦”。个别人还误认为,一旦被人大质询,就要被罢官,即使不罢官,也会影响自己的政治前途。所以,一般不愿积极主动地配合人大的质询工作。而个别从事人大工作的同志,基于上述理由,也不敢积极主动地行使人大质询权。二是法律机制不健全。虽然我国宪法和法律已经建立了比较完善的人大质询制度,但该制度仍然不完善,特别是规定得比较原则、抽象,缺乏具体的程序性规定,如人大质询会如何组织、如何开展、如何处理等都无具体的细则规定,这样使人大开展质询工作往往于法无据,无从下手,在实践中操作难度也比较大。三是实施门槛高。考虑人大质询具有较强的问责意味,因而,我国法律规定了较高的实施门槛。这虽然有一定的合理之处,有利于避免质询权的滥用,但实施门槛偏高,也会阻碍人大质询权的正常行使。如根据我国法律规定,只有一定数量的人大代表或人大常委会组成人员书面联名,才有权提出质询案。这在无形中增加了人大质询权行使的难度,因为如果某一质询案得不到法定人数的赞同,就根本无法提出。又如,根据我国法律规定,各级人大代表或人大常委会组成人员只能在各级人大会议或人大常委会会议期间提出质询案。因为各级人大会议一般每年才举行一次会议,各级人大常委会一般两个月举行一次会议,且各级人大会议或人大常委会会议议程本来就非常多,这就导致人大质询工作无法经常性开展,难以做到常态化,等等。

要有效解决上述问题,强化人大对行政权力的监督与制约,关键是要健全监督机制,完善监督制度。正如习近平总书记在庆祝全国人民代表大会成立60周年大会上的讲话中指出:“各级人大及其常委会要担负起宪法法律赋予的监督职责,维护国家法制统一、尊严、权威,加强对‘一府两院’执法、司法工作的监督,确保法律法规得到有效实施,确保行政权、审判权、检察权得到正确行使。”具体说来有以下几点。

第一,建立完善的听取和审议政府工作报告制度。主要应包括以下内容:一是明确听取和审议政府工作报告的重点。各级人大及其常委会应围绕党和国家的工作大局,重点听取和审议政府工作报告中关系改革发展稳定大局和群众切身利益、社会普遍关注的重大问题,政府也要在自己的工作报告中反映上述重大问题,以便代表和委员能够对政府的工作进行有效监督。我国《各级人民代表大会常务委员会监督法》已明确规定了政府专项工作报告中重大问题确定的途径。而对于政府年度工作报告重大问题的确定的途径,我们认为,也应参照我国《各级人民代表大会常务委员会监督法》的规定执行,即本级人大常委会在执法检查中发现的突出问题,本级人大代表对本级政府工作提出的建议、批评和意见集中反映的问题,本级人大常委会组成人员提出的比较集中的问题,本级人大专门委员会、常委会工作机构在调查研究中发现的突出问题,人民来信来访集中反映的问题,社会普遍关注的其他问题。二是听取和审议政府工作报告应与“执法检查”等相结合。由于人大会议期间短,人大代表仅通过听取和审议政府工作报告,难以真正了解政府工作的真实状况,因而,在听取和审议政府工作报告前,人大代表应通过执法检查等途径,详细了解政府依法履行职责的情况,这样在听取和审议政府工作报告时,便可以做到有的放矢,真正提高审议质量,增强监督实效。三是建立政府工作报告审议反馈制度。在人大或常委会召开会议时,应提倡代表或委员畅所欲言,表达自己的真实意愿,并应将政府工作报告公之于众,听取各方面群众的意见,政府应对这些意见作出回应,并应修改政府工作报告,在政府工作报告中对这些意见作出反馈。人大或常委会在对政府工作报告的决议中,也应正确反映代表或委员的各种意见,特别是不赞同的意见,而不能只是泛泛的表示“同意”“满意”等,并对政府执行决议的情况进行跟踪检查,以督促政府真正改进工作方式,落实人大及其常委会决议,增强监督实效,实现为人民服务的目标。四是通过立法明确政府工作报告未通过的法律责任。根据权责相统一的要求,只有通过立法明确政府工作报告未通过的法律责任,才能真正增强人大监督的实效,提升人大监督的地位和权威,才能对政府形成真正压力,使其依法履行职责。我们认为,可以在现行实践做法的基础上明确规定,如果政府工作报告未能依法通过,政府的有关负责人必须辞职,从而切实增强监督实效。

第二,建立完善的预算审查和批准制度。建立完善的预算审查和批准制度,是人大对计划和预算进行有效监督的关键。建立完善的预算审查和批准制度,一是建立提前介入制度。根据全国人大常委会《关于加强中央预算审查监督的决定》,应“坚持先有预算,后有支出”,但是每年人大都在 3 月开会,这时候预算草案尚未经人大审查和批准,政府已经有了各项支出,这就留下了监督空白期,因而应考虑人大常委会提前介入,进行监督。此外,人大会议期间短,再加上计划和预算草案专业性强,代表难以对计划和预算草案做到真正审议,应该借鉴全国人大常委会《关于加强中央预算审查监督的决定》的要求,让人大财经委员会或人大常委会预算工作委员会提前介入。政府财政部门也应及时向人大财经委员会或人大常委会预算工作委员会通报本级预算编制的情况,在人大会议举行的一个半月前,将本级预算初步方案提交人大财经委员会,由人大财经委员会对上一年预算执行情况和本年度预算草案的主要内容进行初步审查。二是要编制一套科学、详细的预算报表。要在国内收支分类改革的基础上,借鉴国内外预算编制的经验,研究一套适合我国的科学分类的预算编制表,充分反映公众所需要的预算信息,每笔资金都有清楚的安排,预算具有可理解性,使人大代表和公众都能看得懂。还要实行以结果为导向的预算编制方法。[1] 三是建立重点审查制度。人大应在对计划和预算草案全面审查的基础上,进行重点审查。重点审查的内容应借鉴全国人大常委会《关于加强经济工作监督的决定》的规定,即编制的指导方针要符合全国人大批准的国民经济和社会发展五年计划以及长远规划;主要目标和指标要符合持续、稳定发展国民经济的要求;主要措施要符合加强宏观调控,优化经济结构,安排好国家重点建设,切实改善人民生活,积极促进就业,做好社会保障工作和可持续发展等要求。四是规范计划和预算的部分调整,加强对预算外资金的监督。目前,对于多大范围内的调整属于部分调整,法律并没有明确规定。但这是一个必须认真对待的问题,一旦调整范围过大,实质上就等于改变了人大批准的计划和预算方案。因而,必须通过立法对部分调整的范围界限作出明确规定,避免政府以部分调整的名义实质上改变人大年初批准的计划和预算。此外,人大常委会应加强对预算外资金的监督,以部分调整的方式和途径,将其纳入人大计划和预算的范围。

第三,进一步完善人大质询制度。虽然我国质询制度不断发展,但仍然存在不少问题,有待进一步完善。具言之,有以下几点。一是关于质询主体。我国法律规定只有一定数量的人大代表或人大常委会委员联名才能提出质询案,

---

〔1〕 参见蔡定剑:《公共预算改革应该如何推进》,载《人民论坛》2010年第5期。

这无形中增加了质询权行使的难度。可以考虑修改相关法律,降低数量上的要求,以方便人大代表或人大常委会委员提出质询案。二是关于质询对象。目前,我国法律规定的质询对象范围仍然有点窄,不够全面,可以考虑将其扩大。“质询对象除同级人民政府及其所属工作部门、人民法院、人民检察院外,在人代会期间,还应增加同级人大常委会及‘一府两院’领导人,以实现对国家权力运行的全方位监督。同时明确规定人大质询的对象是‘作出生效行政行为的人民政府及其所属工作部门,作出生效判决、裁定、调解书、决定书等终局法律文书的人民法院、人民检察院’。”[1]三是关于质询时间。由于各级人大及常委会会议次数少、时间短、议程多,因而,如果只在会议期间才允许人大代表或人大常委会委员进行质询,难以保证质询的效果,也达不到人大质询的目的。因此,可以考虑修改相关《地方各级人民代表大会和地方各级人民政府组织法》的有关条文,规定人大代表或人大常委会委员在闭会期间也可以行使质询的权利,以做到人大质询工作的经常化。四是关于质询程序。目前,人大质询工作尚缺乏一套具体细致的程序规定,使人大质询权的行使缺乏程序保障。因此,应通过立法增加有关人大质询程序的内容,包括质询案的提交、质询案的审议、质询人的提问、被质询人的答复、质询的后果等。特别是应明确规定质询不满意的法律后果,否则,人大质询权就会形同虚设。可以考虑规定,如果“代表或委员对质询不满意时,可以要求代表大会主席团或常委会将被质询问题提交代表大会或常委会全体会议讨论。若质询案根据一定程序被提交大会或常委会会议讨论后,下一步的结果可以是:或表示满意通过;或需进一步组织特定调查;或提出罢免、撤职案等,都由会议来决定”。[2]

(三)要加强对司法的监督

由于司法权的特性,导致人大如何有效监督司法一直是一个理论与实践中的难点问题。[3] 随着党的十八届三中全会、四中全会部署的司法体制改革工作的全面开展,随着一些不同以往的司法体制改革措施的落实,这一问题的难度更加凸显,也更加重要。基于此,我们在总结地方人大监督司法现实困境的

---

〔1〕 柯兰:《激活地方人大质询权需要顶层设计》,载《检察日报》2013 年 9 月 9 日,第 6 版。
〔2〕 蔡定剑:《中国人民代表大会制度》,法律出版社 2003 年版,第 391 页。
〔3〕 参见任喜荣:《地方人大监督权论》,中国人民大学出版社 2013 年版,第 146 ~ 150 页。

基础上,试图界定出一个地方人大监督司法的合理界限,以为人大监督司法工作的开展提供参考借鉴。

1. 地方人大监督司法的制度设计与未来挑战

地方人大监督司法,即地方各级人大及其常委会对同级司法机关(法院、检察院)及其组成人员进行的法律监督。地方人大监督司法,是由我国1954年宪法所确立的政权组织形式,即人民代表大会制度所决定的,是地方人大与同级司法机关宪法地位的直接体现和反映。必须要说明的是,"1954年宪法在规定法院对同级人大负责并报告工作的同时,却没有规定检察院向同级人大负责并报告工作。但检察院向人大负责并报告工作是为1954年宪法所肯定的,只是根据当时的检察体制而没有规定所有检察院均向同级人大负责并报告工作"。[1] 但随着党的十八届三中全会、四中全会部署的司法体制改革工作的进行,这一制度设计也面临不少挑战,亟须应对。

(1)地方人大监督司法的制度设计

地方人大监督司法的制度基础是我国的人大制度以及人大制度之下的司法制度。因而,地方人大监督司法的制度设计原理就是由地方选民选举产生地方各级人大,再由地方各级人大选举产生同级地方司法机关,并对其进行监督。根据我国《宪法》《监督法》《地方各级人民代表大会和地方各级人民政府组织法》《人民法院组织法》《人民检察院组织法》等的规定,地方人大监督司法制度设计的具体内容包括以下几点。第一,监督主体。地方人大监督司法的主体是县级以上地方各级人大及其常委会,不包括地方各级人大常委会主任会议。但目前有一个不好的倾向是,有些地方人大常委会主任会议在实质上行使了本该由地方人大常委会行使的部分监督职权。这是应该坚决予以避免的,因为"人大的内设机构和人大及其常委会的组成人员个人不是完整意义上的监督主体,它们可以部分地行使监督权,从事某些监督工作,但不能说它们分别具有监督权,是监督权的主体。完整意义的监督权只能由代表大会和常委会行使,只有它们才能作出真正有法律效力的监督决定和采取有效的监督措施"。[2] 但也有学者对此表示异议,认为"如果从分解的或多元的监督权力观出发,基于对

---

〔1〕 韩大元:《地方人大监督检察机关的合理界限》,载《国家检察官学院学报》2011年第1期。

〔2〕 蔡定剑:《中国人民代表大会制度》,法律出版社2003年版,第369页。

法律文本的分析,主任会议也行使着独立的监督权"。[1] 第二,监督对象。地方人大监督司法的对象为同级地方法院、检察院及其组成人员,而不包括公安机关、司法行政机关及其组成人员。在此需要说明的是,地方人大与同级法院、检察院的关系是监督与被监督的关系,而绝不是相互监督的关系。[2] 第三,监督形式。地方人大监督司法的形式主要有人事监督、听取和审议"两院"工作报告、询问、质询等。第四,监督性质。地方人大监督司法的性质属于法律监督。但也有人认为,地方人大监督司法的性质按其监督内容划分应包括工作监督和法律监督两种。对此,我们认为,地方人大监督司法的性质应属于法律监督。因为"人民代表大会的监督从本质上来说都是法律监督。人民代表大会监督的根本特点就在于它全面监督国家法律的实施"。[3] 第五,监督标准。地方人大监督司法的基本标准就是被监督地方司法机关及其组成人员行为的合法性与合理性,而不包括其他方面。第六,监督目的。地方人大监督司法的目的在于,保证司法机关依法独立公正地行使职权,避免司法权的滥用。因为"人民代表大会制度的重要原则和制度设计的基本要求,就是任何国家机关及其工作人员的权力都要受到制约和监督"。[4]

(2)地方人大监督司法的未来挑战

以上内容是我国地方人大监督司法制度设计具体内容的一种简练、集中概括。但随着党的十八届三中全会、四中全会以及党的十九大部署的司法体制改革工作的进行,便会使我国的司法管理体制发生大的变革,会对我国的现行人大制度、司法制度以及法律体系造成大的冲击,[5]使地方人大监督司法的制度设计发生重大改变,从而使地方人大监督司法面临许多挑战。具言之,由于我国地方人大监督司法的制度设计是计划经济管理体制的产物,因而,我国地方法院、检察院基本上是按照行政区划设置的,且地方法院、检察院的"人财物"

---

〔1〕 任喜荣:《地方人大监督权论》,中国人民大学出版社 2013 年版,第 115～116 页。

〔2〕 参见罗洪祥、殷祎哲:《社会主义法治监督体系的逻辑构成及其定位》,载《政法论丛》2017 年第 1 期。

〔3〕 蔡定剑:《中国人民代表大会制度》,法律出版社 2003 年版,第 365 页。

〔4〕 习近平:《在庆祝全国人民代表大会成立 60 周年大会上的讲话》,载《人民日报》2014 年 9 月 6 日,第 2 版。

〔5〕 参见高其才:《省以下地方法院、检察院人财物统一管理改革的法律障碍》,载《苏州大学学报》(法学版)2014 年第 1 期。

长期受制于同级地方政府,结果导致地方法院、检察院的“地方化”问题比较严重,一定程度上影响了司法的公正和权威。正如汉密尔顿指出:“就人类天性之一般情况而言,对某人的生活有控制权,等于对其意志有控制权。在任何置司法人员的财源于立法机关的不时施舍之下的制度中,司法权与立法权的分立将永远无从实现。”[1]因此,为了保证法院、检察院的“去地方化”,保证审判独立,实现司法公正,党的十八届三中全会、四中全会进行了司法体制改革的部署,其核心就是“去地方化”。如党的十八届三中全会作出的《中共中央关于全面深化改革若干重大问题的决定》指出:要“改革司法管理体制,推动省以下地方法院、检察院人财物统一管理,探索建立与行政区划适当分离的司法管辖制度”等。[2] 党的十九大进一步提出,要深化司法体制综合配套改革,全面落实司法责任制。应该说,这些改革举措对解决我国地方法院、检察院长期存在的“地方化”问题,具有很强的针对性和现实可操作性,意义重大。但这些改革举措与我国现行人大制度、司法制度及法律体系冲突比较严重,与我国地方人大监督司法的制度设计相抵触。因为,如果实行“省以下地方法院、检察院人财物统一管理”,建立法官、检察官统一由省(区市)提名、管理并按法定程序任免的机制,[3]就会使省级以下地方人大及其常委会实质上丧失对同级地方法院、检察院组成人员的人事任免权,使地方人大监督司法的力度减弱,以至于地方人大难以有效监督司法。因而,在目前我国司法体制改革的背景下,如何既保证地方法院、检察院依法独立公正行使职权,又保证地方人大有效监督司法,就成为当前我国司法体制改革工作中的一个关键问题,也成为当前我国地方人大监督司法工作面临的一大挑战,亟须解决。

2. 抽象监督与具体监督的两难抉择:地方人大监督司法的现实困境

根据我国宪法和相关法律的规定,地方人大监督“一府两院”的形式虽然很多,但整体而言,可以分为抽象监督与具体监督两个层次。所谓抽象监督,即地方人大对“一府两院”进行的抽象的、宏观的和形式上的监督;所谓具体监

---

〔1〕 [美]汉密尔顿、杰伊、麦迪逊:《联邦党人文集》,程逢如等译,商务印书馆1980年版,第396页。

〔2〕 《中共中央关于全面深化改革若干重大问题的决定》,载《人民日报》2013年11月16日,第1版。

〔3〕 参见《省以下地方法院、检察院“人财物统一管理”的喜与忧》,载《中国青年报》2014年6月27日,第3版。

督,即地方人大对"一府两院"进行的具体的、微观的和实质上的监督。一般而言,地方人大对"一府两院"开展监督,要么是抽象监督,要么是具体监督,要么是两者相结合。但由司法机关及司法权的特性所决定,再加上我们未能正确处理好"审判、检察独立与地方人大监督""司法的职业化与地方人大的民主化""审判权、检察权的'国家性'与地方人大监督权的'地方性'"这三者之间的关系,导致我国地方人大监督司法面临着抽象监督与具体监督的两难抉择,具体说来:

(1)审判、检察独立与地方人大监督两者之间的关系难以平衡

地方人大监督司法面临的首要问题是,如何有效平衡审判、检察独立与地方人大监督两者之间的关系。因为审判、检察独立是地方司法机关奉行的首要原则,其包含审判权、检察权独立、法院与检察院独立、法官与检察官独立三层含义,其核心要义是司法权的行使不受行政机关、社会团体和个人的干涉。而之所以要坚持审判、检察独立原则,"一是由于司法权是非政治性的权力,遭受政治性较强的立法权、行政权之侵害的危险性极大;二是由于司法权的职责,乃是通过裁判而保护国民的权利,因此排除政治性权力的干涉,特别是谋求保护少数人,就成为必要,等等"。[1] 但是,审判、检察独立并不意味着审判权、检察权不受任何监督和制约,因为包括审判权、检察权在内的一切权力都有滥用的可能。因而,我们在保证审判、检察独立的同时,也必须要加强对审判权、检察权的监督与制约,以避免审判权、检察权的滥用与腐败。正如有学者指出:审判权的独立并不是要求法官不受任何制约,而仅仅是要求法官不受该社会认为是不当的、有碍于司法制度化地实现社会公正的制约。[2] 地方人大监督司法的目的即在于此。

问题是,我们应如何正确处理好审判、检察独立与地方人大监督这两者之间的关系,并在这两者之间达到一种动态平衡呢?从我国地方人大监督司法的实践来看,我们一直未能正确处理好这两者之间的关系,导致地方人大监督司法面临着抽象监督与具体监督两难抉择的现实困境。具言之,如果地方各级人

---

〔1〕[日]芦部信喜:《宪法》,林来梵等译,北京大学出版社 2006 年版,第 311 页。

〔2〕胡建森主编:《公权力研究——立法权·行政权·司法权》,浙江大学出版社 2005 年版,第 398 页。

大及其常委会仅通过抽象监督的方式（如听取和审议“两院”工作报告等）对同级地方法院、检察院进行形式监督，则容易使监督流于形式，难以取得应有的监督效果。如果由地方各级人大及其常委会通过具体监督的方式（如“个案监督”等）对同级地方法院、检察院进行实质监督，虽然从表面上来看，加强了地方人大监督，但又易破坏审判、检察独立，使地方法院、检察院难以依法独立公正地行使职权。当然，不可否认的是，地方人大的“个案监督”对维护我国的司法公正也起到了一定积极作用，但整体而言，“个案监督”弊大于利，会影响和破坏审判、检察独立。

（2）司法的职业化与地方人大的民主化两者之间的关系难以协调

司法是一项具有高度专业性与复杂技巧性的活动，需要具备专业法律知识和丰富法律实践经验的人才能胜任。所以，法官、检察官职务固定甚至任职终身，乃是自然而然的事情。正如汉密尔顿指出：“由人类天生弱点所产生的问题，种类繁多，案例浩如瀚海，必长期刻苦钻研者始能窥其堂奥。……如使其短期任职，则合格之人常不愿放弃收入甚丰的职务而就任法官，因而造成以较不合格之人充任的趋向，从而对有效而庄严的司法工作造成危害。”[1]因而，职业化是司法的基本要求和最显著特征。所以，世界各国对于司法机关组成人员的入职资格均作了严格规定。我国《法官法》《检察官法》分别对法官、检察官的入职资格作了明确规定。

但是，作为监督者的地方人大属于民意机关，民主化是其基本要求和最明显特征。这就要求地方各级人大应具有最广泛的民意基础，具有最广泛的代表性，应尽可能由来自各方面的代表组成。但我国地方各级人大代表的广泛性又注定了地方各级人大代表中以及地方各级人大常委会委员中熟悉专业法律知识的人少之又少。这样的话，当地方人大及其常委会对司法进行监督的时候，就存在抽象监督与具体监督的两难抉择。具言之，如果地方人大对司法进行抽象监督，由于司法本身的专业性和职业化，地方人大对司法的监督就只能是一种泛泛的、形式上的监督，难以取得实质性的监督效果，达到监督的目的；但如果地方人大对司法进行具体监督，由于地方人大代表不一定具备专业知识，这

---

〔1〕［美］汉密尔顿、杰伊、麦迪逊：《联邦党人文集》，程逢如等译，商务印书馆 1980 年版，第 395～396 页。

时就容易出现非法干涉司法机关正常行使职权的情况,就难以保证司法机关依法独立公正地行使职权。

(3)司法机关的"国家性"与地方人大的"地方性"两者之间的关系难以有效衔接

根据我国人大制度设计原理,由地方各级人大选举产生同级地方"一府两院",并对其进行监督。但地方各级人大对同级地方政府的监督,不同于对同级地方法院、检察院的监督。因为地方人大与同级地方政府具有"同质性",两者分别是地方国家权力机关和地方行政机关,两者行使的职权均具有"地方性"特质,因而,地方各级人大可以通过具体监督的形式对地方同级政府进行严密监督。正如威尔逊指出:"严密监督政府的每项工作,并对所见到的一切进行议论,乃是代议机构的天职。"[1]但地方各级人大与地方同级法院、检察院并不具有"同质性",因为地方各级法院、检察院虽然是按照我国地方行政区划而设置的,但其并不是我国"地方的"司法机关,而是"国家的"司法机关,其行使的是"国家的"司法权。如我国1982年《宪法》第123条明确规定:"中华人民共和国人民法院是国家的审判机关。"第129条明确规定:"中华人民共和国人民检察院是国家的法律监督机关。""国家的"就表明了地方各级法院、检察院的属性,也表明了司法权的属性。之所以如此,其目的在于维护社会主义法制的统一性。那么,我们应如何理解地方各级法院、检察院又由同级地方人大选举产生,并对其负责并报告工作呢?对此,韩大元教授指出:"在宪法上,地方人民检察院(法院)向地方人大及其常委会负责,可以解释为制宪者或者修宪者通过宪法将组织地方各级人民检察院(法院)的权力委托给了地方各级人大具体行使,是宪法委托的产物。"[2]但是,不可否认的是,司法机关的"国家性"与地方人大的"地方性"两者之间的关系难以衔接,导致地方人大监督司法面临着抽象监督与具体监督的两难抉择。具体说来,虽然地方各级人大接受宪法委托选举产生并监督同级地方法院、检察院,但地方各级人大作为"地方的"国家权力机关,容易有地方利益倾向。由此导致,如果地方人大对司法进行抽象监督,则监督的效果就难以保证,有可能违背宪法委托的目的;而如果地方人

[1] [美]威尔逊:《国会政体》,熊希龄、吕德本译,商务印书馆1986年版,第167页。

[2] 韩大元:《地方人大监督检察机关的合理界限》,载《国家检察官学院学报》2011年第1期。

大对司法进行具体监督,则地方人大就有可能为了地方利益的需要,而对同级地方法院、检察院的工作进行不当的干预,使其难以依法独立公正地履行职权。

3. 游走在抽象与具体之间:地方人大监督司法合理界限之界定

如上所述,由司法机关及司法权的特性所决定,地方人大监督司法面临着抽象监督与具体监督的两难抉择。这就需要我们在抽象监督与具体监督之间找到一个合理的界限,既能保证地方人大对司法进行有效的监督,又能保证司法机关依法独立公正地行使职权。但是,对于这一合理界限究竟为何,我们恐难以用文字准确界定。但是,可以说,这一合理界限应是游走在抽象监督与具体监督之间的一种中间状态。而要达到这种中间状态,就需要地方人大监督司法工作重心实现三个转变,[1]具体说来:

(1)要实现从"个案监督"到"类案监督"的转变

"个案监督"是20世纪八九十年代地方人大及其常委会在监督司法的工作中创造的一种监督新形式,是地方人大及其常委会对法院、检察院所办理的特定个体案件进行的具体监督,其目的在于纠正司法不公和解决司法腐败问题。一般说来,"个案监督"中的"个案"来源主要包括三大类:一是社会影响较大的案件;二是人民群众来信来访的案件;三是可能出现司法腐败、司法不公的案件。由于"个案监督"是地方人大及其常委会对某个体司法案件进行的直接监督,因而,其监督的力度、强度比较大,监督效果易于达到保证。从地方人大监督司法的具体实践来看,"个案监督"曾取得了一定成效。但是,"个案监督"本身也存在许多问题。一是"个案监督"与法院、检察院依法独立公正地行使职权存在冲突。根据我国宪法和有关法律的规定,我国法院、检察院依法独立公正地行使职权,不受任何国家机关、社会团体和个人的非法干涉。但是,由于"个案监督"是地方人大及其常委会对法院、检察院所办理的具体个体案件进行的监督,一旦处理不当,就容易干涉法院、检察院依法独立、公正行使职权,从而破坏审判、检察独立原则。二是"个案监督"与司法的职业化存在冲突。如前所述,司法是一项具有高度职业化的工作,需要专业的人士才能胜任,而目前地方人大及其常委会组成人员因缺乏专业知识则难以胜任"个案监督"工作,与司法的职业化也存在冲突。三是"个案监督"容易破坏司法权威性。司法是

---

[1] 参见刘志刚、蔡玉龙:《地方人大监督司法之模式调整》,载《人民论坛》2014年第11期。

维护社会公平正义的最后一道防线,必须具有终局性和权威性,否则,大量的社会矛盾纠纷便得不到有效解决。但是,“个案监督”的存在,容易诱使案件当事人不断到地方人大及其常委会上访,希冀通过“个案监督”的方式来改变法院、检察院的判决或决定,这就影响了司法的终局性,进而容易破坏司法的权威性等。

正是由于存在上述问题,理论界与实务界关于“个案监督”的存废问题展开了激烈争论。[1] 基于此,我国《监督法》并没有将“个案监督”作为人大监督的基本方式之一。但是,面对司法实践中确实存在的司法不公、司法腐败现象,地方人大及其常委会又必须要加强对司法的监督。问题是,如果不实行“个体监督”,又该实行什么监督方式呢?对此,我们认为,地方人大及其常委会可以通过“类案监督”的方式对司法进行监督。所谓“类案监督”,“就是立法机关根据执法检查、特定问题调查等形式,对司法机关办理某一类案件的情况进行检查、分析,找出司法机关在办理该类案件中普遍存在的共性问题,督促司法机关加以纠正、改善,并进一步强化内部管理和外部约束,促进司法公正的一种工作方式”。[2] 可见,“类案监督”是与“个案监督”相对应的一种监督方式,但与“个案监督”不同的是,“类案监督”的监督对象不是具体的案件,而是通过类似案件所反映出的具体的司法工作。而“类案监督”的目的就是针对这一类具体司法工作中存在的问题,采取相应的监督措施,以解决司法实践中存在的问题,保证司法公正。因此,“类案监督”吸收了抽象监督与具体监督的各自优点,有利于突破“个案监督”的局限性,有利于弥补“个案监督”的缺陷,更有利于实现地方人大监督司法的目的。

(2)要实现从“结果监督”到“程序监督”的转变

长期以来,受“重实体轻程序”理念的影响,我国地方人大监督司法的重要形式之一就是“结果监督”,即地方各级人大及其常委会对法院、检察院所办理案件的结果是否合法进行的监督。但是,必须指出的是,“结果监督”如同“个案监督”一样,也是一种具体监督,虽有一定的积极作用,但同样存在可能破坏司法权威等弊端,且“结果监督”属于典型的事后监督,即使能发现问题,纠正

---

〔1〕 参见蔡定剑:《中国人民代表大会制度》,法律出版社 2003 年版,第 403 ~ 404 页。
〔2〕 刘用军、王美丽、梁静:《论监督司法》,群众出版社 2009 年版,第 127 ~ 128 页。

错误,也存在浪费司法资源的弊端。此外,法院、检察院基本上在每一个案件的办理过程中,都存在一定自由裁量权的行使,而对这一自由裁量的结果是否合法、合理,地方人大及其常委会恐怕也很难把握。

那么,我们应如何解决这一问题呢?我们认为,地方人大监督司法应该实现从“结果监督”到“程序监督”的转变,即地方人大监督司法主要应从监督法院、检察院办案程序是否合法入手,而不是从监督法院、检察院办案结果是否合法入手。这样,既能保证地方人大对司法的有效监督,又能保证法院、检察院依法独立公正地行使职权。其原因主要在于,一是法院、检察院办案均有明确的法定程序依据,便于地方人大及其常委会开展对法院、检察院的监督工作。二是地方人大及其常委会监督法院、检察院的办案程序是否合法,且不干涉最后的办案结果,有利于尊重司法权威,有利于保证法院、检察院依法独立公正地行使职权。三是地方人大及其常委会监督法院、检察院办案程序是否合法,更有利于实现地方人大监督司法的目的。这是因为,程序正义是实体正义的基础和前提,只有首先实现程序正义,才能保证实体正义的实现,也才能保证实体正义的普遍服从。因为“权威来源于确信和承认。对于有理性的现代人而言,确信是由证明过程决定的,承认是由说服效力决定的。也就是说,在服从某一决定之前,人们必须考虑作出该项决定的正当化(justification)前提。这种前提主要就是程序要件的满足”,[1]且“正是程序决定了法治与恣意的人治之间的基本区别”。[2] 四是地方人大及其常委会监督法院、检察院办案程序是否合法,属于事中监督,可以及时发现问题、纠正错误,以节省或避免司法资源的浪费。

(3)要实现从“形式监督”到“实质监督”的转变

长期以来,我国地方人大监督司法的效果很不理想。从实践来看,由于未能正确处理好人大监督权与审判、检察独立的关系,导致地方人大及其常委会在监督司法时,往往面临着“不敢监督”、“不愿监督”或“不能监督”的尴尬局面,致使地方人大监督司法的形式化比较严重,既严重损害了地方人大及其常委会的地位和权威,又使司法腐败、司法不公现象得不到解决。必须指出的是,这里的“形式化”比较严重,包括两类情形:一是有的地方人大及其常委会监督

---

〔1〕 季卫东:《法治秩序的建构》,商务印书馆2014年版,第52页。

〔2〕 同上书,第3页。

司法工作时，仅通过抽象监督的形式对司法工作进行监督，“避重就轻”“蜻蜓点水”，难以取得实质性监督效果；二是地方人大及其常委会监督司法工作时，某些代表或委员以“监督”之名行“干涉”之实，非法干涉法院、检察院办理案件，非法干涉法院、检察院依法独立公正行使职权。

当然，不可否认的是，在地方人大监督司法的过程中，也取得了一些不错的效果。但整体而言，地方人大监督司法的“形式”大于“实质”，监督乏力，监督效果不佳。我们以地方人大听取和审议同级法院、检察院工作报告为例作出说明。根据我国宪法和有关法律的规定，听取和审议法院、检察院工作报告是地方人大监督司法的重要内容和主要形式之一，其目的主要在于对法院、检察院上一年度的工作作出整体判断，以便地方人大作出相应的决议或采取相应的监督措施。但是，对于法院、检察院工作报告未通过的法律后果，现行法律却并未有明确的规定，导致实践中出现这样的情况时，地方人大及其常委会往往难以采取有效监督措施。例如，2001 年，沈阳市中级人民法院的工作报告没有被沈阳市第十二届人大四次会议通过，成为全国第一起法院工作报告未被人大通过的案件。但沈阳中院工作报告未被通过的法律后果，因当时“无法可依”，沈阳市人大只好作出了要求沈阳中级人民法院限期整改，再向沈阳市人大作一次工作报告的决议。然而，遗憾的是，时至今日，我国法律对此问题也未有明确的规定，导致地方人大及其常委会在开展此类监督工作时往往“于法无据”，难以下手。

而要有效解决上述问题，最关键的一点，就是要实现从“形式监督”到“实质监督”的转变。需要说明的是，这里的从“形式监督”到“实质监督”，是指地方人大监督司法工作应避免形式化比较严重的问题，要采取切实有效的监督措施，以取得实质性的监督效果。为此，需要做到以下两点。第一，地方人大及其常委会要敢于监督。“敢于监督”主要解决的是地方人大及其常委会组成人员的思想意识问题。必须明确的是，地方人大监督司法既是由我国宪法和法律明确规定的，也是由我国人民代表大会制度的政权组织形式所决定的。因而，地方人大及其常委会监督司法时，必须“理直气壮”，敢于监督，特别是要敢于运用强制性的监督手段，如质问、特定问题调查、罢免等，绝不能因担心处理不好人大监督权与司法权的关系而不敢监督、不愿监督，否则，其就是失职、违法，违背了人民的信任和委托，就要承担相应的责任。第二，地方人大及其常委会要善于监督。“善于监督”主要解决的是，地方人大及其常委会如何正确运用好各种监督形式和监督手段的问题。考虑到司法权的特殊性，地方人大及其常委会既要敢于监督司法，同时也要善于监督司法。在监督司法的过程中，地方人大及其常委会要依法合理地运用好各种监督形式和监督手段，正确处理好地方人大监督权与司法机关司法权的关系，既要保证地方人大及其常委会依法充分行使好监督权，又要保证法院、检察院依法独立公正地行使好审判权、检察权。否则，地方人大及其常委会在监督司法时，往往“举手无措”“不敢下手”，也容易非法干涉法院、检察院依法独立公正行使司法权。而要做到善于监督司法，首先，需要我们正确认识人大监督权与法院、检察院司法权性质的不同，两者不可相互代替。地方法院的审判权、检察院的检察权虽然要接受同级地方人大及其常委会监督权的监督与制约，但地方人大及其常委会绝不能代行或干涉法院、检察院依法独立公正行使司法权。其次，需要我们正确处理好监督与支持的关系。地方人大及其常委会对同级法院、检察院工作的监督，既是一种监督，也是一种支持，是地方法院、检察院依法独立公正行使司法权的重要保障。因而，在地方人大及其常委会监督司法的过程中要正确处理好监督与支持这一对关系，寓支持于监督之中。再次，需要我们适时综合运用多种监督形式和监督手段，既要“软”，也要“硬”，以保证监督效果。最后，地方人大及其常委会要能于监督。“能于监督”主要解决的是地方人大及其常委会监督规范依据不足的问题。地方人大及其常委会监督司法，既要运用好现有的监督形式和监督手段，同时又要积极创新监督形式和监督手段，以弥补现有监督形式和监督手段的不足。但这些新监督形式和监督手段普遍存在规范性依据不足的问题，需要我们通过立法的形式予以解决。此外，目前我国地方人大监督司法制度也存在一些缺陷和不足，导致地方人大及其常委会监督司法时，往往“无法可依”，如上文提及的对法院工作报告不通过的法律后果，现行法律便无明文规定等。这些缺陷和不足亟待我们通过立法的形式予以完善，以保证地方人大及其常委会监督司法时“有法可依”，实现地方人大监督司法的应有目的。

四、形成有力的法治保障体系

法治保障体系既是中国特色社会主义法治体系的重要组成部分，也是建成中国特色社会主义法治体系的根本保障所在。因为任何一个国家的法治建设都不是一帆风顺、一蹴而就的，必然会遇到各种阻力和障碍。如果没有相应的保障条件和措施，法治的建设便会受阻，法治体系便难以真正建成。因此，如何保障法治的建设是世界各国法治建设中十分重要的问题。从某种意义上说，法治保障体系的完善与否，是衡量一国法治建设程度的重要标尺。法学专家普遍认为，没有法治保障体系作为动力，依法治国的“法治机车”就开不动、跑不快；没有法治保障体系作为调节，依法治国的“法治机车”就可能跑偏、脱轨。[1] 所以，我们要建设中国特色社会主义法治体系，就必须要形成有力的法治保障体系。一般说来，法治保障体系主要包括：一是政治保障，即中国共产党对法治建设的领导和保障；二是法律保障，即法治自身的保障；三是组织保障，即法治的实施机关来保障法治的建设；四是社会保障，即社会大众通过自觉遵守宪法和法律，营造良好社会氛围，为法治建设提供社会基础。与西方法治以司法为中心不同，中国法治是以中国共产党为中心的。只有中国共产党正确发挥领导作用，并坚持依法执政、依宪执政，坚持在宪法和法律范围内活动，坚持以宪法和法律治国理政，才能真正保障中国特色社会主义法治体系顺利建成。正如习近平总书记指出：“全面推进依法治国这件大事能不能办好，最关键的是方向是不是正确、政治保证是不是坚强有力，具体讲就是要坚持党的领导，坚持中国特色社会主义制度，贯彻中国特色社会主义法治理论。”[2] 因而，我们这里重点只谈如何发挥中国共产党的政治保障作用，以形成有力的法治保障体系。

（一）党要正确认识和处理好政策与法律的关系

今天我们党要依法治国、依法执政，就是要发挥法律在治国理政中的主导作用，这就有赖于我们党对政策与法律的关系有一个正确的认识和处理，否则，这一转变就不会彻底和有效。其实，党的政策与法律是两种不同的社会调整机制，两者各有利弊。其一，党的政策是党的意志的体现，是党的领导机关在党内民主的基础上制定出来的。其表现形式是党的文件，既可以公开，也可以不公开，是党的行动的指南。正如列宁指出：“无产阶级专政就是无产阶级对政策的领导。”[3] 而法律是国家意志的体现，是立法机关在广泛征集民意的基础上

〔1〕 参见《为法治提供有力保障》，载《人民日报》2014 年 11 月 19 日，第 17 版。

〔2〕 习近平：《关于〈中共中央关于全面推进依法治国若干重大问题的决定〉的说明》，载人民网：http://cpc.people.com.cn/n/2014/1028/c64094-25926150.html，最后访问日期：2018 年 3 月 10 日。

〔3〕 《列宁选集》（第 4 卷），人民出版社 1995 年版，第 500 页。

通过法定的程序制定出来的，表现形式是法律规范，必须向全社会公开，是整个国家的行动指南。其二，党的政策具有很大的灵活性，党可以根据形势发展的需要，适时地制定各项政策，并随时调整，以求及时地解决问题。此外，由于政策规定的内容具有原则性，只对需要解决的问题提出一个目标、原则和计划，因而，执行起来具有很大灵活性。而法律具有很大的稳定性，是通过法定程序制定的，一经制定，绝不能轻易更改，以求从长远上解决问题。此外，由于法律规定的内容具有明确性，为人们提供了具体的行为规范，因而必须严格遵守和执行。其三，党的政策执行效应快，由于党的政策主要靠宣传教育和开会、发文件的途径保证执行，容易为广大党员干部群众所了解和掌握，因而，容易收到立竿见影的效果。而法律的实施效应慢，尽管法律是以国家强制力保证实施的，但法律的实施从根本上说取决于一国法律文化的状况。正如萨维尼所说："一个民族的法律制度，像艺术和音乐一样，都是他们的文化的自然体现，不能从外部强加给他们。"[1]而法律文化的培育则是一个长期的过程，因而，法律的实施难以取得立竿见影的效果。其四，党的政策是由党内领导层决定的，决策效率高，可以迅速制定政策，对有关问题作出回应。但是，党的政策制定过程如果缺乏党内民主作基础，政策的民主性和科学性就难以保证，容易发生错误，就会给党和国家的事业造成损失。而法律是立法机关在广泛收集民意的基础上经过一套严格的法定程序制定的，一般要经过一个长期的过程，民主性和科学性一般比较高，不易发生错误。

综上所述，党的政策与法律各有利弊，决定了两者之间的关系不是相互取代的问题，而是谁主谁辅的问题。至于两者谁主谁辅，则要由国家所处的发展阶段和面临的历史任务来决定。在革命战争时期，由于革命斗争的复杂性，革命形势发展日新月异，这就决定了党不能依靠具有稳定性的法律来治国理政，而必须主要依靠更具灵活性的政策来治国理政，以适应革命形势快速发展的客观要求。正如彭真指出："在战争时期，党也好，军队也好，群众也好，注意的是党的政策。一件事情来了，老百姓总是问，这是不是党的政策？毛泽东同志在党的七大开会期间，对各地的同志讲过，中央给你们的就是政策。当时，农村根据地长期被敌分割，交通不便，党中央给各地的，概括起来可以说就是政策。这

---

〔1〕 王明辉：《何谓法学》，中国戏剧出版社 2005 年版，第 122 页。

不对吗？依靠政策，最后经过解放战争，三年半消灭了国民党八百万军队，把三座大山推翻了。那时，只能靠政策。当然，我们根据地的政权也有一些法，但有限，也很简单。”[1]在中华人民共和国成立初期，由于“新生人民政权面临着错综复杂的国内形势与国际环境，党和人民政府面前还存在着许多困难”，[2]再加上当时法制不健全，这一时期党主要还是依靠政策来治国理政。应该说，中华人民共和国成立初期主要依靠政策治国理政是合理的，也是可以理解的。但在社会主义改造基本完成，进入社会主义建设时期后，就不应该主要以政策来治国理政了，而应该健全法制，以更具稳定性和根本性的法律来治国理政。这样，有利于实现整个国家的长治久安。但是，历史的发展正好相反，由于我们党错误估计了形势，继续实行以阶级斗争为纲，再加上对过去革命经验的迷信，使我们党继续主要依靠政策来治国理政，并将政策抬高到不适当的高度，结果“将建国初期确立的‘有法律依法律，没有法律从政策’的指导原则，片面地变成这样一个无形的规则：有法律依法律，但还得适合政策；没有法律依政策，有了政策也就不需要法律。正是这种思想严重地妨碍了中国法制建设的进程”。[3] 特别是在缺乏党内民主的情况下，由于“一切权力集中于党委，党委的权力又往往集中于几个书记，特别是集中于第一书记，什么事都要第一书记挂帅、拍板”，[4]政策往往就是由党的主要领导人的个人决定。这样，政策制定的错误和失误就在所难免，这就会给党和国家的事业带来极大的损害。我国过去的历史已经证明了这一点。可见，完全以政策治国实质上是一种人治，其成败完全取决于人，其与法治是背道而驰的。依靠、尊崇政策就不可能重视法律，法律就只能是政策的“奴婢”，法律就只能被政策化。这时，党就不可能重视法治建设工作。

党的十一届三中全会后，我们党对政策与法律的关系进行了重新思考，在总结过去经验教训的基础上，逐渐认识到社会主义法治建设的重要性，从主要依靠政策过渡到既依靠政策又依靠法律，并进一步过渡到主要依靠法律，实现

[1] 《彭真文选》(1941～1990年)，人民出版社1991年版，第491页。

[2] 《中国共产党历史(1949～1978)》[第2卷(上)]，中共党史出版社2011年版，第19页。

[3] 蔡定剑：《历史与变革——新中国法制建设的历程》，中国政法大学出版社1999年版，第260页。

[4] 《邓小平文选》(第2卷)，人民出版社1994年版，第329页。

了从“依政策治国”到“依法治国”的转变。1997年党的十五大报告明确提出：“依法治国，是党领导人民治理国家的基本方略。”[1]这标志着我们党真正开始主要依据宪法和法律治国理政。我国的法律正是在此背景下从无到有发展起来的。另外，不可否认的是，尽管我们现在主要以宪法和法律治国理政，但以政策代替法律的事例也时有发生，甚至发生政策的权威在某种程度上依然高于宪法和法律的个别现象。之所以如此，主要是因为我国尚未从根本上实现从“依政策治国”到“依法治国”的转变。但中国共产党重视法治，摒弃人治，并“明确全面推进依法治国总目标是建设中国特色社会主义法治体系、建设社会主义法治国家”，就为我们新时代全面推进依法治国指明了方向和目标归宿，也为我们新时代建设中国特色社会主义法治体系提供了根本保障。

(二)党必须坚持在宪法和法律范围内活动

法治的核心在于宪法法律至上，即强调宪法和法律在国家政治和社会生活中具有最高权威，国家的一切都必须在法治的轨道上运行，都必须依据宪法和法律、服从宪法和法律。在一个国家和社会中，只要还存在一个高于宪法和法律的权威，还存在一个不按宪法和法律行事的个人或组织，就还谈不上法治。诚如蔡定剑指出：“就法治本身来说，法律是无情的规则，真正的法治意味着法律有最高权威，任何组织和个人的权力都必须服从它，法治是与法律的至上性联系在一起的。如果个人的权力是至高无上的，能决定一切，改变一切时，那么，就不可能有法治。”[2]所以，我们党一再强调，党领导人民制定宪法和法律，党也要领导人民执行宪法和法律，特别是党自身必须要在宪法和法律范围内活动，真正做到党领导立法、保证执法、带头守法。在我们国家，包括中国共产党在内的任何组织或者个人都不得有超越宪法和法律的特权，绝不允许以言代法、以权压法、徇私枉法。正如习近平总书记指出：“各级党组织必须坚持在宪法和法律范围内活动。各级领导干部要带头依法办事，带头遵守法律，对宪法和法律保持敬畏之心，牢固树立法律红线不能触碰、法律底线不能逾越的观念，不要去行使依法不该由自己行使的权力，也不要去干预依法自己不能干预的事

[1] 《江泽民文选》(第2卷)，人民出版社2006年版，第29页。

[2] 蔡定剑：《历史与变革——新中国法制建设的历程》，中国政法大学出版社1999年版，第296页。

情，更不能以言代法、以权压法、徇私枉法，做到法律面前不为私心所扰、不为人情所困、不为关系所累、不为利益所惑。”[1]这一方面说明，我们党对中国特色社会主义法治体系建设有了更深的认识和更高的要求；另一方面则说明，宪法法律至上权威还远未树立。要有效解决这个问题，关键是党要坚持在宪法和法律范围内活动，这是由我们党执政党地位所决定的。党坚持在宪法和法律范围内活动，一是要领导立法，善于使党的主张通过法定程序成为国家意志，不断推进国家经济、政治、文化、社会生活的制度化、规范化、程序化，从制度上、法律上保证党的路线方针政策的贯彻执行，使这种制度和法律不因领导人的改变而改变，不因领导人看法和注意力的改变而改变；二是要带头守法，模范遵守宪法和法律，将宪法和法律作为自己的最高行为准则；三是要保证执法，督促、支持和保证国家执法机关依法行使职权；四是要依法执政，以法治的理念、法治的体制、法治的程序领导人民有效治理国家。

其中，党坚持在宪法和法律范围内活动，关键是要提高党的各级领导干部运用法治思维和法治方式能力。因为“守天下之法者吏也，吏不良则有法而莫守”，[2]要想建设中国特色社会主义法治体系，仅有良好的法律是不够的，还必须有良好的执法者，尤其是党的各级领导干部。尽管依法治国依法不依人，从法不从人，但这并不否定人的作用和人在中国特色社会主义法治体系建设过程中的重要性。相反，还必须充分重视人的作用，尤其是重视党的各级领导干部的作用。党的各级领导干部是我国社会主义法治建设的重要力量，他们承担着保障和具体实施宪法法律的重任，他们的法治素质高低，关系宪法和法律能否得到良好实施，关系依法治国基本方略能否得以全面推进，关系中国特色社会主义法治体系能否得以最终建立。正如习近平总书记指出：“各级领导干部作为具体行使党的执政权和国家立法权、行政权、司法权的人，在很大程度上决定着全面依法治国的方向、道路、进度。党领导立法、保证执法、支持司法、带头守法，主要是通过各级领导干部的具体行动和工作来体现、来实现。”[3]可以说，建设一支具有良好法治素质的党的领导干部队伍，是依法治国、建设中国特色

---

[1] 《习近平关于全面依法治国论述摘编》，中央文献出版社 2015 年版，第 110 ~ 111 页。
[2] 《临川文集·度之副使厅壁提名记》。
[3] 《习近平关于全面依法治国论述摘编》，中央文献出版社 2015 年版，第 120 页。

社会主义法治体系的基本要求。因此,我们必须按照党的十八届四中全会作出的《决定》要求,加强党的各级领导干部法治素质培养,不断提高党的领导干部运用法治思维和法治方式深化改革、推动发展、化解矛盾、维护稳定能力,努力推动形成办事依法、遇事找法、解决问题用法、化解矛盾靠法的良好法治环境,在法治轨道上推动各项工作。只有这样,才能保证宪法和法律的实施,才能保证依法治国基本方略的全面推进,才能保证中国特色社会主义法治体系的最终建成。

五、形成完善的党内法规体系

党内法规与国家法律的并存,是中国法治的根本特色所在,两者各自在不同领域发挥了积极作用,共同推进了中国法治建设的进程。因而,加强党内法规建设,形成完善的党内法规体系,既是全面从严治党、依规治党的必然要求,也是全面推进依法治国的应有之义。党的十八届四中全会在我们党的历史上,第一次将党内法规上升为中国特色社会主义法治体系的重要组成部分,这是对党内法规性质和地位的重新认识,属于社会主义法治理论体系的重大创新,也是中国特色社会主义法治体系区别于西方资本主义法治体系的根本特征所在。正如肖金明教授指出:"党内法规体系纳入中国特色社会主义法治体系,既是中国法治特色的根本体现,又是全面推进依法治国在理论和实践上的重大突破。"[1]但是,与中国特色社会主义法律体系已经基本形成不同的是,党内法规体系建设还处于初步阶段,很不完善,无法适应当前依规治党与依法治国统筹推进的紧迫要求。因此,党的十八届四中全会在作出的《决定》中,既明确将中国特色社会主义法治体系作为全面推进依法治国的总目标,又将党内法规体系作为中国特色社会主义法治体系的重要组成部分,并提出了"形成完善的党内法规体系"的战略任务。应该说,形成完善的党内法规体系,对于全面推进依法治国总目标的实现,具有更重要的保障意义,因为"党内法规既是管党治党的重要依据,也是建设社会主义法治国家的有力保障"。[2]

---

〔1〕 肖金明:《论党内法规体系的基本构成》,载《中共中央党校学报》2016 年第 6 期。

〔2〕《中共中央关于全面推进依法治国若干重大问题的决定》,载《人民日报》2014 年 10 月 29 日,第 1 版。

（一）判断完善的党内法规体系是否形成的基本标志

要形成完善的党内法规体系，首先，必须要明确判断完善的党内法规体系是否形成的基本标志，以加强党内法规体系建设中的“顶层设计”，指导党内法规“立改废”工作，确保完善的党内法规体系的如期形成。我们认为，判断完善的党内法规体系是否形成的基本标志，也就是判断完善的党内法规体系是否形成的标准。一般来说，判断完善的党内法规体系是否形成的基本标志可以分为形式标志和实质标志，只有同时符合形式和实质这两种标志，完善的党内法规体系才能算真正形成。具体来看：

从形式标志来说，完善的党内法规体系必须要同时符合以下四个方面的要求，一是党内法规部门齐全，可以涵盖党的对内对外两个方面，覆盖党的建设和党的工作各个领域，适应管党治党的基本需要；二是各党内法规部门中基本的、主要的党内法规已基本制定，特别是党的领导和党的工作方面的基础主干党内法规必须基本制定出来；三是配套党内法规比较完备，基础主干党内法规的实施办法和细则要基本完备，相应的配套专项制度也要基本健全；四是党内法规体系内部总体科学和谐统一，不同领域、不同位阶、不同效力的党内法规相互衔接并和谐一致。以上述标志来衡量，目前的党内法规体系建设虽然取得了很大进展，“以党章为根本遵循的党内法规体系已经形成，建起了全面从严治党的‘四梁八柱’”，[1]但只能说是初步形成，还很不完善。不仅基础主干的党内法规尚不健全，党的建设和党的工作尚未完全实现“有规可依”，配套的党内法规也不完备，党内法规的匹配性、可操作性、实用性一直不高，需要进一步完善。正如李忠研究员指出：“目前，党内法规体系建设主要存在以下问题：一是统筹协调力度不够，二是一些主要领域缺乏基础主干法规，三是一些配套法规制度没有及时建立，四是一些实践急需的党内法规没有制定出台。”[2]

从实质标志来说，完善的党内法规体系必须同时符合以下三个方面的要求：一是符合我国的基本国情和实际情况，切合党的建设和党的工作实际需要，并具有鲜明的自身特色，绝不盲目照搬照抄上位法以及境外政党党内法规；二

---

〔1〕 祝捷：《党内法规建设为全面从严治党“立柱架梁”》，载新华网：http://news.xinhuanet.com/politics/2017－01/18/c_129452040.htm，最后访问日期：2018年3月10日。

〔2〕 李忠：《党内法规建设研究》，中国社会科学出版社2015年版，第99～100页。

是源于党的建设和党的工作实践,并服务于党的建设和党的工作实践,注重把实践中的成功经验及时上升为党内法规,且要"与时俱进",使党内法规建设始终随着实践的发展而发展,随着实践的进步而不断完善;三是充分体现和反映广大党员、干部的意志和利益,使党内法规制定的过程成为充分发扬党内民主的过程,避免部门利益或地方保护主义。以上述标志来衡量,目前的党内法规体系尚不完善,一些党内法规尚不符合党的建设和党的工作实际需要,也没有自身特色,存在照搬照抄上位法的现象。正如李忠研究员指出:"中央党内法规出台后,有的地方和部门出台细化措施或配套规定,只是机械地照搬照抄,为制定而制定,不考虑自身实际。"[1]一些党内法规比较陈旧,与党的建设和党的工作实践相脱节,严重滞后于现实需要,难以有效发挥服务党的建设和党的工作实践的作用。此外,一些党内法规的制定过程不够民主,部门利益或地方保护主义现象在一定程度上还比较严重等。上述这些问题的存在,亟须我们进一步加强党内法规体系建设,以如期形成完善的党内法规体系。

(二)加强党内法规体系建设的原则指引

立法原则是指人们在立法活动中必须要遵循的最基本的准则,是立法指导思想在立法实践中的具体体现和落实。因此,加强党内法规体系建设,形成完善的党内法规体系,就必须要坚持一定的原则指引。总结党内法规体系建设的基本历程,我们认为,加强党内法规体系建设,必须坚持以下原则。

第一,坚持依规治党与依法治国统筹推进。要如期形成完善的党内法规体系,最根本的就是要坚持依规治党与依法治国的统筹推进。换言之,只有坚持依规治党与依法治国统筹推进,才有必要形成完善的党内法规体系。之所以如此,是由党与社会主义法治的关系所决定,中国的法治建设根本不同于西方国家的法治建设。[2] 中国的法治建设体现在多个层面:对于国家层面来说,是依法治国的问题,其目标是实现国家法治;对于政党层面来说,是依规治党的问题,其目标是实现党内法治;对于社会层面来说,是法治社会建设的问题,其目标是实现社会法治。这三者之间相互区别、相互联系,并有机统一于中国特色的社会主义法治体系建设实践中。在这三者之间的关系中,依规治党与依法治

---

〔1〕 李忠:《党内法规建设研究》,中国社会科学出版社2015年版,第97页。

〔2〕 参见张志铭、于浩:《现代法治释义》,载《政法论丛》2015年第1期。

国的关系最重要。其中,依规治党是依法治国的引领和保障,只有坚持依规治党,率先实现党内法治,才能以党内法治带动国家法治,并最终实现社会法治;依法治国是依规治党的基础和依托,只有坚持依法治国,实现国家法治,才能为党内法治和社会法治建设提供基石。因而,全面推进依法治国,建设中国特色社会主义法治体系,就必须坚持依规治党与依法治国统筹推进,这就为形成完善的党内法规体系提供了根本的战略依托。此外,坚持依规治党与依法治国统筹推进,也就必然要求,在形成完善的国家法律体系的同时,也要形成完善的党内法规体系,并要实现两者的衔接和协调,发挥两者的合力。

第二,坚持党内法规同国家法律的衔接和协调。如前所述,由党与社会主义法治的关系所决定,党内法规与国家法律的并存,是中国法治的一大特色,两者共同作为中国特色社会主义法治体系的重要组成部分,既相互区别,又相互联系,各自在不同领域中发挥了积极作用,共同推进了中国特色社会主义法治建设。因而,一方面,我们要看到党内法规与国家法律存有根本不同,党内法规从性质上说只是"软法",不具有国家意志性,"党内法规的效力来自党员对自己权利的自愿让渡,这种让渡是通过入党誓词以明示的方式表明的",[1]其适用范围仅限于全体党员。而国家法律从性质上说是"硬法",具有国家意志性,其适用范围包括全体公民。所以,两者绝不能相互代替。正如有学者指出:"作为一种软法,党内法规尽管与国家法一样都是我国社会主义法治体系的组成部分,是我国社会主义法治体系不可或缺的构成要件,但其实质性不同决定了其彼此不宜相互替代。"[2]另一方面,我们又要看到党内法规与国家法律密切相联:一是党内法规对国家法律具有重要的指引作用,二是国家法律对党内法规具有重要的保障作用,三是党内法规实施的状况决定着国家法律实施的状况。正如邓小平同志指出:"国要有国法,党要有党规党法,党章是最根本的党规党法。没有党规党法,国法就难以保障。"[3]所以,又要注重两者之间的衔接和协调。这就要求,我们在形成完善的党内法规体系的过程中,必须要注重处理好党内法规与国家法律之间的关系,实现两者之间的衔接和协调,避免两者

[1] 江国华、彭超:《中国宪法委员会制度初论》,载《政法论丛》2016 年第 1 期。
[2] 殷啸虎主编:《中国共产党党内法规通论》,北京大学出版社 2016 年版,第 13 页。
[3] 《邓小平文选》(第 2 卷),人民出版社 1994 年版,第 146 页。

之间的矛盾和冲突，[1]特别是要保证党内法规体现宪法和法律的精神和要求，实现党内法规体系与国家法律体系的内在统一，以充分发挥两者各自的优势作用。

第三，坚持服务大局、统筹兼顾和适当安排的有机统一。“在立法工作中严格遵循和深刻体现服务大局、统筹兼顾和适当安排的有机统一，是社会主义立法的本质要求，也是保证中国特色社会主义法律体系社会主义性质和方向的应有之义。”[2]对于党内法规体系建设工作来说，亦是如此，也要坚持服务大局、统筹兼顾和适当安排的有机统一。具言之，由党的领导地位和执政地位所决定，在形成完善的党内法规体系的过程中，必须要始终坚持服务大局，这里面包括服务两个“大局”。一是要自觉服务于中国特色社会主义事业的“五位一体”总布局；二是要服务于党的建设总体布局，用党内法规的形式不断体现和保障党的理论以及路线方针政策的落实，发挥党内法规在服务大局中的积极作用。另外，由于我国各地差异较大，党员数量较多，不同党员群体的诉求不一，在中央党内法规出台后、省级地方党委在制定实施细则和办法的过程中或省级地方党委根据自身权限在制定地方党内法规的过程中，就必须要坚持统筹兼顾和适当安排，充分考虑本地的实际情况，处理好各方面的利益关系，制定出符合本地实际情况的实施细则和办法，而绝不能机械地照搬照抄。

第四，坚持稳定性与适时变动性的有机统一。“法律必须稳定，但又不能一成不变。”[3]党内法规作为一种特殊形态的法规，具有较强的规范性，对党组织的工作、活动和党员行为具有强制性和约束力，因而，党内法规在制定出来之后，就必须与国家法律一样，尽可能最大限度地保持稳定和连续，而不能朝令夕改、随便变动，使各级党组织和广大党员无所适从，这样也容易破坏党内法规的权威和尊严。但是，随着社会实践的变动，党内法规也要适时而动，进行相应的修改、完善甚至废止，否则，党内法规就会因缺乏社会实践基础，而成为无本之木、无水之源，就难以发挥有效的规范和调整作用，同时，也会导致整个党内法规体系存在一系列不适应、不协调、不衔接、不一致的问题，破坏党内法规体系

---

〔1〕 参见杨力：《认真对待法治思维》，载《政法论丛》2015年第2期。

〔2〕 周叶中、伊士国：《关于中国特色社会主义法律体系的几个问题》，载《思想理论教育导刊》2011年第6期。

〔3〕 [美]庞德：《法律史解释》，曹玉堂等译，华夏出版社1989年版，第1页。

的和谐统一。因而,我们在形成完善的党内法规体系的过程中,既要尽可能地保持党内法规的稳定性,也要保持党内法规的适时变动性,及时地开展党内法规的“立改废”工作,以保证整个党内法规体系的“与时俱进”性。

(三)加强党内法规体系建设的重要举措

要如期形成完善的党内法规体系,我们就应按照《中央党内法规制定工作五年规划纲要(2013—2017年)》和《中央党内法规制定工作第二个五年规划(2018—2022年)》的目标指引和基本要求,从以下三个方面加强党内法规体系建设。

1. 进一步健全基础主干党内法规

要形成完善的党内法规体系,首要必须建立健全基础主干党内法规,这是基础和前提所在。虽然目前基础主干党内法规大都已制定出来,但其仍不健全,许多方面还没有纳入党内法规的调整范围,一些重要的基础主干党内法规尚未制定出来,一些基础主干党内法规因存在缺陷或滞后而亟须修改完善,特别是综合性党内法规更是缺位。这就需要我们继续加强党内法规制定工作,进一步健全基础主干党内法规,形成党内法规体系的基本框架。在这一过程中,我们应始终坚持从实际出发,充分发扬党内民主,把握党的制度建设基本规律,深刻认识当前党的各项建设和党的工作的阶段性特征,根据党的建设和党的工作出现的新情况、新问题、新要求,适时地开展党内法规的“立改废”工作,确保党内法规适应党的各项建设和党的工作实践的切实需要。

具体说来,一是在党的领导和党的工作领域,要抓紧修改《中共中央关于加强对国家立法工作领导的若干意见》《中国人民解放军政治工作条例》《中国共产党军队委员会工作条例》《中国共产党军队支部工作条例》等,以将党的领导和执政进一步纳入法制化的轨道,以法治的方式与途径加强和改善党的领导;二是在党的思想建设领域,要加快制定《中国共产党党员教育工作条例》等,以实现党的思想教育工作的规范化、制度化,为党的理论创新和理论自信提供法制保障;三是在党的组织建设领域,要抓紧制定《国有企业基层组织工作条例》等,及时修订《关于实行党政领导干部问责的暂行规定》《中国共产党农村基层组织工作条例》等,以提高党的组织建设法制化水平,四是在党的作风建设领域,要修改完善党员领导干部住房、办公用房、用车、工作人员配备、医疗、休假休息、交通、安全警卫等方面的党内法规,以为加强党的作风建设、推动党的作风转变提供有力法制保障；五是在党的反腐倡廉建设领域，要加快制定《中国共产党纪律检查机关案件办理工作条例》《中国共产党纪律检查机关处理党员申诉工作规定》等，以为不能腐、不敢腐、不易腐反腐倡廉机制的形成提供法制根基；六是在党的民主集中制建设领域，要抓紧制定《中国共产党地方党委决策程序规定》《中国共产党党务公开条例》《党委督促检查工作规定》等，及时修改《中国共产党党员权利保障条例》《中国共产党地方组织选举工作条例》《中国共产党基层组织选举工作暂行条例》等，以形成完善的党内民主制度体系，推进党内民主建设的规范化、制度化、常态化。此外，还要加强综合性党内法规建设工作，将散见于单行党内法规中的一些相关内容进行有效整合提升，避免同一类型党内法规"法出多门"或"相互打架"现象的发生，以提高党内法规的集成性和执行性。

2. 制定完备的配套党内法规

当前，党内法规体系的不完善，除了表现在基础主干党内法规不健全外，还体现在配套党内法规的不完备上。长期以来，由于我们缺乏对配套党内法规的重视，导致现有的配套党内法规不仅数量少、质量不高且体系化十分不足，严重影响了整个党内法规体系的可操作性和执行力。正如李忠研究员指出："一些综合性、位阶高的党内法规出台后，没有及时制定具体、可操作、有针对性的实施细则和配套规定，影响了党内法规的实施效果，甚至使一些制度规定落不到实处。"[1]因此，我们必须高度重视配套党内法规制定工作，在健全基础主干党内法规的基础上，制定完备的配套党内法规，以增强党内法规体系的匹配性、可操作性和实用性。具体说来：

第一，党内法规制定部门应抓紧制定和修改基础主干党内法规的相关配套党内法规。长期以来，配套党内法规制定工作存在的问题主要包括：一是有的基础主干党内法规明确规定了应当制定相关的配套党内法规，但实际上并未制定；二是有的基础主干党内法规的相关配套党内法规虽已经制定出来，但其规定比较原则抽象，可操作性不强；三是有的基础主干党内法规虽然没有明确规定应制定相关配套党内法规，但从其实施情况来看，如果不制定相关配套党内法规，其实施效果自然会大打折扣。因此，党内法规制定部门应加强配套党内

〔1〕 李忠：《党内法规建设研究》，中国社会科学出版社2015年版，第100页。

法规的制定或修改工作，具体包括几点。一要对配套党内法规的制定工作作出专门规定，明确配套党内法规制定工作的总体要求和具体安排，以保证配套党内法规制定工作的及时、规范、有序开展。二要梳理现有的基础主干党内法规，掌握应制定相关配套党内法规而未制定的情况，以及应修改相关配套党内法规而未修改的情况，并据此及时地开展相关配套党内法规的制定或修改工作，以保证基础主干党内法规都有完备的实施办法和实施细则相配套。需要说明的是，对于基础主干党内法规明确规定需要制定配套党内法规的，党内法规制定部门原则上应在该基础主干党内法规实施前制定完毕，与该基础主干党内法规同步实施。但对于情况确实复杂、马上制定配套党内法规条件不太成熟的，可以在该基础主干党内法规实施后一段时间内再制定，但不能太滞后。此外，有关部门在制定相关配套党内法规时，应以党章和上位党内法规为依据，始终遵循"不抵触"原则，以维护党内法规体系的统一性。三要通过执法检查和党内法规实施后评估等方式，对党内法规实施的情况进行检查或评估，及时发现应制定或修改相关配套党内法规的情况，并据此开展相应的制定或修改工作，以保证相关配套党内法规的"与时俱进"。

第二，党内法规制定部门应建立相关配套党内法规与基础主干党内法规"三同步"制度。为了保证相关配套党内法规的及时出台，避免滞后，增强基础主干党内法规的可操作性，党内法规制定部门应借鉴国家立法的有益经验，建立相关配套党内法规与基础主干党内法规的"三同时"，即同步起草、同步出台、同步实施制度。这就要求，党内法规制定部门在制定基础主干党内法规的同时，要对其相关配套党内法规的制定工作作出安排部署，原则上做到使两者同步起草、同步出台、同步实施。对于有的党内法规确实不能做到"三同时"的，有关党内法规制定部门也应在尽可能短的时间内出台相关配套党内法规，以避免太过滞后。

3. 建立健全党内法规工作配套机制

坚持法制统一，既是社会主义立法工作必须遵循的首要原则，也是党内法规体系建设工作必须恪守的根本原则。因而，在形成完善的党内法规体系的过程中，必须要坚持法制统一原则，确保各项党内法规之间的协调统一。这就要求，我们应建立健全党内法规工作的配套机制，主要包括：

第一，要建立健全党内法规的统筹规划机制。为了保证党内法规的协调统一，首要的就是要建立健全党内法规的统筹规划机制，加强对党内法规制定工作的统筹规划，明确党内法规制定工作的长期规划目标和短期规划目标，并据此制定详细的党内法规制定规划，拟定年度计划，分解任务目标，并采取有力措施督促各项规划任务的落实，以保证整个党内法规制定工作规划的有计划、有步骤实施。

第二，要建立健全党内法规的审议审核机制。要有效提高党内法规的质量，保证党内法规的协调性和统一性，关键就是要建立健全党内法规的审议审核机制，提高党内法规的审议审核水平。党内法规制定部门应借鉴国家立法的有益经验，建立党内法规的"三读"审议审核程序机制，分阶段、分目标地落实审议审核任务。"一读"是将党内法规草案在党内法规制定部门首次公开并宣读其标题和要点，交有关部门审查。"二读"是对有关部门审查后的党内法规草案的内容展开充分辩论，然后重交有关部门研究和修订。"三读"是对党内法规草案进行文字上的辩论，并提交正式表决。这样就有利于提高党内法规的审议审核水平，保证党内法规的水平和质量。

第三，要建立健全党内法规的动态清理机制。对党内法规的及时清理，是党内法规体系协调统一的重要保证。这是因为，党内法规是对党的建设和党的工作实践经验的总结，随着党的建设和党的工作实践的发展，便会出现党内法规与之不符的情况，也会出现新制定的党内法规与旧党内法规相矛盾的地方，这就需要适时对滞后的党内法规进行清理，以避免党内法规执法部门适用时的混乱，同时保证整个党内法规体系的协调统一。但是，长期以来，我们并没有建立党内法规的动态清理机制，而是采取了集中清理的做法，[1]这就无法保证党内法规清理工作的及时性和有效性。因此，党内法规制定部门应尽快建立健全党内法规的动态清理机制，明确党内法规清理工作的主体及其权限、清理的方式、方法、具体程序以及后果等，以实现党内法规清理工作的常态化、规范化。

第四，要建立健全党内法规的备案审查机制。在当前党内法规制定主体多元的情况下，建立健全党内法规备案审查机制，是保证党内法规体系统一的重要途径。当前，虽然我们已经初步建立了党内法规备案审查机制，但还不健全，

---

〔1〕 参见《中央党内法规和规范性文件集中清理工作全部完成》，载新华网：http://news.xinhuanet.com/politics/2014-11/17/c_1113285412.htm，最后访问日期：2018年5月10日。

一是报备不够及时规范，二是反馈不够及时全面，三是纠正不够及时到位，四是审查标准畸轻畸重。[1] 因此，党内法规制定部门应进一步健全党内法规备案审查机制，一要设立专门的党内法规备案审查机构，配备专门的工作人员，使其专门承担党内法规的备案审查工作，保证党内法规备案审查工作开展的常态化；二要建立健全党内法规备案审查的程序机制，明确党内法规备案审查的范围、时间、期限、步骤、方法、处理办法等，实现党内法规备案审查工作的程序化、规范化；三要制定科学的党内法规备案审查标准，使其具有可操作性，保证备案审查工作的科学性和权威性。

第五，要建立健全党内法规的解释评估机制。为了保证党内法规的良好实施，及时总结并改进党内法规实施中存在的问题，党内法规制定部门应及时建立健全党内法规的解释评估机制。具体包括：一要建立常态化的党内法规解释机制，制定专门的党内法规解释法，明确党内法规解释的具体规则、办法、依据和程序，保证党内法规解释工作的常态化，对需要进一步明确党内法规条款含义的或党内法规制定实施后出现新情况需要明确党内法规适用依据的，及时作出党内法规解释，以增强党内法规的可实施性，同时弥补党内法规的缺陷和不足，保证党内法规的与时俱进；二要建立党内法规实施后评估机制，设置科学的党内法规评估指标体系，保证党内法规实施后评估工作的常态化运行，及时总结党内法规实施中存在的问题，为党内法规的“立改废”工作提供明确的依据，保证党内法规体系的进一步完善。

---

〔1〕 李忠：《党内法规建设研究》，中国社会科学出版社2015年版，第101～102页。

第五章　宪法实施与法治中国建设

列宁曾指出："当法律同现实脱节的时候，宪制是虚假的；当它们是一致的时候，宪制就不是虚假的。"[1] 1982年《宪法》尽管是一部良法，但如其不能得到良好实施，自然也逃脱不了"虚假"的嫌疑。"所以，我们讲宪法，必须要讲宪法的实施，并且要始终强调这一点。毕竟，活生生的正义只能从活生生的生活中发现。"[2]我们仅讲1982年《宪法》制定得多么好、多么完善，是不够的，我们还要经常问问宪法实施了多少，还需要从哪些方面去努力实施。这是我们每位同志的责任。不要幻想制定了一部好宪法，就会自然而然带来法治。这是远远不够的，宪法还需要我们艰苦努力地去实施。[3] 特别是在全面推进依法治国、建设中国特色社会主义法治体系的今天，加强宪法实施重要性就更突出。因为"全面贯彻实施宪法，是建设社会主义法治国家的首要任务和基础性工作"。[4] 但众所周知的是，我国宪法实施面临的困难和问题是十分艰巨复杂的。然而，这些绝不应成为我们不实施宪法甚至拒绝实施宪法的理由，相反，更应将其作为我们实施宪法的动力源泉，因为这些困难的存在有时恰恰说明了宪法实施在我国的重要性和必要性。正如习近平总书记在首都各界纪念现行宪法公布施行30周年大会上的讲话中指出，"宪法的生命在于实施，宪法的权威也在于实施""保证宪法实施，就是保证人民根本利益的实现。只要我们切实尊重和有效实施宪法，人民当家作主就有保证，党和国家事业就能顺利发展。反之，如果宪法受到漠视、削弱甚至破坏，人民权利和自由就无法保证，党和国家事业就会

---

[1] 《列宁全集》(第17卷)，人民出版社1988年版，第320页。

[2] 张志坡：《法律适用：类型让概念更有力量》，载《政法论丛》2015年第4期。

[3] 参见蔡定剑：《论道宪法》，译林出版社2011年版，第28页。

[4] 习近平：《在首都各界纪念现行宪法公布施行30周年大会上的讲话》，载新华网：http://news.xinhuanet.com/politics/2012-12/04/c_113907206.htm，最后访问日期：2018年7月12日。

遭受挫折”。[1] 例如,当前人们普遍期待通过司法实现正义,[2]但如若我们不能保障作为国家根本大法的宪法得到良好实施,那么人们对司法实现正义之期许只能是一句空话。

一、“宪法实施”概念的反思与重构

1982年《宪法》颁布实施30多年来,学者们围绕着“如何实施宪法”问题进行了大量研究,提出了诸多建议。但是,他们对宪法实施的一些基本问题却缺乏共识,争议很大。“宪法实施”的概念即是其中之一。而“宪法实施”基本概念不清,无疑会影响我国宪法的实施成效。正如蔡定剑先生指出:“由于长期以来对宪法实施的一套基本概念没有准确地把握,严重影响到我国宪法实施制度的建设。”[3]“准确地理解区分有关概念,或者说在一些概念上形成共识,对建立什么样的宪法实施机制至关重要。”[4]毕竟,“概念是法律构造的工具,是法律体系的基石,亦是法律适用中的关键词”。[5] 因而,我们有必要对传统的“宪法实施”概念进行反思,对其进行重新界定,以求正本清源,促进我国宪法的良好实施。

(一)传统的“宪法实施”概念及其分析

宪法实施问题是宪法学研究的一个热门话题,“宪法实施”也成了宪法学研究的一个热门词汇。然而,令人遗憾的是,在学者们对“宪法如何实施”予以高度关注的同时,却没有对“宪法实施”的概念给予足够的重视,要么避而不谈,要么一笔带过,要么泛泛而谈,从而使人们不能对“宪法实施”的概念有一个清楚的了解,导致了认识上的混乱。总结起来,目前宪法学界对“宪法实施”概念的界定,主要有以下几种观点。其一,“宪法实施在我国宪法学中并无严格界定的内涵,通常是指宪法主体按照成文宪法的规定所从事的一定的行为,有时也指基于成文宪法的规定而形成的某种制度”。[6] 其二,“宪法实施就是

[1] 习近平:《在首都各界纪念现行宪法公布施行30周年大会上的讲话》,载新华网:http://news.xinhuanet.com/politics/2012-12/04/c_113907206.htm,最后访问日期:2018年7月12日。

[2] 参见王洪:《司法的不法与司法的不正义》(上),载《政法论丛》2014年第5期。

[3] 蔡定剑:《论道宪法》,译林出版社2011年版,第59页。

[4] 同上。

[5] 张志坡:《法律适用:类型让概念更有力量》,载《政法论丛》2015年第4期。

[6] 蒋碧昆主编:《宪法学》,中国政法大学出版社2002年版,第46页。

指宪法规范在现实生活中的运用与体现”。[1] 其三,“宪法实施是法律实施的一种具体形式,是指宪法规范在现实生活中的贯彻落实,即将宪法文字上的、抽象的权利义务关系转化为现实生活中生动的、具体的权利义务关系,并进而将宪法规范所体现的人民意志转化为具体社会关系中的人的行为”。[2] 其四,“所谓宪法实施即将宪法为社会关系确立的基本活动准则转化为现实的法律关系,具体说来既包括宪法关系主体对宪法的自觉遵守,也包括以法律手段纠正和制裁违宪行为的制度”,[3]等等。

综观上述观点,尽管其表述方式、侧重点各异,但都强调“宪法实施”概念指宪法规范在现实生活中的贯彻落实。这无疑正确揭示了“宪法实施”概念的基本内涵,但只是表面上或文义上的内涵,还不够全面和深入,可以说,还没有揭示出“宪法实施”概念最主要或最本质的内涵。因而,目前我国宪法学界对“宪法实施”概念的认识,并没有完全准确地揭示出“宪法实施”概念的基本内涵,并不能够对宪法实施这样的一个庞大系统工程作出准确概括,也无法对宪法实施过程中的种种行为和现象全部作出合理解释。正因为如此,莫纪宏教授提出了对“宪法实施”概念的质疑,认为该概念存在法理缺陷。在他看来,“宪法实施作为一个法学概念不具有严格的内涵,在使用过程中很容易引起歧义,特别是容易混淆宪法制度行为与宪法事实行为之间的价值区分,使宪法事实行为失去独立的理论价值。而事实上,有大量的事实行为虽然在宪法上无法找到明确的依据,但是,这些行为所产生的结果是与宪法原则相一致的,应当归纳到合宪的范畴。而这样的合宪性在宪法实施概念中是很难得到充分肯定的”。[4] 对此,我们认为,莫纪宏教授的说法不无道理,但是,引起上述状况发生的主要原因却是我们缺乏对“宪法实施”概念基本内涵全面、正确把握。可以说,正是因为我们对“宪法实施”概念基本内涵认识的不够全面,才导致该概念在使用过程中很容易引起歧义,才容易混淆宪法制度行为与宪法事实行为之间的价值区分,使宪法事实行为失去独立的理论价值。因而,要解决上述问题,关键便在于从宪法文本出发,重新界定“宪法实施”的概念。

---

〔1〕 李龙主编:《宪法基础理论》,武汉大学出版社 1999 年版,第 248 页。
〔2〕 周叶中主编:《宪法》,高等教育出版社 2011 年版,第 338 页。
〔3〕 秦前红主编:《新宪法学》,武汉大学出版社 2005 年版,第 291 页。
〔4〕 莫纪宏:《实践中的宪法学原理》,中国人民大学出版社 2007 年版,第 585 ~ 587 页。

(二)我国宪法文本对"宪法实施"的规定及其分析

"宪法实施"是中国特有的宪法学概念,为我国1954年《宪法》所首创。无论是欧美国家宪法,还是原苏东国家宪法,均无相同或类似表述。1977年苏联《宪法》只是提及"遵守宪法",这与我国"宪法实施"的内涵相去甚远。因而,我们对"宪法实施"概念的理解和界定,必须从中国特有的语境和宪治实践出发,而不能从纯粹的理论思辨出发,也不能"言必谈希腊"。这就要求我们首先必须回到我国宪法文本,从理解我国宪法文本的原意出发。

我国1954年《宪法》首创了"宪法实施"概念。1954年《宪法》第27条在规定全国人民代表大会的职权时,规定全国人民代表大会有"监督宪法的实施"的职权。尽管"监督宪法的实施"与"宪法实施"有很大的不同,但学界公认,"宪法实施"的概念即来源于此。刘少奇同志在《关于中华人民共和国宪法草案的报告》(1954年)中对宪法实施问题进行了说明,强调不仅要制定宪法,还要实施宪法。他指出:"宪法是全体人民和一切国家机关都必须遵守的。""中国共产党的党员必须在遵守宪法和一切其他法律中起模范作用。一切共产党员都要密切联系群众,同各民主党派、同党外的广大群众团结在一起,为宪法的实施而积极努力。""我国宪法的公布,是全国各族人民长期共同奋斗获得了伟大胜利的一个成果,但是这并不是说,宪法公布以后,宪法所规定的任何条文就都会自然而然地实现起来。不是的。""我们全国各族人民必须按照宪法所规定的道路,在中国共产党的领导下,加强团结,继续努力,谦虚谨慎,戒骄戒躁,为保证宪法的完全实施而奋斗。"[1]

1975年修改宪法时,由于国家政治生活的非正常化,全国人民代表大会"监督宪法的实施"职权被废除,因而1975年《宪法》没有任何关于"宪法实施"的规定。这无疑是一个巨大的退步。

1978年修改《宪法》时,由于国家政治生活的拨乱反正,因而1978年《宪法》恢复了1954年《宪法》原来的关于"宪法实施"的规定,其第22条规定:全国人民代表大会行使"监督宪法和法律的实施"的职权。叶剑英委员长在《关于修改宪法的报告》(1978年)中专门强调要加强"宪法的实施"。他指出:"宪

---

〔1〕《中华人民共和国人民代表大会文献资料汇编》(1949~1990),中国民主法制出版社1991年版,第85~86页。

法通过以后,从宪法的原则精神到具体条文规定,都要保证全部实施。不论什么人,违反宪法都是不能容许的。对于破坏社会主义法制、危害国家和人民的利益、侵犯人民权利的行为,必须严肃处理,情节严重的要依法制裁。”“人民群众要通过学习宪法,不断提高政治觉悟,增强当家作主的自觉性,加强法制观念,正确地行使宪法规定的公民权利,忠诚地履行公民应尽的义务,监督宪法的实施,以主人翁的精神管理好和建设好我们的社会主义国家。”“各级国家机关一定要组织好宪法学习。国家机关的每一个工作人员,不论职位高低,都是人民的勤务员,都要成为带头实行宪法、遵守宪法的模范。”[1]在这里,叶剑英委员长明确指出,宪法实施不仅包括宪法具体条文规定的实施,还包括宪法原则精神的实施,这就明确了宪法实施内容的两个层次,无疑具有重要意义。

1982年修改《宪法》时,由于国家已全面进入改革开放的新时期,因而,1982年《宪法》在1978年《宪法》的基础上,对“宪法实施”作了较全面的规定,共有四处。一是我国《宪法》“序言”部分规定:“全国各族人民、一切国家机关和武装力量、各政党和各社会团体、各企业事业组织,都必须以宪法为根本的活动准则,并且负有维护宪法尊严、保证宪法实施的职责。”二是我国《宪法》第62条规定:全国人民代表大会行使“监督宪法的实施”的职权。三是我国《宪法》第67条规定:全国人民代表大会常务委员会行使“解释宪法,监督宪法的实施”的职权。四是我国《宪法》第76条规定:“全国人民代表大会代表必须模范地遵守宪法和法律,保守国家秘密,并且在自己参加的生产、工作和社会活动中,协助宪法和法律的实施。”彭真委员长在《关于中华人民共和国宪法修改草案的报告》(1982年)中对宪法实施问题进行了说明和强调,他指出:“我们相信,新的宪法必定能够得到严格遵守和贯彻执行。”“中国共产党领导中国人民制定了新宪法,中国共产党也将同全国各族人民一道,同各民主党派和各人民团体一道,共同维护宪法尊严和保证宪法实施。”“体现了人民意志和中国共产党的正确主张的新宪法,又由全体人民和中国共产党的努力来保证它的实施,就一定能够在促进我国社会主义现代化事业的胜利发展中发挥伟大的

---

[1] 《中华人民共和国人民代表大会文献资料汇编》(1949~1990),中国民主法制出版社1991年版,第99页。

作用。"[1]

综上所述,总结我国历部宪法文本对"宪法实施"的规定,经分析,可以得出如下结论。其一,宪法实施是与宪法制定、宪法制度相对应的一个概念,其意在强调宪法文本在现实生活中的贯彻落实。因而,"宪法实施"概念的内涵很宽,不能作狭隘解释。否则,就不能正确揭示出"宪法实施"概念的真正含义。正如蔡定剑先生指出:"宪法实施是相对宪法制定而言的概念,是指把宪法文本转变为现实制度的一套理论、观念、制度和机制。宪法实施是很广义、宽泛的宏观意义上的概念。"[2]其二,宪法实施的内容包括两个层次:第一个层次是宪法具体条文规定的实施,第二个层次是宪法原则和宪法精神的实施,后者更重要。其三,宪法实施的主体广泛。全国各族人民、一切国家机关和武装力量、各政党和各社会团体、各企业事业组织,都是我国宪法实施的主体。但从理论上分析,宪法实施的基本主体可归结为公民与国家。这是因为,公民和国家是最基本的宪法关系主体,公民与国家之间的关系是法治社会中最基本和最核心的政治关系,公民和国家通过公民权利与国家权力的互动来实施宪法是一国宪法实施的常态和最主要的途径。[3] 其四,宪法实施的方式多样。我国宪法实施主体的广泛性决定了宪法实施方式的多样性。对公民来说,主要是遵守宪法的问题;对全国人大及其常委会来说,主要是依宪立法,将宪法法律化的问题;对行政机关来说,主要是依宪行政、依法行政的问题。正如温家宝同志指出:"依法行政,最根本的是依宪行政。各级政府都要把宪法作为根本的行为准则,严格按照法定权限和程序行使权力、履行职责。"[4]对于司法机关来说,主要是司法机关依据宪法独立行使司法权,不受行政机关、社会团体和个人的干涉的问题;对于执政党来说,主要是依宪执政,坚持在宪法和法律范围内活动的问题。但总结起来,宪法实施的方式主要包括宪法遵守和宪法适用两种。在此需要说明的是,我国宪法文本中并无"宪法适用"的表述,而是用了"宪法执行"。但学

---

〔1〕《中华人民共和国人民代表大会文献资料汇编》(1949~1990),中国民主法制出版社 1991 年版,第 121 页。

〔2〕蔡定剑:《论道宪法》,译林出版社 2011 年版,第 61 页。

〔3〕参见周叶中主编:《宪法》,高等教育出版社 2011 年版,第 136 页。

〔4〕《温家宝:认真学习贯彻宪法 全面推进依法行政》,载中国政府网:http://www.gov.cn/ztzl/2005-10/20/content_80721.htm,最后访问日期:2018 年 7 月 15 日。

界一般认为,两者并无实质区别,可以画等号。[1] 其五,由全国人大及其常委会监督宪法的实施。当然,这里的"监督"是最高层次的监督。因为国务院、地方人大及其常委会、县级以上人民政府在某种程度上也负有监督宪法实施的职责。[2] 其六,全国人大代表不仅要模范地遵守宪法,还要在自己参加的生产、工作和社会活动中,协助宪法的实施。这是因为全国人大代表是最高国家权力机关的成员,因而宪法对其提出了"协助宪法的实施"的额外要求。正如刘少奇同志指出:"全国人民代表大会和地方各级人民代表大会的代表以及一切国家机关的工作人员,都是人民的勤务员,一切国家机关都是为人民服务的机关,因此,他们在遵守宪法和保证宪法的实施方面,就负有特别的责任。"[3]

那么,上述结论不仅进一步凸显了传统"宪法实施"概念的不足,也正确揭示了"宪法实施"概念的完整内涵,为我们重新界定"宪法实施"概念指明了方向。

(三)"宪法实施"与相关概念的辨析

以上从宪法文本的角度阐述了"宪法实施"概念应具有的内涵,除此之外,我们还必须厘清"宪法实施"与其相关概念的界限。只有这样,我们才能正确理解和界定"宪法实施"概念的外延。

1. 宪法实施与宪法适用

从字面意思来看,这是两个最接近的词。那么,何为"宪法适用"呢?目前其并无严格界定的内涵。一般认为,宪法适用是一定国家机关对宪法实现所进行的有目的的干预。[4] 但对一定的国家机关为何,学者却存在一定争论。不过,考虑到宪法是"整体权力来自被统治者的政府宪章",是"民族或国家的基

---

〔1〕 当然学界也有不同意见,认为宪法执行与宪法适用是两码事。其代表性观点如下:"宪法的执行通常指国家代议机关和国家行政机关贯彻落实宪法内容的活动。宪法适用则通常指国家司法机关在司法活动中贯彻落实宪法的活动。"参见《新编常用法律词典》,中国法制出版社 2012 年版,第 73 页。

〔2〕 例如,1982《宪法》第 89 条规定:国务院有权"改变或者撤销各部、各委员会发布的不适当的命令、指示和规章","改变或者撤销地方各级国家行政机关的不适当的决定和命令"。第 99 条规定:"地方各级人民代表大会在本行政区域内,保证宪法、法律、行政法规的遵守和执行","县级以上的地方各级人民代表大会有权改变或者撤销本级人民代表大会常务委员会不适当的决定"。第 104 条规定:县级以上的地方各级人民代表大会常务委员会有权"撤销本级人民政府的不适当的决定和命令;撤销下一级人民代表大会的不适当的决议"。第 108 条规定:县级以上的地方各级人民政府"有权改变或者撤销所属各工作部门和下级人民政府的不适当的决定"。

〔3〕 《中华人民共和国人民代表大会文献资料汇编》(1949 ~ 1990),中国民主法制出版社 1991 年版,第 85 页。

〔4〕 参见周叶中主编:《宪法》,高等教育出版社 2011 年版,第 338 页。

本组织法,用以确立其政府的特性与观念,对政府的内部运作规定其所必须服从的基本原则,组织政府并调节、分配及限制其不同部门的职能,并规定主权行使的范围与方式",[1]且"从宪法的规范作用而言,宪法主要是授予、规范、制约和调整国家权力",[2]我们可以得知,既然任何国家机关的职权都来源于宪法的授予,任何国家机关就都必然承担着依宪履行职责、保证宪法实施的重任。只不过受一国政权组织形式的影响,不同国家机关在保证宪法实施中的具体地位与作用不同。就我国而言,受我国政权组织形式即人民代表大会制度所决定,我国宪法适用的主体主要是各级人大及其常委会,特别是全国人大及其常委会。而其他国家机关只能起较次要的作用。这一点从我国宪法文本的相应规定也可以看出。所以,学者普遍认为,我国存在双轨的宪法适用。"双轨的宪法适用是说,我国宪法适用包括直接适用和间接适用,前者的主体主要是最高代表机关,后者的主体主要是其他公权机关。"[3]综上所述,我们可以得知,宪法适用的目的就是保证宪法实施,且其本身就是宪法实施的一种主要方式。因为离开了有关国家机关"有目的的干预",宪法文本根本就不会自动得到实施。"但宪法适用并不等于宪法实施,两者主要的区别在于主体范围的不同,宪法适用属于国家机关的职权行为,其主体范围要小于宪法实施。"[4]

2. 宪法实施与宪法遵守

"宪法遵守"的含义简单明了,即指一切国家机关、社会组织、各政党和公民个人对宪法各项规定的遵守、落实,既包括行使宪法赋予的权利,也包括承担并履行宪法规定的义务。我国宪法文本在强调其自身最高法律效力的同时,也明确规定了公民、一切国家机关和武装力量、各政党和各社会团体、各企业事业组织遵守宪法、保证宪法实施的义务。可知,宪法遵守是宪法实施的一种方式,且是最基础的方式。因为只有所有的主体都自觉遵守宪法,才能为宪法实施奠定坚实的社会基础,才能保证宪法各项规定真正得以贯彻落实。这里的问题是,宪法遵守与宪法适用是什么关系?应如何对两者进行区分?对此,我们认

---

〔1〕 张千帆:《宪法学导论》,法律出版社 2008 年版,第 11 页。

〔2〕 周叶中、伍华军:《依宪执政:全面落实依法治国基本方略的战略举措》,载《政法论丛》2009 年第 1 期。

〔3〕 翟小波:《论我国宪法的实施制度》,中国法制出版社 2009 年版,第 38 页。

〔4〕 殷啸虎:《宪法》,清华大学出版社 2012 年版,第 268 页。

为,两者的联系之处在于,两者都是宪法实施的一种方式,两者目的都是保证宪法实施。而两者的区别之处在于两点。一是主体范围不同。宪法适用的主体仅限于国家机关,而宪法遵守的主体除了国家机关外,还包括各政党、社会团体、各企业事业组织和公民个人等;二是实施方式不同。宪法遵守是宪法实施的一种方式,但其主要以消极的方式来表现,即只要所有的主体消极地遵守宪法,不违反宪法,就可以达到宪法实施的目的。而宪法适用则主要以积极的方式来表现,即有关国家机关不仅要消极地遵守宪法,还要积极地履行宪法职责,有所作为,承担起保证宪法实施的重任。正如殷啸虎教授指出:"宪法遵守同样也是宪法实施的一个重要方面,它与宪法实施的区别,在于宪法遵守客体的范围要小于宪法实施,即宪法遵守行为主要是以消极的方式表现的,这也是与以积极方式表现出来的宪法适用的区别所在。"[1]

3. 宪法实施与宪法监督

宪法监督即我国宪法文本中"监督宪法的实施"的简称。"宪法监督有广义和狭义之分:广义的宪法监督指的是对有关宪法的活动实行全面的监督,从监督的主体来说,除了宪法监督的专职机关以外,还包括其他国家机关、政党等;从监督的对象看,既包括国家机关的权力行为,也包括公民的个人行为等。而狭义的宪法监督则是指国家专司宪法监督的机关进行的监督,在监督对象上偏重于对国家机关的权力行为的监督。"[2]而从我国宪法文本的规定来看,我国的宪法监督应属于狭义上的宪法监督,即主要指全国人大及其常委会为保证宪法实施而建立的制度和开展的活动的总称。考虑到"徒法不足以自行",[3]可知,宪法监督应是宪法实施的应有之义和核心环节,离开了宪法监督,宪法就不可能顺利得到实施。但是,必须要说明的是,宪法监督尽管重要,但并不是所有的宪法实施活动都涉及宪法监督。只有出现违宪行为,宪法得不到良好实施时,才涉及宪法监督。也就是说,宪法监督一般在消极意义上使用,而宪法实施则一般在积极意义上使用。

---

〔1〕 殷啸虎:《宪法》,清华大学出版社 2012 年版,第 268 页。

〔2〕 陈云生:《宪法监督司法化》,北京大学出版社 2004 年版,第 29 页。

〔3〕 《孟子·离娄上》。

4. 宪法实施与宪法实现

所谓“宪法实现”，“是指通过对宪法的执行、适用和遵守等实施宪法的活动，使宪法的实体内容与现实得到统一、使宪法的规范内容与宪法的应然精神得到统一的一种状态”。[1] 由此可以看出，宪法实现与宪法实施两者联系密切，即宪法实施是宪法实现的核心环节和必由之路，而宪法实现是宪法实施的最终目的所在。离开了宪法实施，宪法实现就根本不具有任何可能性；而离开了宪法实现，宪法实施就失去了目标归宿，也就毫无意义。尽管两者联系密切，但不可否认的是，两者的区别也不小。具体包括以下三点。一是内容范围不同。宪法实施内容范围较窄，仅限于宪法实施这一活动的过程。而宪法实现的内容范围较广，除了包括宪法实施的过程，还包括了宪法实施的结果。二是价值取向不同。从应然角度来说，无论是宪法实施还是宪法实现都应以保障人权为价值取向。但从实然角度来看，受各种原因的影响，宪法实施有可能背离这一价值取向，而宪法实现则始终忠于这一价值取向。三是结果不同。宪法实施的结果有可能成功，也有可能失败。而宪法实现的结果只能是成功，其是宪法实施成功的自然结果。[2]

(四)对“宪法实施”概念的重新界定

基于上面的分析，我们有必要据此对“宪法实施”的概念进行重新界定。在此，我们首先必须明确的一点是，宪法是一种价值法，宪法的价值不完全存在于宪法条文中，更多地存在于一个国家和一个社会的政治哲学观念中，而这些宪法价值观念对于建立一个完善的宪制制度来说是非常重要的。[3] 因而，宪法规范在现实生活中的贯彻落实，只是“宪法实施”概念基本内涵的第一层次，而宪法价值和宪法理念(表现为宪法原则和宪法精神)在现实生活中的贯彻落实，则是“宪法实施”概念基本内涵的第二个层次，且是最主要的层次。这是因为，“宪法原则和宪法精神是体现在宪法制度与程序中的价值和理念，是构成宪法价值共同体的基础和连接点”，“宪法原则的基本功能是指导宪法规范与宪法制度运行的过程和程序，使宪法发展具有统一的基础和依据”。[4] 因而，

---

[1] 张学仁、陈宁生主编：《二十世纪之中国宪政》，武汉大学出版社 2002 年版，第 441 页。

[2] 参见周叶中主编：《宪法》，高等教育出版社 2011 年版，第 343 页。

[3] 莫纪宏：《实践中的宪法学原理》，中国人民大学出版社 2007 年版，第 586 页。

[4] 韩大元、林来梵、郑贤君：《宪法学专题研究》，中国人民大学出版社 2008 年版，第 138 ~ 139 页。

只有使宪法原则和宪法精神在现实生活中得到贯彻落实，也就是宪法规范背后的价值和理念得到公民理解、认同和践行时，公民的宪法意识才能得以生成，如前所述，这时宪法实施的任务才算真正完成。正是在这个意义上，我们才说宪法原则和宪法精神在现实生活中得到贯彻落实，才是宪法实施的最本质、最根本的内涵。诚如莫纪宏教授指出："事实上，宪法不同于普通的法律的一个重要特征就是，宪法除了存在于宪法条文的规定之中，还以观念和价值的形态存在于人们日常的生活中，这是两个相互联系的方面，也就是说，宪法的规范指引作用既可以在宪法规范中体现出来，又可以在宪法原则中体现出来。仅仅以落实宪法规范的规定来实施宪法，这种要求是不到位的，宪法实施的后果也不可能如人所愿。"〔1〕正如，"法治成为一种价值观和人生观固然重要，但是只有将法治作为一种生活观和生活方式，法治的根基才能牢固、法治的真意才能显现"，〔2〕宪法的实施莫不如此。

当然，不可否认的是，宪法原则和宪法精神是体现在宪法规范中的，宪法原则和宪法精神在现实生活中的贯彻落实，一般是通过宪法规范在现实生活中的贯彻落实来实现的。离开宪法规范来谈宪法原则和宪法精神，便会陷入"空中楼阁"的境地；离开宪法原则和宪法精神来谈宪法规范，便会导致"宪法工具主义"的盛行。但两者毕竟不是一回事，宪法规范属于制度的范畴，而宪法原则和宪法精神则属于文化的范畴。宪法规范的贯彻落实，并不能一定意味着宪法原则和宪法精神的贯彻落实。因而，完全有必要将两者予以区分。

那么，可以说，当代中国宪法实施不畅的一个重要原因就是，我们只强调宪法规范在现实生活中的贯彻落实，以为宪法规范的贯彻落实必然意味着宪法原则和宪法精神的贯彻落实，而忽视了宪法原则和宪法精神在现实生活中的贯彻落实，导致人们对宪法知之者甚多，但对宪法价值和理念知之者却甚少，对立宪、行宪、护宪目的知之者甚少，自然公民的宪法意识也无从培养，宪法实施的目的也无法真正实现。此外，由于宪法规范具有原则性、抽象性的特点，且宪法条文数量有限，不可能穷尽对一切事物的规定。这样，导致现实生活中大量的事实行为尽管在现行宪法中并无依据，表面上是"违宪"的，但由于其符合宪法

〔1〕莫纪宏：《实践中的宪法学原理》，中国人民大学出版社 2007 年版，第 586 页。
〔2〕闫斌：《哈贝马斯法律合法性思想研究》，载《政法论丛》2015 年第 4 期。

原则和宪法精神，事实上又是“合宪”的。这样的情况，用现行的宪法实施理论是解释不通的，无法包含在现行的“宪法实施”概念的基本内涵中。正如莫纪宏教授指出：“事实上，有大量的事实行为虽然在宪法上无法找到明确的依据，但是，这些行为所产生的结果是与宪法原则相一致的，应当归纳到合宪的范畴。而这样的合宪性在宪法实施概念中是很难得到充分肯定的。”[1] 因此，我们必须科学界定“宪法实施”概念，将其基本内涵从第一层次即宪法规范在现实生活中的贯彻落实，扩展至第二层次即宪法原则和宪法精神在现实生活中的贯彻落实。

综上所述，我们可以将“宪法实施”概念重新界定为：宪法实施是法律实施的一种特殊形式，是指宪法规范及宪法原则、宪法精神在现实生活中的贯彻落实，即将宪法文字上的、抽象的权利义务关系转化为现实生活中生动的、具体的权利义务关系，并进而将宪法规范所体现的价值和理念转化为具体社会关系中的人的行为。这个概念恰好也可以与宪法实现的概念相对应。上官丕亮教授也持类似观点，他指出：“宪法实施是宪法的具体条文规定及其原则精神在现实生活中的贯彻落实。”[2]

二、1982 年《宪法》实施的经验逻辑

1978 年，党的十一届三中全会的召开，实现了中华人民共和国成立以来党的历史的伟大转折，开启了我国改革开放历史新时期。[3] 1982 年《宪法》就是在这种背景下产生出来的。1982 年《宪法》作为 1954 年《宪法》的继承和发展，是中华人民共和国成立以来最好的一部宪法，是新时期治国安邦的总章程，自其产生实施以来，在我国经济社会生活中发挥了巨大的作用：“一方面开拓和指导（不同于‘规范’）改革，另一方面确认和巩固改革”，[4] 为我国改革开放和社会主义现代化建设的顺利进行提供了坚实的宪法保障；但是，1982 年《宪法》的实施状况还有许多不尽如人意之处，宪法规范尚未完全转化为“规范宪法”，

---

〔1〕 莫纪宏：《实践中的宪法学原理》，中国人民大学出版社 2007 年版，第 588 页。

〔2〕 上官丕亮：《宪法文本中的“宪法实施”及其相关概念辨析》，载《国家检察官学院学报》2012 年第 1 期。

〔3〕 参见《中国共产党历史（1949—1978）》[第 2 卷（下）]，中共党史出版社 2011 年版，第 1061 页。

〔4〕 翟小波：《论我国宪法的实施制度》，中国法制出版社 2009 年版，第 25 页。

“书面宪法”与“现实宪法”之间仍有很大的差距。因而,我们有必要对 1982 年《宪法》实施中存在的一些问题进行反思,并总结经验教训,以更好地指导我国未来的法治实践,保证宪法的良好实施。

(一)1982 年《宪法》的“实施方式”经验

博登海默曾指出:“如果包含在法律规则部分中的‘应然’内容仍停留在纸上,而并不对人的行为产生影响,那么法律只是一种神话,而非现实。另一方面,如果私人与政府官员的所作所为不受符合社会需要的行为规则、原则或准则的指导,那么社会中的统治力量就是专制而不是法律。”[1]然而,1982 年《宪法》的实施状况正是陷入了这样一种“名归而实不至”的尴尬境地。如蔡定剑先生指出:“唯有宪法在现实生活中仍默默无闻,备受冷落。从老百姓到高层领导,知道有一个宪法被称为‘国家的根本大法’,但更多的人恐怕不知道宪法是干什么的。”[2]究其原因,最主要的是 1982 年《宪法》的实施没有遵循法的实施的一般原理,没有通过法的实施方式即“法的遵守、法的执行和法的适用”等来进行,而是通过政治的实施方式即“宣传和动员”等来进行的。例如,我们过去在实施宪法时一味强调宪法的宣传和教育,强调一切国家机关、社会组织和公民要认真遵守宪法,而没有根据“有宪可依、有宪必依、执宪必严、违宪必究”的基本原则认真执行和适用宪法。如彭真在《关于中华人民共和国宪法修改草案的报告》中指出:“宪法通过以后,要采取各种形式广泛地进行宣传,做到家喻户晓。十亿人民养成人人遵守宪法、维护宪法的观念和习惯,同违反和破坏宪法的行为进行斗争,这是一个伟大的力量。”[3]

之所以如此,这与我们对宪法是政治法的传统认识是分不开的。传统的宪法理论认为,宪法是政治法。这是因为,宪法的内容多涉及政治方面的规定。如巴塞洛缪指出:“宪法是治理国家的根本法和基本原则的总体,宪法规定政府体制、政府及其所属各部门和官员的一般职能和权限,以及为何行使这些职

---

〔1〕［美］E. 博登海默:《法理学——法律哲学与法律方法》,邓正来译,中国政法大学出版社 1999 年版,第 239 页。

〔2〕蔡定剑:《论道宪法》,译林出版社 2011 年版,第 3 页。

〔3〕《中华人民共和国人民代表大会文献资料汇编》(1949 ~ 1990),中国民主法制出版社 1991 年版,第 121 页。

权。"[1]将宪法定位为政治法，无疑是有失偏颇的。“这种定位的错误容易使我们过分强调和夸大宪法的政治性，这实际上导致人们更多地把宪法当作政治文件、政治纲领对待，而不是把宪法当作法律。"[2]“过去，由于我们对宪法政治性特点的过分强调，使人们忽视了宪法本身的特性——法律性。"[3]那么，在宪法实施方式上我们就容易选择政治的实施方式。此外，“这在很大程度上还是一种习惯”，因为“中国共产党领导的革命是一次自下而上的、群众性的大革命。它在组织、动员群众参加革命斗争和其他活动时，主要靠大宣传、大动员这种群众运动式的方式，使革命取得了胜利。"[4]所以，在实施宪法时容易自觉或不自觉地采取了这种方式。这种方式固然有其可取之处，但过分依靠这种方式而忽视法的实施方式便抓不住宪法实施的关键，便会阻碍我国宪法的实施。

1982 年《宪法》实施状况的不理想，证明了以政治方式实施宪法是行不通的。这种方式最大的后果就是我国宪法的实效难以得到实现。宪法实效即是指具有最高法律效力的宪法在政治和社会生活中被执行、适用或遵守的实际情况，即宪法的实际有效性。这是一国宪法实施的关键环节。因为只有当宪法在实际政治和社会生活中能够有效发挥作用时，全体人民、各级领导干部和国家机关工作人员才会自觉遵守宪法，才会自觉同违反和破坏宪法的行为进行斗争。但是，由于我们过去只强调宪法的教育和宣传，而没有认真执行和适用宪法，没有对宪法实现进行有目的的干预，使宪法的实效难以发挥。例如，目前我国只有立法机关可以直接适用宪法，其他国家机关包括行政机关、司法机关等只能间接适用宪法。有学者将其称为“双轨的宪法适用”。[5] 然而，宪法的司法适用是实施宪法的最基本方式。“法院适用宪法是法治国家的普遍做法和基本常识。不存在法院适不适用宪法的问题，只存在法院如何适用宪法的问题。"[6]要想改变我国宪法实施不理想的状况，就必须吸取 1982 年《宪法》实施

〔1〕 蒋碧昆主编:《宪法学》,中国政法大学出版社 2002 年版,第 11 页。

〔2〕 蔡定剑:《论道宪法》,译林出版社 2011 年版,第 5 页。

〔3〕 同上书,第 6 页。

〔4〕 蔡定剑:《历史与变革——新中国法制建设的历程》,中国政法大学出版社 1999 年版,第 283 页。

〔5〕 双轨的宪法适用是说,我国宪法适用包括直接适用和间接适用,前者的主体主要是最高代表机关,后者的主体主要是其他公权机关。参见翟小波:《论我国宪法的实施制度》,中国法制出版社 2009 年版,第 38 页。

〔6〕 参见蔡定剑:《论道宪法》,译林出版社 2011 年版,第 74 页。

的经验教训，实现由政治实施方式到法的实施方式的转变，加强宪法执行和适用，因为“一个真实的案例远胜于数十次的说教”。

（二）1982 年《宪法》的“实施模式”经验

从各国宪法实施的历史来看，宪法实施无非“自然演进型”与“政府推动型”两种基本模式，两者相区别的关键在于，宪法实施的主要推动者是国家还是社会，以国家为主要推动者的就是“政府推动型”的模式，以社会为主要推动者的就是“自然演进型”的模式。一般说来，“自然演进型”是一国宪法实施的主要模式。这是因为，宪法是“人民自由的圣经”，宪法的根本精神在于对国家权力的限制和对公民权利的保障，只有以社会力量为主要推动力，以社会权利制约国家权力，使国家权力不能恣意行使，才能从根本上保证宪法规范和宪法价值的落实，保证宪法的真正实现。欧美国家的宪法实施基本上都采取了这种“自然演进型”的模式。但“自然演进型”的模式存在时间长、成本高、目标不明确、不确定性强等缺点，对于后发展国家来说，并不一定适用。后发展国家一般面临着内外双重压力，面临着经济建设和政治改革的双重任务，时间成本和机会成本大大减小。只有采取“政府推动型”的模式即以国家为主要推动力，集中地利用尽可能多的政府和社会资源，才能保证宪法实施过程中手段、策略的灵活性和发展进程、态势的可控性，减少时间成本和机会成本，加快宪法实施的进程。亚非拉发展中国家大都采取了这种“政府推动型”的模式。但这一模式也存在明显的缺陷，最主要的是容易强化宪法的工具主义。将宪法作为一国推行现代化建设的工具，从而使宪法的稳定性受到了极大破坏，宪法的权威性遭到了弱化。因而，“自然演进型”与“政府推动型”两种模式各有利弊，只有将两者有机结合起来才是最佳的选择，只是不同国家在不同时期应以不同的方式为主。

然而，长期以来，我国宪法实施一直采取了“政府推动型”的单一模式，这是由我国后发展国家的特点决定的，具有一定的合理性。但过分强调“政府推动型”的模式，而忽视“自然演进型”的模式，则必然会使我国宪法的实施出现上述种种问题。一是宪法的工具化倾向。宪法工具化的基础是弱化宪法本身的至上性和权威性，而将宪法作为我国推行改革开放的工具，将宪法作为执政党改革开放政策获取公信力和合法性的工具。[1] 这样,宪法就沦为了政策的“奴婢”,宪法的实质目的就难以实现。二是社会基础的缺失。过分强调“政府推动型”的模式,便会忽视社会力量的积极作用,忽视社会的培育,便难以形成一种有效制约国家权力的强大社会力量,使我国宪法的实施缺乏坚实的社会基础。正如蔡定剑先生指出:“宪法还没有真正被人民所掌握。”[2]综观1982年《宪法》实施30多年的历程,1982年《宪法》之所以未能得到良好实施,一个重要原因就是我国宪法的实施缺乏社会大众的支持。一方面是精英的大力呼吁和推动,另一方面却是社会大众的漠不关心,国家与社会的脱节,使宪法难以获得社会大众的认同。当宪法遭到破坏时,社会大众充当了“旁观者”角色。因而,在我们目前以“政府推动型”模式为主的同时,还必须吸收“自然演进型”模式的积极因素,并将两者有机结合起来,以实现国家与社会的良性互动,推进我国宪法的良好实施。

(三)1982年《宪法》的“实施路径”经验

宪法实施路径既有共性,也有个性。宪法实施路径的共性,是指一国宪法的实施必须遵循宪法实施的一般规律、体现宪法实施的一般特征、符合宪法实施的一般要求;宪法实施路径的个性,则是指一国宪法的实施必须从其国情出发,充分利用其本土资源,根据不同时期、不同阶段的特点,采取不同的方式和途径。这就要求,一国宪法的实施既可以借鉴其他国家的成功经验,又要从其实际情况出发。而且,后者更具有决定意义。这是因为,其他国家的成功经验只有与本国的实际情况相结合,才能发挥其应有的作用。否则,一旦水土不服,他国的成功经验便会变为本国失败的教训。正如苏力教授指出:“法治建设借助本土资源的重要性还在于,这是法律制度在变迁的同时获得人们的接受和认可、进而能有效运作的一条便利的途径,是获得合法性——即人们下意识的认同——的一条有效途径。”[3]另外,这一点也可以从历史的经验中得到证明。例如,许多亚非拉国家早期照搬照抄了欧美国家的宪政制度,但这些制度与其本国的国情并不相适应,结果这些制度并未发挥其应有的作用,不仅未能建立

[1] 参见秦前红主编:《新宪法学》,武汉大学出版社2005年版,第2页。
[2] 蔡定剑:《论道宪法》,译林出版社2011年版,第30页。
[3] 苏力:《法治及其本土资源》,中国政法大学出版社2004年版,第16页。

起预期的宪政秩序，反而成为这些国家政治动乱的根源。因此，从实际出发应成为一国宪法实施的根本路径。

然而，1982年《宪法》的实施既没有遵循宪法实施的一般规律，也没有从我国的实际出发。正如朱福惠教授指出：多数学者试图从外国宪法实践中寻求宪法的“实然”，这种现状产生的结果必然是宪法学研究的“外国法路径依赖”和“习惯性的外国法移植”。可以说，从现实的层面出发来思考问题，这种路径依赖是可以理解和原谅的，毕竟学者希望自己的研究成果能够得到回应。现在的问题是有些学者在中国宪法学的研究中，宪法文本和宪法规范的路径尚未能得到全面研究的前提下，盲目地将西方的制度引入中国的宪制建设，可能不会发挥太大的作用。[1] 因而，一些宪法实施方案虽然很完美，却因为脱离中国国情，而无法从文本转化为实践。

对于我国宪法的实施来说，一切从实际出发，首先，必须从社会主义初级阶段的国情出发。当前，我国正处于并将长期处于社会主义初级阶段，这是我国最大的国情，也是最大的实际。如《中国共产党中央委员会关于建国以来党的若干历史问题的决议》指出：“我们的社会主义制度还是处于初级的阶段”，“我们的社会主义制度由比较不完善到比较完善，必然要经历一个长久的过程。”[2]1982年《宪法》作为社会主义初级阶段的宪法，是对社会主义初级阶段政治、经济、文化、社会等方面的集中反映，体现了改革开放的要求。因而，我国宪法的实施就必须从社会主义初级阶段的国情出发，以解决社会主义初级阶段的中国问题为基本目标，利用现有的条件，采取渐进式的实施方式，有步骤、有秩序地、积极而又稳妥地进行。而不能脱离社会主义初级阶段的国情去盲目推进宪法实施，提出不切实际的目标和要求。其次，必须尊重我国的历史文化传统。宪法实施不是单纯地将宪法规范贯彻落实到现实生活中的过程，更重要的是将宪法规范背后的价值和理念（也就是宪法文化）予以落实的过程。但宪法和宪法文化并不是我国的内生物，而是一种舶来品，其必须经过某种本土化的过程，否则，便不能在我国的土壤中扎根发芽。正如格伦顿等指出：“法律是特

---

[1] 韩大元主编：《共和国六十年法学论争实录・宪法卷》，厦门大学出版社2009年版，第338页。

[2] 《中国共产党中央委员会关于建国以来党的若干历史问题的决议》，人民出版社2009年版，第56页。

定民族的历史、文化、社会的价值和一般意识与观念的集中体现。任何两个国家的法律制度都不可能完全一样。法律是一种文化的表现形式,如果不经过某种本土化的过程,它便不可能轻易地从一种文化移植到另一种文化。"[1]但长期以来,我国的宪法实施忽视了这一点的重要性,忽略了对历史文化传统的尊重,一味只强调制度建构,结果外来的制度遭遇了历史文化传统的强大阻力,造成了"橘生淮南则为橘,生于淮北则为枳"的尴尬局面,致使我国宪法实施的效果长期不佳。因此,加强我国宪法的实施,必须尊重我国的历史文化传统,从中寻找积极的因素,发扬其合理的因素,实现外来的宪法文化与中国历史文化传统的融合,为我国宪法的实施提供文化根基。最后,必须充分利用我国现有的政治资源和法律资源,尤其是宪法资源。我国现有的政治资源和法律资源,既是我国宪法实施的重要基础,也是我国宪法实施可资利用的宝贵财富。因而,加强我国宪法的实施,特别是构建我国的宪法实施制度,必须在现有的政治体制和法律框架内,充分利用我国现有的政治资源和法律资源,尤其是宪法资源,从中挖掘合理和积极的因素,而不能"另起炉灶",完全摒弃现有的政治资源和法律资源,这既会造成现有资源的浪费,也会破坏现有的宪法秩序。正如有学者指出:"批评宪法文本、否定宪法文本、对宪法文本提出各种修改建议不应当是一个'宪法学家'的工作,或者不是宪法学家的主要工作。……我们不能把一切问题推给那个不完善的宪法文本,而自己无所作为。"[2]因而,1982年《宪法》的实施要充分利用现有的政治资源和法律资源,并从中探索出一条中国特色的宪法实施之路。

(四)1982年《宪法》的"保障机制"经验

世界各国宪法实施的实践证明,为了保障宪法的良好实施,就必须加强宪法保障,建立完善的宪法实施保障机制。正如汉密尔顿指出:"宪法的生效必须有宪法保障。……如果政府并无有效的权力机构及时限制纠正,无人相信这些禁令能被自动遵守。如欲加限制及纠正,则需对各州法律拥有直接否决权,不然,则需授权联邦法院可对明显违背宪法规定的决定宣布其无效。除此之

---

〔1〕[美]格伦顿、戈登、奥萨魁:《比较法律传统》,米健等译,中国政法大学出版社1993年版,第6~7页。

〔2〕张翔:《宪法学为什么要以宪法文本为中心?》,载《浙江学刊》2006年第3期。

外,实无第三种办法为笔者所能设想。”[1]宪法实施保障机制主要指保障宪法实施的各系统、各环节的运作机理和相互联系。[2] 它的主要组成部分有三:一是宪法解释制度,二是宪法修改制度,三是合宪性审查制度。同时,这三者不仅缺一不可,而且还必须有机统一。宪法实施保障机制在宪法实施中的重要意义在于:宪法规范与社会现实的冲突是一国宪法实施中的常态。要有效解决这种冲突,首先,就必须通过宪法解释的方式,对宪法规范的内容、含义及其界限作出说明,使之与社会现实尽可能相适应、相协调,以避免宪法条文的频繁修改。例如,美国宪法自1787年制定出来后,之所以保持长期稳定,很少被修改,正是缘于美国完善的宪法解释制度,可以经常开展宪法解释工作,使宪法规范较好地适应了美国社会200多年的变动。其次,当通过宪法解释无法解决这种冲突时,就涉及宪法修改的问题。这时就应通过修宪权的运用,对不适应社会发展需求的宪法规范进行修改,以保持宪法规范的社会现实适应性,从而将新出现的社会现实纳入宪法规范调整的范围内。最后,当社会现实出现畸形状况,也就是出现违宪行为时,就必须通过合宪性审查权的行使,对违宪行为进行审查,予以制裁,从而追究违宪责任,使受到破坏的宪法秩序得到恢复,保证宪法规范在社会生活中的良好实施。当然,宪法解释、宪法修改和合宪性审查这三者的运用不是分别进行的,而是交错进行的。

目前,我国已建立了以全国人大及其常委会为主体的宪法实施保障机制。但这一保障机制还存在许多问题,最突出的表现在,未建立科学合理的宪法解释制度、宪法修改制度以及合宪性审查制度,致使我国的宪法解释未实现经常化、宪法修改未实现规范化、合宪性审查未实现有效化,从而严重影响了我国宪法的实施。具体说来,第一,宪法解释未实现经常化。1982年《宪法》第67条第1款确立了我国的宪法解释制度。根据该规定,我国宪法解释的主体是全国人大常委会。由全国人大常委会解释宪法,这具有极大的优越性,可以更好地理解宪法的原意和精神,可以保证宪法解释的权威性。但过去我国的宪法解释工作未实现经常化,致使这一优势尚未发挥出来。其原因主要在于:(1)过去由于全国人大常委会内部缺乏专门的宪法解释机构,使宪法解释工作不能连续

〔1〕 [美]汉密尔顿、杰伊、麦迪逊:《联邦党人文集》,程逢如等译,商务印书馆1980年版,第399页。
〔2〕 参见周叶中主编:《宪法》,高等教育出版社、北京大学出版社2005年版,第371页。

地、经常地开展;但值得欣慰的是,2018 年 2 月,全国人大法律委员会已更名为全国人大宪法和法律委员会,由其履行宪法解释职责,已初步解决了这一问题。(2)我国宪法虽然规定了宪法解释的主体,但对宪法解释的原则、程序、效力等均无明确的规定,从而使宪法解释权的行使缺乏可操作性。第二,宪法修改未实现规范化。1982 年《宪法》第 62 条第 1 款及第 64 条确立了我国的宪法修改制度。根据上述规定,我国宪法的修改机关是全国人大。宪法的修改,由全国人大常委会或者 1/5 以上的全国人大代表提议,并由全国人大以全体代表的 2/3 以上的多数通过。可见,我国《宪法》规定了严格的修宪机关及其修宪程序,有力地维护了我国宪法的权威性和稳定性,但是实践中我国宪法的修改并未完全实现规范化运作。其原因主要在于:(1)修宪程序不完整,只规定修宪提案权主体和通过程序,没有审议程序、公布程序等必要的内容;(2)修宪程序与宪法制度具体运行之间存在一定的距离,修宪程序缺乏规范化;(3)修宪频率比较高,客观上影响了宪法权威的树立。[1] 第三,合宪性审查未实现有效化。1982 年《宪法》第 62 条第 2 款、第 67 条第 1 款确立了我国的合宪性审查制度。根据上述规定,全国人大及其常委会负责监督宪法的实施,享有合宪性审查权。这样,全国人大及其常委会负责法律、行政法规和地方性法规的合宪性审查实现了制度化、规范化。然而,目前,我国的合宪性审查却未实现有效化运作,至今还没有处理过一起违宪案件。由于我国宪法缺乏司法适应性,侵犯公民基本权利的案件无法得到有效处理,违宪责任也得不到有效追究。此外,由于具体行使合宪性审查权的机构和具体程序的缺乏,致使合宪性审查的提起和运行都很难开展。因此,完善我国的宪法实施保障机制,关键是建立完善的宪法解释制度、宪法修改制度、合宪性审查制度,以实现我国宪法解释的正常化、宪法修改的规范化、合宪性审查的有效化,保障 1982 年《宪法》的良好实施。

三、当代中国社会转型与我国宪法实施的机遇

“历史的经验已经反复地证明,理论上很完美的制度并不一定可以付诸实

---

〔1〕 参见胡锦光、韩大元:《中国宪法》,法律出版社 2004 年版,第 142 页。

施，而行之有效的制度却未必是事先设计好的。"[1]当代中国的宪法正是陷入了这样一种"名归而实不至"的尴尬境地。对此，我国学者多从宪法以及宪法实施本身出发，指出了其存在的诸多缺陷，并提出了完善措施。然而，其并未成为医治当代中国宪法实施现状的良药。这是因为"法之理在法外"，制度之理也在制度外。我国宪法的实施缺乏先天的内生因素，在很大程度上是由国家或政府推进的结果。因此，我国宪法的实施必然缺乏根植的土壤，导致宪法规范在现实生活中无法得到自觉的贯彻落实，宪法的权威也无法得到真正的树立。正如陈云生教授所说："对于中国的宪法实施必须放在社会变革的时代背景下，从人们的社会生活观念、道德水准以及法律和政治的视野等多侧面和层面进行研究。"[2]当前，中国社会正处于全面的转型期，包括政治、经济和文化等各个方面，"涉及到人类思想和行为所有领域里的变革"。[3] 这一转型，就是传统社会向现代社会转型、传统因素减少与现代因素增多的过程，必将为我国宪法的实施提供诸多机遇，从而促进我国宪法的良好实施。

（一）当代中国社会经济的转型为我国宪法的实施提供了经济条件

当代中国社会经济的转型是由社会主义计划经济转向社会主义市场经济，目标是建立和完善社会主义市场经济体制。经过多年的转型，中国经济发生了极其深刻的变化，基本上确立了社会主义市场经济体制。据世界银行 1996 年报告，中国市场化指数为 5.5，大大超过了全部体制转轨国家的平均指数 4.4。表现在：（1）经济运行绝大多数不再是行政命令式的；（2）经济产权制度安排是多元的；（3）经济领域的立法琳琅满目，经济运行的法治已经逐步替代人治；（4）宏观经济运行总的态势是过剩的；（5）资金、人力等要素资源的流动性大大增强；（6）价格等市场机制已经建立，市场体系也基本健全；（7）收入分配开始呈现明显的贫富差距；（8）对外基本开放，尤其是加入 WTO 后，中国经济与全球经济的联系日益加强。[4] 而伴随社会主义市场经济的发展，必然会产生对影响社会主义市场经济发展的其他制度改革的诉求。其中，最重要的是对宪治

---

〔1〕 季卫东：《法治秩序的构建》，中国政法大学出版社 1999 年版，第 23 页。

〔2〕 陈云生：《宪法监督司法化》，北京大学出版社 2004 年版，第 551～552 页。

〔3〕 [美]塞缪尔·P. 亨廷顿：《变化社会中的政治秩序》，王冠华等译，三联书店 1989 年版，第 30 页。

〔4〕 刘瑞：《中国经济的转型与定型》，载《中国人民大学学报》2004 年第 5 期。

制度建设的要求。同时,社会主义市场经济的发展也孕育着宪治生成的诸多要素。这两者的有效结合,为我国宪法的实施提供了积极的经济条件。

第一,市场经济孕育了我国宪法实施的前提条件。宪法实施的前提,在于法治的实行。这是因为,法治的集中表现是法律至上、宪法至上。如果公众心目中认同的最高权威不是宪法和法律,那么就很难说这个社会是法治社会。如潘恩所言:“在专制政府中国王便是法律,同样地,在自由国家中法律便应该成为国王,而且不应该有其他的情况。”〔1〕因而,只有实行法治,才能真正树立宪法和法律的至上权威,使宪法规范在现实生活中真正得到贯彻落实,使宪法得到良好实施。但是,法治的建立及其实现的程度则取决于市场经济的发育和发展程度。在计划经济条件下,国家的经济生活和社会生活都是按国家的指令性计划运行,违反计划便是违反法律。行政权力成为维持国家经济秩序和社会秩序的主要手段,具有了至上权威,而宪法和法律则沦为了“实现行政权力的手段和工具”。〔2〕 而且,计划经济体制下的国家至善论和政府全能论也本能地排斥限政(宪治),排斥法治。因此,“计划经济是人治的最好土壤。可以说,计划经济内在地、本能地要求人治”。〔3〕 但市场经济却内在地、本能地要求法治。市场经济是权利经济,它不仅反对权力至上和人治,反对从属于行政权力和人治的法制,而且由于它主要靠主体平等、意识自治的法律规范调整,因而它本能地、内在地要求宪法、法律的权威至上,要求对市场经济主体的权利给予充分的保障并限制国家权力,要求法治。〔4〕 因此,社会主义市场经济的发展必将包含对法治建设的实践诉求,这就为我国宪法的实施提供了前提条件。

第二,市场经济提供了我国宪法实施的动力源泉。马克思指出:“人们奋斗所争取的一切,都同他们的利益有关。”〔5〕“每一既定社会的经济关系首先表现为利益。”〔6〕同样,宪法实施亦不例外,亦与利益息息相关。宪法制定的前提,在于国家和公民之间存在利益的冲突。为了保障公民的利益不受国家公权

〔1〕 [美]潘恩:《潘恩选集》,马清槐等译,商务印书馆 1981 年版,第 35 ~ 36 页。
〔2〕 卢云:《法律模式转换:一场深刻的革命性变革》,载《中国法学》1994 年第 1 期。
〔3〕 江平:《完善市场经济法律制度的思考》,载《中国法学》1993 年第 1 期。
〔4〕 参见周叶中主编:《宪法》,高等教育出版社、北京大学出版社 2000 年版,第 183 ~ 184 页。
〔5〕《马克思恩格斯全集》(第 1 卷),人民出版社 1956 年版,第 82 页。
〔6〕《马克思恩格斯选集》(第 3 卷),人民出版社 1995 年版,第 209 页。

力的非法侵犯,人们才制定了宪法,以限制国家公权力。宪法实施的基本功能也在于调节、调和与平衡国家和公民之间的各种错综复杂的利益冲突,以保护公民的合法利益。在这个意义上,利益是宪法实施的基础和动力源泉。可以说,正因为国家和公民之间存在利益冲突,宪法实施才有存在的可能与必要。因此,在我国的计划经济体制下,便很难有宪法实施的土壤。这是因为,在计划经济体制下,我国实行的是产品经济和趋向单一化的所有制形式。企业特别是全民所有制企业不具有相对的自主性和独立性,不是相对独立的商品生产者和经营者,产品按计划生产,实行统购统销。在利益分配上的原则上,也实行平均主义。因此,在计划经济体制下,国家利益、集体利益与个人利益之间存在高度的一致性,很难存在利益的冲突。即使存在利益的冲突,首先保护的是国家的利益,其次是集体的利益,最后是公民的利益。也就是说,强调国家和集体利益高于一切,要求个人利益无条件服从国家和集体利益。这就导致我国的宪法因动力源泉的缺失,无法得到良好的实施,只能被"束之高阁"。

但是,随着社会主义市场经济的建立与发展,新的利益群体不断涌现,"社会出现了多元化的利益群体,不同的所有制形式开始产生并得到快速发展,由此也逐步形成了多元化的利益阶层"。[1] 而且,在市场经济条件下,市场主体具有平等地位,每一个利益都应得到平等保护。但是,多元利益的存在,必将导致利益的冲突。为了保护自身的利益不受侵犯,特别是免受国家公权力的侵犯,公民、法人及其他组织便会主动拿起宪法的武器来维护自身的利益,并对受到侵犯的利益予以救济。这既是宪法实施的一个重要组成部分,又是宪法得到良好实施的基础和重要保障。因此,社会主义市场经济导致的利益差别和冲突,为我国宪法的实施提供了动力源泉。综观我国目前的几个具有合宪性审查意义的案例,如山东的"齐玉苓案""峨眉山风景区地域歧视案""成都身高歧视案"等,都是公民为了维护自身的合法利益不受侵犯而提起的。

(二)当代中国社会政治的转型为我国宪法的实施提供了政治条件

"随着经济基础的变更,全部庞大的上层建筑也或慢或快地发生变革。"[2] 因此,当代中国社会经济的转型必将伴随政治的转型。与当代中国经济转型的

---

〔1〕 参见冯英:《市场经济的宪政诉求》,载《中国社会导刊》2006 年第 14 期。

〔2〕 《马克思恩格斯选集》(第 2 卷),人民出版社 1995 年版,第 33 页。

目标建立和完善社会主义市场经济体制相一致,当代中国政治转型的目标是大力发展社会主义民主政治,实现从全能主义政治向民主政治的转型。正如查尔斯·林德布洛姆所言:"显然,出于还未被充分认识的原因,政治民主是不能存在的,除非它与市场结合。这是一个使人惊奇的命题,它迄今为止还没有遇到过例外。"[1]可以说,政治的民主化是市场经济的必然结果,并且这种趋势随着市场经济的发展会进一步加剧。这意味着我国政治转型的进程,实质是全能主义政治在社会主义市场经济的推动下不断作出让步和妥协的结果,是国家与社会不断分离的进程。在这一过程中,国家的权力不断从社会撤离,国家权威不断流失,社会组织不断涌现,社会组织的权威代替了国家权威。最终导致了社会与政治国家的相对分离。正如郭定平所言:当代政治转型的发生和发展都是经济的快速发展、社会的持续分化、新兴社会阶层的兴起和社会不断壮大的结果,都是国家与社会的关系出现了历史性变化的结果,都是权威统治在面对日益强大的社会的冲击和挑战时被迫让步和妥协的结果。[2] 而当代中国政治的转型则为我国宪法的实施提供了积极的政治条件,主要表现在以下两点。

第一,社会主义民主政治的发展为我国宪法的实施提供了政治基础。宪法实施与民主政治的发展紧密相连,它是以民主政治的发展为前提和基础的。这是因为,宪法是对已取得的民主事实的确认,是民主事实的法律化。如果一个国家的民主制度不健全,民主政治不发达,宪法也就不可能顺利实施,宪法的应有权威也就不可能真正树立。在全能主义政治时期,无法提供宪法实施的政治基础。而全能主义政治向民主政治的转型,则必然包含着限制国家权力、保障公民权利的命题。民主政治的真谛就是国家的一切权力属于人民,政府的权力来源于人民,是人民通过"契约"的形式授予的,在政府与人民的关系中,人民是主人、委托者,国家机关及其工作人员只是受托者。因此,政府的建立应该经人民的同意,政府的权力应受人民的监督,政府的权力应用来为人民的利益服务。但"一切有权力的人都容易滥用权力,这是万古不易的一条经验",[3]因而人民必须通过一定的措施和途径对政府的权力作出限制。而"法律的进步作

[1] [美]查尔斯·林德布洛姆蒂:《政治与市场:世界的政治——经济制度》,王逸舟译,三联书店、上海人民出版社 1997 年版,第 167 页。

[2] 郭定平:《论当代政治转型理论的背景与逻辑》,载《上海社会科学院学术季刊》1997 年第 3 期。

[3] [法]孟德斯鸠:《论法的精神》(上册),张雁深译,商务印书馆 1961 年版,第 154 页。

用之一乃是约束和限制权力，而不论这种权力是私人权力还是政府权力。在法律统治的地方，权力的自由行使受到了规则的阻碍，这些规则迫使掌权者按一定的行为方式行事”。[1] 因此，民主政治的发展必然要求加强宪法和法律的实施，树立宪法和法律的权威，通过限制国家权力来保障民主政治的健康发展。正如惠尔所言：“在很多国家，宪法被认为是控制政府的文件。宪法来源于对有限政府的信仰。然而，在它们要限制政府的程度上，各个国家之间是不同的。有时，宪法限制行政机关或从属的地方机关；有时，它还约束立法机关，但是，这种约束只限于对宪法自身的修正；有时，它限制超过某种临界线的立法机关，禁止它就某些事项或以某种方式制定法律，或禁止它制定具有某种结果的法律。然而，无论这种限制的性质和程度如何，它们都奠基于共同的信仰：有限政府和用宪法来施加限制。”[2] 这就为我国宪法的实施提供了政治基础。

第二，国家与社会的相对分离为我国宪法的实施提供了社会基础。“近代世界的市民社会与政治国家之间的分裂或分离，是一种极其重要的社会机制，在一定意义上，它改变了近代西方社会的面貌。”[3] 宪法生成的原因在于国家与社会的相对分离，在于国家与社会二元结构的日益生成。为了保持社会与政治国家这一宪法关系的动态平衡，宪法实施便成了必要选择。因此，宪法的实施必须以国家和社会相对分离的二元结构为基础。而我国宪法长期以来得不到良好实施的一个重要原因，就在于国家与社会二元结构的缺失，就在于一个区别于政治国家的具有相对独立性和自主性的社会的缺失。

当代中国社会政治的转型则是政治国家与社会不断分离的过程，是国家和社会二元结构日益形成的过程。自 1978 年以来，由于实行对内改革和对外开放，当代中国社会转型进入了一个快速发展阶段，以农村经济体制改革为先导，进而发展到全面启动城市经济体制改革，以及当时不系统的政治体制改革的具体实践，实际上拉开了我国实行国家与社会二元化分离的序幕。[4] 在市场经济等因素的推动下，我国公民的主体意识和权利意识日益增强，导致我国的社

---

〔1〕［美］E. 博登海默：《法理学——法律哲学与法律方法》，邓正来译，中国政法大学出版社 1999 年版，第 358 页。

〔2〕［英］K. C. 惠尔：《现代宪法》，翟小波译，法律出版社 2006 年版，第 6～7 页。

〔3〕公丕祥主编：《法制现代化研究》，南京师范大学出版社 1995 年版，第 69 页。

〔4〕参见江启疆：《我国宪法的制定、修改与社会法治化转型》，载《现代法学》2005 年第 4 期。

会不断发育、成长。这不仅有力地维护了公民的利益、权利和自由,而且构成了制衡政府权力的重要力量。特别是进入20世纪90年代以后,社会及其新生力量获得了日益相对独立的自主发展空间。于是,国家与社会之间的关系超出了传统的分权与集权关系,转变为国家如何与日益独立的社会力量建立新的关系的问题。[1] 这一过程的最终结果,必然导致国家与社会二元结构的日益生成,这也就为我国宪法的实施提供了社会基础。

(三)当代中国社会文化的转型为我国宪法的实施提供了文化条件

"一定的文化(当作观念形态的文化)是一定社会的政治和经济的反映,又给予伟大影响和作用于一定社会的政治和经济。"[2]伴随当代中国社会经济和政治的转型,当代中国社会的文化也要进行相应的转型。而且,当代中国社会文化的转型是一种更深层次的转型,只有实现文化的转型,当代中国社会的转型才能真正成功,也才能为我国宪法的实施提供积极的文化条件。这是因为,宪法并不是存在于文化之外的东西,它无法仅仅通过设定框架、修改宪法和法律这些并不复杂的权宜手段而附着在原有的文化之上生成和运行。它必须根植在符合现代法治精神的理性文化之上才能真正得以生成和运行。如萨维尼所说:"一个民族的法律制度,像艺术和音乐一样,都是他们的文化的自然体现,不能从外部强加给他们。"[3]而中国社会的传统文化就其本质而言属于经验主义文化,这与宪法实施所要求的理性文化是相冲突的。当代中国社会文化的转型正是从传统文化向现代文化的转型,从经验主义文化向理性主义文化的转型,这就为我国宪法的实施提供了积极的文化条件。主要表现在以下两点。

第一,法律至上观念的日渐生成为我国宪法的实施提供了观念支撑。在中国长期的传统文化中一直缺乏法律至上的观念,与此相对的则是权力至上的传统在中国根深蒂固。在那样的历史条件下,人们生成的观念只能是法律工具主义和法律机会主义,甚至容易滑向法律虚无主义,法律作用的实质是通过法律强化封建统治者的权威。在那样的社会,法律是极不牢固和稳定的,人们既无法信赖法律,也无法依靠法律。因此,崇尚权力及以官本位观念对人的价值进

[1] 潘自勉:《中国现代化进程中的政治转型》,载《东方论坛》2005年第2期。
[2] 《毛泽东选集》(第2卷),人民出版社1991年版,第663~664页。
[3] 王明辉主编:《何谓法学》,中国戏剧出版社2005年版,第122页。

行判断成了普遍现象。[1] 这就对我国宪法的实施造成了严重障碍。但是，随着当代中国社会的转型，我国的传统法律文化开始了向现代法律文化的转型，法律至上的观念日益深入人心。这是因为，市场经济的发展为法律至上观念的树立提供了经济基础，政治体制改革的不断深入为法律至上观念的树立提供了政治基础，依法治国基本方略的不断落实为法律至上观念的树立提供了法治保障。这就为我国宪法的实施提供了观念支撑。

第二，契约精神的逐渐生成为我国宪法的实施提供了思想基础和精神内核。中国的传统社会是身份社会，中国的传统法律是伦理法律。“在中国数千年的社会发展中，契约形式在同质性社会的生活方式中一直没有充分成长的现实根基，与宗法血缘关系维系的农业社会相适应的伦理形态是人情伦理。建立在血缘关系基础上以家族为中心的人情伦理，是与传统的‘家国一体，由家及国’的社会性质与关系结构相适应的。”[2] 而当代中国社会的转型则为我国契约精神的培育提供了坚实的基础，主要表现在：一是社会主义市场经济的发展、市场经济体制的确立、私有财产权制度的完善，为我国契约精神的不断生成提供了经济基础；二是国家和社会的相对分离，法治政府、有限政府的逐渐建立，为我国契约精神的不断生成提供了社会空间；三是社会主义民主政治的发展，政治体制改革的日益深入，为我国契约精神的不断生成提供了政治基础；等等。因而，伴随当代中国社会的转型，契约精神逐渐生成并日益深入人心，逐渐实现了“由身份到契约的转变”，这就为我国宪法的实施提供了思想基础和精神内核。

四、我国现行宪法修改制度的评析及其完善

1982 年《宪法》是 1954 年《宪法》的继承和发展，是中华人民共和国成立以来最好的一部宪法，但缘于 1982 年《宪法》因改革开放而生的特色，其正当性奠基于改革开放自身，必将伴随着改革开放的进程而不断被修改。那么，可以预料的是，随着我国改革开放的进行及新事物新情况的不断出现，1982 年《宪

---

[1] 参见丁军：《刍论公民的法律至上观》，载《理论导刊》2005 年第 9 期。

[2] 林修果：《论中国现代化进程中的契约精神》，载《福建论坛》（人文社会科学版）2006 年第 1 期。

法》还将不断被修改。正如王汉斌同志指出："宪法要保持稳定，同时，随着我国改革开放和社会主义现代化建设的发展和情况的变化，也会有需要对宪法作出必要的修改。"[1]然而，宪法修改是一面"双刃剑"，其固然可以使宪法"与时俱进"，更好地适应社会实际的发展变化，更好地在国家和社会生活中发挥作用，从而保证宪法的良好实施，但"当法律尽可能精确和稳定时，它就能最好地为社会服务，就根本的宪法性法律而言尤其如此"。[2] 因而，我们需要在适时修改宪法与尽可能保持宪法稳定性之间求得一种平衡。这要求我们必须关注我国现行的宪法修改制度，对其进行评析，找出其不足，并提出完善之道，以更好地发挥其对我国宪法修改的规范和保障功能，达到控制宪法修改频率、提高宪法修改质量、保证宪法良好实施的目标。

（一）我国现行宪法修改制度之考量

"宪法，被要求有高度的安定性，但另一方面，与政治、经济、社会变动相适应的可变性亦不可或缺。"[3]为此，各成文宪法国家大都通过本国宪法规定了自己的宪法修改制度。我国现行宪法修改制度也主要是通过1982年《宪法》确立的，其主要包括以下内容。

1. 宪法修改的主体

宪法修改的主体即行使修宪权的主体。修宪权是与制宪权相对应的一个概念，制宪权即"制定宪法之力，是创造法秩序的权力。换言之，它是确定法秩序的各个原则、确立各种制度的权力——从而也立于政治与法的交汇之处"。[4] 由于制宪权具有根本性、本源性，是一种原创性的权力，是创造法秩序和国家权力的根本权力，是实定法上一切权力的来源，因而，制宪权的主体属于且只属于人民。正如西耶斯指出："在所有自由国家中——所有的国家均应当自由，结束有关宪法的种种分歧的方法只有一种。那就是要求助于国民自己，而不是求助于那些显贵。如果我们没有宪法，那就必须制定一部；唯有国民拥

---

[1] 王汉斌：《王汉斌访谈录——亲历新时期社会主义民主法制建设》，中国民主法制出版社2012年版，第135页。

[2] ［美］德沃金：《法律帝国》，李常青译，中国大百科全书出版社1996年版，第325页。

[3] ［日］芦部信喜：《宪法》，高桥和之增订，林来梵等译，北京大学出版社2006年版，第343页。

[4] ［日］芦部信喜：《制宪权》，王贵松译，中国政法大学出版社2012年版，第3页。

有制宪权。”[1]而修宪权是依据制宪权产生的一种权力，是制度化的制宪权，其地位低于制宪权，受制于制宪权。如果说制宪权是一种本源性权力，那么修宪权就是一种派生性的权力。正如芦部信喜所言：“不论是全面修改的权力还是部分修改的权力，修宪权都是作为制度化的制宪权而从属于始源性制宪权的意志。”[2]因而，修宪权的主体和程序就是由通过制宪权的运用所形成的宪法来确定的。在我国，中华人民共和国的制宪权根源于中国共产党领导人民进行斗争、推翻三座大山的胜利成果。中华人民共和国的成立意味着中国人民真正成为制宪权主体，有权独立自主地行使制宪权，1954 年《宪法》的产生即是中国人民行使制宪权的结果。1982 年《宪法》第 27 条第 1 款规定：全国人大行使“修改宪法”职权。也就是说，1954 年《宪法》明确将宪法修改权赋予了全国人大。[3] 1975 年《宪法》、1978 年《宪法》、1982 年《宪法》均延续了上述规定。1982 年《宪法》正是全国人大行使修宪权的结果，“八二宪法本质上是运用修宪权的产物”。[4] 由全国人大行使修宪权无疑是适当的，这与全国人大最高国家权力机关的地位是相适应的。正如王汉斌同志指出：“修改宪法是全国人大的职权，只有全国人大才能修改宪法，其他任何机关、组织都没有这个权力。”[5]

2. 宪法修改的方式

宪法修改的方式主要有全面修改和部分修改两种。全面修改即在原有宪法基础上的全面更新，是依法对原有宪法的大部分内容进行的调整或变动。我国自 1954 年《宪法》制定实施以来，共对该宪法进行了 3 次全面修改，产生了其他三部宪法，即 1975 年《宪法》、1978 年《宪法》及 1982 年《宪法》。部分修改即在原有宪法基础上的部分更新，是依法对原有宪法的部分内容进行的调整或变

---

[1] [法]西耶斯：《论特权，第三等级是什么？》，冯棠译，商务印书馆 1990 年版，第 56 页。

[2] [日]芦部信喜：《制宪权》，王贵松译，中国政法大学出版社 2012 年版，第 47 页。

[3] 回顾 1954 年《宪法》在起草的过程中，初稿亦曾写了全国人民代表大会“修改宪法”的职权，后来的宪法修改稿曾增加了一项“制定宪法”的职权。经讨论，还是把后增的“制定宪法”去掉了。当时法律小组说明的理由是：本宪法的制定，已在序言第三个自然段里庄严地宣布了。以后若情况发生重大变化需要修改现行宪法，这已经包括在全国人大“修改宪法”的此项职权范围之内，所以用不着另外再规定“制定宪法”的职权了。参见许崇德：《中华人民共和国宪法史》（上卷），福建人民出版社 2005 年版，第 197 页。

[4] 韩大元：《宪法实施与中国社会治理模式的转型》，载《中国法学》2012 年第 4 期。

[5] 王汉斌：《王汉斌访谈录——亲历新时期社会主义民主法制建设》，中国民主法制出版社 2012 年版，第 139 页。

动。我国曾于1979年、1980年通过决议的方式两次对1978年《宪法》进行了部分修改,即先由全国人大通过一个宪法修改的决议,再根据该决议的内容对宪法文本进行相应修改,或者直接在宪法条文中以新内容代替旧内容,或者直接废除宪法条文中的某些规定,修改之后,再重新公布宪法。以决议的方式修改宪法,其优点在于,宪法修改的内容非常明确,宪法规范的有效性非常明显;其缺点在于,需要重新公布宪法,增加了宪法修改的频率,损害了宪法的稳定性和权威性,使人们易于感到"宪法容易修改""宪法权威不高"等,进而影响我国宪法的实施。考虑到上述因素,我国于1988年、1993年、1999年和2004年对1982年《宪法》进行部分修改时,采用了美国式的宪法修正案方式,即根据宪法修改时间的先后重新设立条文,附于宪法典之后,根据"新法优于旧法"或"后法优于前法"的原则,旧条文中凡与新条文相抵触的一律无效。宪法修正案方式的优点在于,不需要重新通过宪法或重新公布宪法,可以保持宪法的稳定性和完整性,维护宪法的权威性;其缺点在于需要对照新旧条文,才能明确实际有效的宪法规定,增加了实施宪法的困难度。对于采用宪法修正案方式的原因,王汉斌同志作了很好的说明,他指出:"宪法修改采取什么办法?1988年修宪时,我们研究还是采取美国的办法,就是采取通过宪法修正案附在宪法之后,即宪法附宪法修正案而不直接修改宪法的文本。在委员长会议上,彭真同志和我对实行这种修宪方式作了说明。彭真同志说:这次对宪法的修改采取宪法修正案的方式,这是美国的修宪方式,比法国、苏联和我国过去的修改宪法办法好。委员长会议和常委会组成人员都同意采取这种方式。从此,这种修宪方式就肯定下来了。……现在世界上采取这种修宪方式的国家越来越多。这是因为,这种修宪方式有利于维护宪法的稳定和尊严。但是,这种方式看起来也不大方便。所以,为了便于使用,还附印一种按照修正案修改的宪法文本。"[1]由全面修改方式到部分修改方式,由决议方式到宪法修正案方式,既表明了我国修宪技术的日益成熟,又表明了我国对宪法重视程度的日益加深,不能不说是一个巨大的进步。

---

〔1〕 王汉斌:《王汉斌访谈录——亲历新时期社会主义民主法制建设》,中国民主法制出版社2012年版,第141页。

3. 宪法修改的程序

为了维护宪法的权威和尊严，必须设置严格的宪法修改程序。但这种修改程序并不是越严格越好，而必须与本国的国情相适应。“如果将修正设定得过于困难，也会使可变性不复存在，宪法被违宪地加以运用的可能性大为增加。相反，如果使宪法修正过于容易，那么宪法保障的功能则将会丧失。”〔1〕我国现行《宪法》第64条对宪法修改的程序作出了明确规定。一是提案程序，即宪法的修改由全国人大常委会或者1/5以上的全国人大代表提议。这个规定是1982年《宪法》新增加的，原有的几部宪法都没有类似规定。增加这样的规定，主要是为了使宪法修改的程序更加完善，宪法修改的程序更严格，以更好地维护宪法的权威和尊严。对此，王汉斌同志进行了说明，他指出：“宪法修改委员会讨论时，钱昌照委员提出，对修改宪法的程序应作严格的规定。宪法修改草案（讨论稿）第六十四条只规定‘宪法的修改由全国人民代表大会全体代表的2/3以上的多数通过’，而未规定多少代表提议才能提交大会，应有这样一个规定，不然，三四个代表提议，也可提出来讨论。耿飚委员说，第五十八条规定临时召集全国人大会议必须要有五分之一以上的代表提议，建议修宪也应这样。费彝民委员说：修宪至少应有五分之一代表提议。荣毅仁委员说，修改宪法，可由全国人大常委会提出，大会期间可由全国人大主席团提出。后来经过研究，增加规定：宪法的修改，由全国人大常委会或者五分之一以上的全国人大代表提议。没有规定大会主席团可以提出修宪建议。”〔2〕二是通过程序，即宪法的修改由全国人大以全体代表的2/3以上的多数通过。这一规定由1954年《宪法》首次作出，1975年《宪法》和1978年《宪法》没有延续这一规定，1982年《宪法》予以重新恢复。这一规定较法律和其他议案的通过更严格，其目的主要在于，设置较高的门槛以避免宪法的频繁修改，维护宪法的权威性和稳定性。需要说明的一点是，这里的“三分之二”是指全体代表的2/3，而不是指出席代表的2/3。而美国《宪法》第5条规定的“三分之二”则是指出席代表的2/3。对其原因，汉密尔顿进行了解释：“任何要求半数以上成员始能通过决议的规定，

〔1〕［日］芦部信喜：《宪法》，高桥和之增订，林来梵等译，北京大学出版社2006年版，第343页。

〔2〕王汉斌：《王汉斌访谈录——亲历新时期社会主义民主法制建设》，中国民主法制出版社2012年版，第139页。

将直接造成政府工作之困难,而其间接形成的趋势则是使多数人的意志屈从于少数人。”“如规定需全体议员的三分之二,如有一部分议员缺席,则无异于要求出席议员全体通过。”要求议会全体的一定比例人数,很可能并不比要求出席议员的一定比例人数更能发挥人数众多机构的优越性。前者要求任何时候均需一定数量议员同意,始得通过决议,这种做法可能降低议员出席的动力。后者正相反,出席的一定比例人数可因某一议员的出席或缺席而变化。因此而发动的到会积极性可使议会出席状况更为良好,因而通过决议的人数一般便不会少于另一种情况,而延迟决议通过的可能亦将减少。[1] 当然,其背后深层次的原因是美国政治斗争,特别是议会斗争的需要。此外,美国宪法如此规定,并不是指美国宪法修改较易,因为美国宪法修正案最终还需经诸州 3/4 的州议会或 3/4 的州修宪大会批准才能生效。“这样在提议批准修正案之时,就有时间、充足的时间进行深思熟虑。不可能由突然行动、或阴谋、或诡计的方式而实施它们。”[2]

(二)我国现行宪法修改制度之完善

我国现行的宪法修改制度对规范和保障我国宪法的修改,起到了很大的作用,但是其仍然比较粗糙,不够规范和严密,特别是缺少一些必要的程序性规范,必须进一步予以完善,具体言之有以下几种方式。

1. 宪法修改方式之完善

目前,我国宪法修改采用了美国式的宪法修正案方式,但还不太规范,最主要表现在我国的宪法修正案不能作为独立的条款直接被引用。而宪法修正案不是对宪法正文的直接修改,是对宪法正文的间接修改或补充,属于宪法的组成部分之一,因而,宪法修正案是应该能够作为独立条款直接被引用的。以美国为例,美国的宪法修正案主要有三种情况。一是增补宪法的条款或内容。例如,美国宪法第 1 ~ 10 条修正案关于“权利法案”的规定就属于这类。二是废除宪法原来的条款或内容。例如,美国宪法第 21 条修正案第 1 款“美利坚合众国宪法第十八条修正案现予废除”就属于此类。三是修改宪法的条款或内容。

---

〔1〕 [美]汉密尔顿、杰伊、麦迪逊:《联邦党人文集》,程逢如等译,商务印书馆 1980 年版,第 381 ~ 382 页。

〔2〕 [美]约瑟夫·斯托里:《美国宪法评注》,毛国权译,上海三联书店 2006 年版,第 551 页。

例如,美国宪法第12条修正案就是对宪法第2条第1节第2款的修改。美国宪法修正案的上述三类条款,都被设计为独立条款,附在宪法典之后,可以直接被引用。例如,美国宪法修正案第10条(1804年)规定:"本宪法未授予合众国、也未禁止各州行使的权力,保留给各州行使,或保留给人民行使之。"在"纽约州诉合众国"一案中,法官就依据美国宪法第10条修正案对案件作出了判决。

我国的宪法修正案主要分为两类:一是对宪法原有内容的修改,这又包括两种情况,即对宪法原有文本内容的修改和对宪法修正案内容的修改。前者包括第2条、第3条、第5条、第6条、第7条、第8条、第9条、第10条、第11条、第14条、第17条、第19条、第20条、第22条、第25条、第26条、第27条、第28条、第29条、第30条宪法修正案。例如,宪法修正案第2条将宪法第10条第4款"任何组织或者个人不得侵占、买卖、出租或者以其他形式非法转让土地"修改为,"任何组织或个人不得侵占、买卖或者以其他形式非法转让土地,土地的使用权可以依照法律的规定转让。"后者包括第12条、第15条、第16条、第18条、第21条宪法修正案。例如,宪法修正案第15条对宪法修正案第6条的内容进行了修改。二是对宪法原有文本内容的增加。第1条、第4条、第13条、第23条、第24条、第31条宪法修正案属于这种类型。例如,宪法修正案第4条在宪法序言第10自然段末尾增加,"中国共产党领导的多党合作和政治协商制度将长期存在和发展"。然而,我国宪法修正案的上述两类条款,均未被设计为独立条款,并不可以直接被引用。以上述宪法修正案第4条为例,其实质上只是对宪法修改内容的介绍和说明,并不是严格的宪法规范,无法直接适用和引用。这样,就和原来的决议方式没有根本区别,因为决议的方式就是对宪法修改内容的介绍和说明。例如,1979年《关于修正〈中华人民共和国宪法〉若干规定的决议》中规定:第34条第1款修改为:省、直辖市、县、市、市辖区、镇设立人民代表大会和人民政府;人民公社设立人民代表大会和管理委员会。所以,我国的宪法修正案既像宪法修正案方式,又像决议方式。正如胡锦光教授指出:"我国已经通过的宪法修正案,既像是以'决议'的方式修改宪法,因为是把宪法修正案的条款作为宪法中的相应条款,又不像以'决议'的方式修改宪法,因为全国人大并没有根据宪法修正案对原有宪法中的相应条款进行修改,也并没有重新公布宪法文本;既像是以'宪法修正案'的方式修改宪法,因为宪法修正案依附于原有宪法文本之后，并按照通过的年代依次排列，又不像是以'宪法修正案'的方式修改宪法，因为宪法修正案没有独立适用的作为宪法规范的价值。"[1]因而，我们必须对我国的宪法修正案方式进行完善，使其"名副其实"，以发挥其应有的功能。一是通过宪法将宪法修正案方式确立下来，使其成为法定的宪法修改方式；二是规范宪法修正案设计，关键就是将我国的宪法修正案的内容设计为像普通宪法规范那样的独立条款，使其可以直接被引用。例如，上述宪法修正案第2条可以直接设计为："任何组织或个人不得侵占、买卖或者以其他形式非法转让土地，土地的使用权可以依照法律的规定转让。"

2. 宪法修改程序之完善

目前，我国的宪法修改程序仍然很不完善，1982年《宪法》第64条只是规定了修宪的提案程序和通过程序，并没有审议程序、公布程序等必要内容，且已规定的程序也存在一些问题，这样我国的宪法修改就难以实现规范化运行，在修宪的实践中就出现了一些不规范的现象，客观上影响了修宪的效果，也影响了宪法权威的树立。因而，我们必须修改完善我国的宪法修改程序，使宪法修改能够实现规范化、程序化运行。

第一，规范提案程序。我国1982年《宪法》第64条规定全国人大常委会或者1/5以上的全国人大代表可以提议修改宪法。但这一规定过于简单，且存有一些不规范之处。一是提案主体过于狭窄，只限于全国人大常委会和全国人大代表，且全国人大代表需要全体代表的1/5以上，这在会期较短（15天左右）、人数众多（近3千名）和代表分散（35个代表团）的情况下，几乎不可能达到。因而，我们应增加提案主体，如全国人大会议主席团、一定数量的代表团等，或减少全国人大代表数量上的限制。二是在程序上没有对宪法修改提案与其他议案的提案作相应的区分，毕竟宪法修改提案的提出程序应更严格。对此，我们应作相应的区分，使修宪程序更加严格和规范。三是缺乏宪法修改提案的前置程序。因为在我国的修宪实践中，是先由中共中央提出修改宪法的建议，经多方征求意见后，形成中共中央关于修改宪法部分内容的建议，再向全国人大常委会提出修改宪法的建议，全国人大常委会讨论后，再提出宪法修改案（草

---

[1] 胡锦光：《我国宪法修正案的技术性与规范性评析》，载《法商研究》1999年第6期。

案)，提请全国人大审议。这样，在中共中央提出宪法修改建议与全国人大常委会提出宪法修改提案之间就缺少一个连接程序。对此，我们可以通过宪法将中共中央修宪建议权法定化，并设置相应的程序，使其与全国人大常委会或全国人大代表的提案程序有效衔起来。

第二，增设审议程序。我国1982年《宪法》第64条对宪法修改的审议程序没有作出任何规定，《全国人民代表大会组织法》和《全国人民代表大会议事规则》也无类似规定，这样全国人大会议在审议宪法修正案草稿时，便无法定程序可依，往往有些简单化、形式化，难以取得应有的效果。之所以如此，一个重要原因是宪法修正案草案在提交全国人大会议审议时，已经充分征求了各方面的意见，并经过了全国人大常委会反复审议，所以在全国人大会议审议时，就相应简化了审议程序。但是，全国人大常委会的审议并不能代替全国人大的审议，这样就会出现汉密尔顿所说的“代表的地位反高于所代表的主体，仆役反高于主人，人民的代表反高于人民本身”[1]的情况。因而，我们必须增加审议程序，使全国人大能够对宪法修正案草案做到充分审议，具体包括以下三点。(1)设立专门的审议机构，使其专门负责审议工作，以便及时收集、归纳、研究、转交代表们的审议意见，并向全国人大会议提交宪法修正案草稿的完善建议。(2)实行“三审制”：一审，听取提案人对宪法修正案草案的说明，进行初步审议；二审，在代表们经过分组讨论研究后，围绕宪法修正案草案的重点、难点和分歧意见，进行深入审议；三审，在审议机构根据代表们的审议意见对宪法修正案草案进行修改并提出审议结果报告的基础上再作审议，如果意见比较统一，即交付表决。[2] (3)对审议期限作出明确规定，并在有修宪任务的时候，延长全国人大的会期。

第三，规范通过程序。目前，我国1982年《宪法》第64条只是笼统规定，宪法的修改由全国人大以全体代表的2/3以上的多数通过。但是，对于表决的方式却没有明确规定。实践中，我们对宪法修正案采用的是对若干条宪法修正案一次全部表决，要么全过，要么全不过。例如，全国人大于1988年一次表决通

---

〔1〕 [美]汉密尔顿、杰伊、麦迪逊：《联邦党人文集》，程逢如等译，商务印书馆1980年版，第392页。

〔2〕 参见李鹏：《立法与监督——李鹏人大日记》(上册)，新华出版社、中国民主法制出版社2006年版，第296页。

过了2条宪法修正案,于1993年一次表决通过了9条宪法修正案,于1999年一次表决通过6条宪法修正案,于2004年一次表决通过了14条宪法修正案。这种表决方式明显是不科学的,原因在于宪法凝结了社会共识,是各种力量对比的产物,是各种利益博弈的结果,不可能仅仅只代表某一方面的意志和利益,因而,不同的利益主体对宪法有不同的诉求,不同的利益主体对同一宪法条款的看法也不相同。这样,在表决宪法修正案时,就会出现"有的代表对某些内容赞成,对某些内容不赞成"的尴尬局面,就难以取得社会共识,难以赢得社会大众的支持。对此,我们可以借鉴国外的做法,采用"逐条"表决宪法修正案的方式,使表决方式科学化、合理化。例如,美国采取"逐条"表决宪法修正案的方式,其第一次提出的宪法修正案有12条,但提交各州审查后只批准了10条,即现在第1~10条宪法修正案组成的"权利法案"。采用"逐条"表决宪法修正案的方式,有利于代表们充分审议每一条宪法修正案,发现其中的问题,提出完善的建议,并可以根据"宪法的内容必须修改的才修改,可改可不改的不改,有争议的问题不改"[1]的精神,否决某条宪法修正案草案,以提高修宪质量。

第四,增设公布程序。"公布"是宪法修改的必要步骤,也是宪法修正案生效的前置程序。但是,我国宪法没有规定宪法修改公布程序,致使宪法修正案的公布机关及其生效时间不明确。从实践来看,我国宪法修正案一般由全国人大主席团以全国人大公告的方式公布。但是,由全国人大主席团公布宪法修正案并不适当,因为根据我国1982年《宪法》第61条第2款的规定,"全国人民代表大会举行会议的时候,选举主席团主持会议",以及《全国人民代表大会组织法》第6条的规定,"主席团主持全国人民代表大会会议。主席团互推若干人轮流担任会议的执行主席。主席团推选常务主席若干人,召集并主持主席团会议"。可知,全国人大主席团的职责主要是主持全国人大会议,并就全国人大会议过程中的一些程序性问题作出决定,宪法和法律并没有赋予其类似公布宪法修正案或法律这样的职权。对此,我们认为,由国家主席公布宪法修正案更适当:一是由国家元首公布宪法修正案是世界上绝大多数国家的做法;二是宪法是一国的重要象征,理应由代表国家的国家主席公布;三是由国家主席公布

---

〔1〕 参见李鹏:《立法与监督——李鹏人大日记》(上册),新华出版社、中国民主法制出版社2006年版,第255页。

宪法修正案符合我国宪法的精神。我国 1982 年《宪法》赋予了国家主席公布法律权，又在宪法序言中规定："本宪法以法律的形式确认了中国各族人民奋斗的成果，规定了国家的根本制度和根本任务，是国家的根本法，具有最高的法律效力。"这意味着国家主席理应有权公布作为"法律"的宪法及其宪法修正案。此外，我们还应通过宪法明确宪法修正案的生效时间，将实践中的做法即"宪法修正案自公布之日起生效"法定化，以维护宪法的权威和尊严。

综上所述，我国现行宪法修改制度经历了一个从不完善到比较完善的过程，这一过程实质上就是我们对宪法及其重要性认识不断加深的过程。宪法作为到目前为止最适合人类的制度，其建立在对人性洞察的基础上，体现了对人的尊严的关怀。"宪法有着丰富的人本主义内涵。宪法的人本主义精神使其将人视为宪法的基础和意义所在，将人的本性要求作为宪法的基本要求，宪法以人本身的需求为动机、以人性及其发展为标准，并通过一系列权利和义务的规定来加以保障。"〔1〕选择了宪法，也就选择了现代美好生活。因而，自近代以来，各国纷纷制定了宪法，"宪治"也逐渐成为了各国治国理政的主要方式。党的十一届三中全会以来，随着我们对中华人民共和国成立以来历史经验的总结，我们对宪法及其重要性的认识越来越深刻，人们越来越关注宪法的稳定性和权威性价值，强调要维护宪法的权威和尊严。正如彭真同志在《关于中华人民共和国宪法修改草案的报告》中指出："中国人民和中国共产党都已经深知，宪法的权威关系到政治的安定和国家的命运，决不容许对宪法根基的任何损害。"〔2〕为此，人们开始考虑采取各种措施来维护宪法权威和尊严，而完善宪法修改制度正是其中重要的途径。

当然，维护宪法的权威和尊严，保持宪法的稳定性，并非仅依靠完善宪法修改制度就可以实现。它还涉及宪法遵守、宪法解释、合宪性审查、宪法信仰、宪法文化等一系列环节。其中，宪法解释制度对保持一国宪法的稳定性具有重要作用。完善的宪法解释制度，可以更好地挖掘宪法的"原意"，赋予宪法规范新的含义，使宪法能够适应社会关系的发展变化，从而避免宪法的频繁修改。我

---

〔1〕 伊士国：《宪法的人性分析》，载《云南大学学报》（法学版）2011 年第 4 期。

〔2〕 《中华人民共和国人民代表大会文献资料汇编》（1949 ~ 1990），中国民主法制出版社 1991 年版，第 120 页。

国宪法解释制度十分不完善，宪法解释工作无法经常开展，当社会出现变迁时，只能频繁修改宪法予以应对。因而，维护宪法的权威和尊严，我们还有许多工作要做。

五、中国特色合宪性审查机制之构建

党的十九大报告指出：要“加强宪法实施和监督，推进合宪性审查工作，维护宪法权威”。[1] 要推进合宪性审查工作，关键是要构建适应当代中国实际需要的中国特色合宪性审查机制，以此保障我国宪法的良好实施。为此，我国学者提出了诸多方案。既有激进的，又有保守的；既有渐进的，又有彻底的。对此，笔者认为，当代中国合宪性审查机制的构建必须立足于当代中国正处于社会主义初级阶段的国情，否则无论方案设计的多么完美都将毫无意义。正如恩格斯所说：“人们自己创造自己的历史，但是他们并不是随心所欲地创造，并不是在他们自己选定的条件下创造，而是在直接碰到的、既定的，从过去继承下来的条件下创造。”[2]

（一）中国特色合宪性审查机制构建的模式选择

因各国奉行的政治理念和所实行的政治体制、法律传统和历史地位的不同，能够承担进行合宪性审查任务的主体选择上有所不同，相应地，各国所建立的合宪性审查机制各不相同。依进行合宪性审查的主体及其审查方式的不同，合宪性审查体制大体可以分为最高代表机关审查制、司法审查制、宪法法院审查制和宪法委员会审查制四种类型。[3] 而我国现行的合宪性审查模式是在我国宪治实践中，在 1954 年《宪法》和 1978 年《宪法》规定的基础上，依据 1982 年《宪法》和我国《立法法》《行政诉讼法》以及《国家赔偿法》确定下来的。根据我国 1982 年《宪法》第 62 条第 2 款和第 67 条第 1 款以及我国《立法法》的有关规定，我国采取的是最高代表机关审查制，即由全国人民代表大会及其常委会负责进行合宪性审查，全国人大及其常委会既可对法律、法规进行事前审查，也可对其进行事后审查。同时，根据我国《立法法》第 99 条、第 100 条和第 101 条

---

〔1〕 习近平：《决胜全面建成小康社会　夺取新时代中国特色社会主义伟大胜利——在中国共产党第十九次全国代表大会上的报告》，载《人民日报》2017 年 10 月 28 日，第 1 版。

〔2〕《马克思恩格斯选集》（第 1 卷），人民出版社 1995 年版，第 603 页。

〔3〕 参见胡锦光、韩大元：《中国宪法》，法律出版社 2007 年版，第 154 页。

的规定,全国人大及其常委会除了可以对法律、法规等进行自动审查外,还可以由国务院、中央军事委员会、最高人民法院、最高人民检察院和各省、自治区、直辖市的人民代表大会常务委员会提请全国人大常委会进行审查;也可由其他国家机关机关、社会团体、企事业组织和公民个人建议全国人大常委会进行审查。此外,我国的《行政诉讼法》和《国家赔偿法》也规定了司法机关有权对国家机关及其工作人员公务行为的合宪性、合法性问题进行审查。这就表明,我国已经初步形成了富有中国特色的最高代表机关审查模式。

但是,毋庸讳言,我国《宪法》《立法法》等的有关条款尚只构成合宪性审查机制的大体轮廓。现行合宪性审查机制缺乏实用性是很明显的:“20 年来,从来没有任何一部法律、行政法规和地方性法规等规范性文件的任何一个条款被宣布违宪,甚至从来没听说曾对这些规范性文件中的任何一条的合宪性正式进行过审查、作出过决定。”[1]这就导致我国现行的合宪性审查机制难以符合社会主义市场经济的要求,也难以适应社会主义民主与法治建设的需要,不利于保障我国宪法的良好实施,因而有待于进一步完善。因而,如何完善、进而建立适合当代中国实际需要的中国特色合宪性审查机制,是当代中国宪法与法治理论及实践极为关切的问题。对此,30 多年来,我国学者进行了激烈争论,提出了诸多设计方案。代表性的观点有以下几点。一是普通法院合宪性审查模式。如王磊认为:“必须从宪法的法律性角度来论证宪法监督机构的设置,中国的专门宪法解释机构应当是最高人民法院而非人大常委会。”[2]二是宪法法院合宪性审查模式。如陈云生认为:“事实已经表明,‘司法审查’和‘宪法法院’的理念与机制或许就是宪法监督本身内在的必然要求。”[3]三是宪法委员会合宪性审查模式。这是当前我国学界的主流观点。如吴家麟教授认为:“应成立这样的宪法监督机构:一、名称:全国人民代表大会宪法监督委员会。二、领导关系:是全国人民代表大会设立的一个专门委员会,宪法监督委员会受全国人民代表大会领导,在全国人民代表大会闭会期间,受常务委员会领

---

〔1〕 童之伟:《切实推进违宪审查制度建设》,载《中国法学》2002 年第 6 期。

〔2〕 王磊:《中国的宪法解释机构》,载许崇德主编:《宪法与民主政治》,中国检察出版社 1994 年版,第 98 ~ 106 页。

〔3〕 陈云生:《宪法监督司法化》,北京大学出版社 2004 年版,第 10 页。

导。……"[1]四是复合审查模式。如包万超认为:"单一的机构行使违宪审查权的制度,未尽适合国情,也没有完全克服现行制度的弊端,难以达到预期的效果。因此提出复合审查制,即同时设立宪法委员会和最高法院违宪审查庭,分别行使相应的违宪审查权。"[2]五是专门机关合宪性审查模式。上述方案,可谓见仁见智,均有一定的合理之处,但其或多或少地注入了学者的"理想"因素,仍难说是最佳方案。

笔者认为,中国特色合宪性审查模式的选择必须坚持以下原则:首先,该模式的选择应从其可行性和中国的国情出发,否则方案设计得多么完美都将毫无意义;其次,该模式的选择应符合当代中国社会主义初级阶段的特点,否则其难以"落地生根",也难以承担起保障我国宪法良好实施的重任;最后,该模式的选择要充分利用现有的法律资源,尤其是宪法资源。如果完全摒弃现有的法律资源,另外设计一套审查体制,既会造成法律资源的浪费,又会使新设计的体制缺乏基础,难以实行。[3] 根据这几项原则,可以发现,中国特色合宪性审查模式选择还是以最高代表机关审查制为宜。这是因为,首先,从我国国情来看,我国是"权力机关至上""民主集中制"的国家。国家权力机关在国家体系中处于主导地位,其行使的权力具有最高性和权威性,其他国家机关相对它来说则具有从属性,因而另外设立独立机构审查国家权力机关所制定的法律的合宪性,不一定符合我国国情。[4] 其次,从当代中国社会主义初级阶段的特点来看,当代中国社会主义初级阶段的任务艰巨,道路漫长。"它既要培育和发展一个公正、有效、开放的市场经济,又要对新旧体制交替与转换过程中的利益受损的群体进行补偿,保持不同地区、行业、与阶层在转型过程的相对平衡,建设一种适应社会发展新形势的价值观体系,更重要的是要创建一个民主、有效的政府机制,在中国旧的传统的基础上创造一种新的传统。"[5]因而中国特色合宪性审查机制的建构就必须与当代中国社会主义初级阶段的国情相一致,具有可行性

---

〔1〕 吴家麟:《论设立宪法监督机构的必要性和可行性——为现行宪法颁布8周年而作》,载《法学评论》1991年第2期。

〔2〕 包万超:《设立宪法委员会和最高法院合宪性审查庭并行的复合审查制——完善我国合宪性审查制度的另一种思考》,载《法学》1998年第4期。

〔3〕 参见周叶中主编:《宪法》,高等教育出版社、北京大学出版社2000年版,第409页。

〔4〕 同上。

〔5〕 王永进、邬泽田:《我国当前社会转型的主要特征》,载《社会科学家》2004年第6期。

和渐进性，而不能太具超前性，否则就会使制度与现实脱节，成为“空中楼阁”，毫无实际意义。再次，从现有的法律资源来看，以现行宪法为基础，我国目前已基本形成了中国特色的社会主义法律体系。同时，现行宪法赋予了全国人大及其常委会合宪性审查权。因而，如果在现行政治体制外，另外设计一套合宪性审查机制，必将导致现行宪法和法律的修改，导致法律资源的浪费，又会使该机制缺乏法律基础，从而难以实行。最后，修改《宪法》改变现行合宪性审查模式也不具有现实性。一是我国宪法修改的一个重要原则就是尽量保持宪法稳定，能不改就不改，能小改就不大改；二是从执政党的态度来看，党对完善合宪性审查机制的态度是寄希望于全国人大及其常委会有效行使宪法监督权，在现有制度内解决问题，而不是通过修改宪法，另起炉灶；三是从全国人大及其常委会的态度来看，我们可以清楚地看出，最高国家权力机关对我国合宪性审查机制的态度，也是立足于接受既有制度，在实践中逐步完善，使之逐步有效运作。[1]因此，中国特色合宪性审查机制的构建并不是“另起炉灶”的问题，而是在现有基础上的完善问题，也就是如何构建一些具体制度和程序使现行审查模式充分发挥作用的问题。

（二）中国特色合宪性审查机制构建的基本框架

构建符合当代中国实际需要的、富有实效的中国特色合宪性审查机制，实质也是对我国现行政治体制的改革和完善。由于政治体制改革不同于经济体制改革，政治体制改革“开弓没有回头箭”，并且政治体制改革稍微“一招不慎”，便会导致“满盘皆输”。因此，中国特色合宪性审查机制建构的方案就必须具有稳妥性和可行性，而不能过于激进，引起不必要的动荡，阻碍政治体制改革的顺利进行。以此为指导，现阶段中国特色合宪性审查机制构建的基本框架如下。

第一，关于合宪性审查的主体方面。我国现行《宪法》第62条和第67条赋予了全国人大及其常委会享有合宪性审查权，规定了我国的合宪性审查主体。全国人大及其常委会行使合宪性审查权尽管存在“自己监督自己”之嫌，但其与我国目前的政治体制是最为适宜的。但是，由于全国人大由近3000名代表

---

〔1〕 参见裘索：《日本合宪性审查制度的形成、发展及其对中国的启示》，华东政法学院外国法律史专业2006年博士学位论文，第123～125页。

组成，每年召开一次会，会期只有两个星期左右，这期间要听好几个报告，要讨论、审议、酝酿、表决，很难在监督宪法的实施上有所作为。全国人大已至第十三届，历届全国人大会议在监督宪法实施方面均未有显著措施。全国人大常委会人数少，每两个月开会一次，本来可以在监督宪法的实施方面多发挥作用。但由于立法任务繁重，顾不上审查和处理合宪性审查问题，事实上全国人大常委会除了发出严格遵守宪法、加强教育之类的一般口号之外，从来没有讨论和处理过具体的违宪问题。[1] 这就导致我国的合宪性审查机制实际上处于“虚置”的状态，这是我国长期以来只有“违宪”而无“审查”的最主要原因。为此，我国学者各抒己见，提出了各种设想。总结起来，可以分为两类。一是在全国人大及其常委会之外建立专门的合宪性审查机构，由其行使合宪性审查权。二是全国人大及其常委会仍为合宪性审查主体，只是建立具体辅助全国人大及其常委会行使合宪性审查权的机构，该机构要么在全国人大之下，与全国人大常委会平行；要么在全国人大与全国人大常委会之下，在全国人大闭会期间，受全国人大常委会领导。

对此，笔者认为，人民代表大会制度是我国的根本政治制度，作为最重要权力之一的合宪性审查权必然只能由全国人大及其常委会行使，而不能由其他主体来行使。在全国人大及其常委会之外建立专门的合宪性审查机构，由其来行使合宪性审查权，与我国政治体制不符。而在全国人大及其常委会为合宪性审查主体时，建立具体的辅助其行使合宪性审查权的专门机构，无疑是我国合宪性审查制度发展的必然选择。

我们应采取比较谨慎的措施，第一步，应加强全国人大宪法和法律委员会建设，可以增加全国人大宪法和法律委员会组成人员人数，扩大专职委员人数，甚至建立专门处理合宪性审查问题的专职委员，但应对其设定更严格的任职条件。同时，授权宪法与法律委员会行使合宪性审查的初审权或预审权，由其提出初审意见，再由全国人大及其常委会作出最终裁决。针对重大的违宪的问题，全国人大及其常委会在必要的时候，可以组织特定的调查委员会，并且根据调查委员会的报告，作出相应的裁决。第二步，在总结我国合宪性审查实践经

---

〔1〕 参见吴家麟：《论设立宪法监督机构的必要性和可行性——为现行宪法颁布 8 周年而作》，载《法学评论》1991 年第 2 期。

验的基础上，以我国政治体制深入改革为前提，我们可以考虑建立具体的专门行使合宪性审查权的机构，但其应有全国人大及其常委会组织产生，并对其负责。

第二，关于合宪性审查的范围方面。我国现行《宪法》第5条规定："一切法律、行政法规和地方性法规都不得同宪法相抵触；一切国家机关和武装力量、各政党和各社会团体、各企业事业组织都必须遵守宪法和法律；一切违反宪法和法律的行为，必须予以追究；任何组织或者个人都不得有超越宪法和法律的特权。"这就明确规定了我国合宪性审查的范围。但是，规定并不等于执行。从实际情况来看，我国合宪性审查的范围，仅限于法律以下的规范性法律文件及最高人民法院、最高人民检察院作出的具体应用法律的解释。而全国人大制定的法律、国家领导人的职权行为、国家机关之间的权限争议等重要方面尚未被纳入现实的合宪性审查的范围。这就导致我国的合宪性审查范围过于狭窄，致使现实中的违宪现象并不在现行的合宪性审查的范围内。特别是我国目前正处于社会转型期，各种矛盾错综复杂，大量违宪现象层出不穷，如不能及时解决，容易导致现行宪法秩序的紊乱，导致"有法律却无秩序"局面的出现，最终将阻碍我国社会的顺利转型。因此，扩大我国现行的合宪性审查范围，使大量的违宪现象纳入合宪性审查的范围，是当代中国合宪性审查机制构建的重要内容。这也是目前我国学者的共识。但是，学者们对我国的合宪性审查范围具体应包括哪些内容则存有争议。对此，笔者认为，任何国家的合宪性审查机制都有一个逐渐成熟的过程，其合宪性审查的范围也是逐渐扩大的过程。我国现阶段的合宪性审查范围也不能涵盖一切范围，也有着一个逐渐扩大的过程。至于现阶段我国的合宪性审查范围应包括哪些内容，则应根据当代中国社会主义初级阶段的特点及我国合宪性审查机制的现状来确定。其主要应包括以下内容。一是全国人大及其常委会制定的法律。从理论上来说，全国人大及其常委会制定的法律还是存在违宪的可能的。特别是在我国社会转型时期，法律变革过于频繁，更是存在相互冲突及违宪的可能。因此，应将法律纳入我国合宪性审查的范围。尽管由全国人大及其常委会审查自己制定的法律，存在"自己监督自己"之嫌，但"有监督总比没有监督"强，而且这也是目前唯一可行的办法。二是国家领导人的职权行为。国家领导人的言行对整个国家的发展具有重大影响。应将国家领导人的职务行为纳入合宪性审查的范围，使其在宪法和法律的范围内活动，才能保证整个国家的健康发展。三是国家机关之间的权限争议。当代中国社会的转型要求政府的角色实现从“管理型政府”向“服务型政府”的转换，从而服务于社会的转型。这就要求，对政府各部门的职能、权限进行相应调整。而且，社会转型期利益部门化倾向日益明显，国家机关之间存在为了争夺有限的资源不断要求扩权的情况，导致国家机关之间的权限争议日益增多。因此，应将国家机关之间的权限争议纳入合宪性审查的范围，明确各个国家机关的权限，使其权责统一，服务于当代中国社会的转型。四是国际条约。全球化已成为当代世界发展最根本的特征和最基本的趋势，当代中国社会转型的一个重要特征就是从封闭半封闭社会向开放社会的转化。而中国要想真正融入国际社会，就必须遵守相关的国际习惯和规则。然而，参与国际交往必须以维护国家的主权为前提。这就要求对相关的国际规则即国家条约进行审查，特别是进行合宪性审查，以避免该条例与我国的政治理念、政治体制不符而损害我国的主权。五是原有的合宪性审查范围，即法律以下的规范性法律文件及最高人民法院、最高人民检察院作出的具体应用法律的司法解释。

第三，关于合宪性审查的程序方面。“程序是法律的生命形式，因而也是法律内部生命的表现。”[1]我国合宪性审查机制长期处于“虚置”状态的一个重要原因就是我国合宪性审查程序的缺失。如莫纪宏研究员所言：“我国宪法虽然确立了合宪性审查制度，但是，合宪性审查的制度化并不是很高，主要表现在合宪性审查的提请和审理程序不明确，有关合宪性审查的各项制度之间的联系不够，所以，在实施宪法的过程中，由于关于合宪性审查的各项制度彼此分散和独立存在着，无法通过一个统一、有效的法律程序连接起来，所以，合宪性审查的程序在实际生活中很难启动。”[2]因此，我们应尽快制定一部宪法监督法，详细规定我国合宪性审查的程序，以使该制度能够真正有效地发挥作用。笔者认为，主要应包括以下几个方面。一是合宪性审查的启动程序。目前，我国《立法法》第99条已初步规定了我国合宪性审查的启动程序，增加了我国合宪性审查启动的可能性。但是，笔者认为，该规定仍不完善，主要是启动主体的狭窄，只限于国务院、中央军事委员会、最高人民法院、最高人民检察院和各省、自

〔1〕《马克思恩格斯全集》(第1卷)，人民出版社1956年版，第178页。

〔2〕莫纪宏：《实践中的宪法学原理》，中国人民大学出版社2007年版，第701页。

治区、直辖市的人民代表大会的常务委员会。而广大公民则只有建议权而无启动权,这与合宪性审查机制的根本目的“保障公民基本权利”则是格格不入的。“因此,在程序上,为了能使发生在社会中的合宪性审查案件得到及时处理,应该保证普通公民与其他公权力机关一样可以直接提出合宪性审查。而且,根据西方发达国家的实践,由公民提起合宪性审查是一种主要的途径。”[1]二是受理及审理。各个启动主体提起的合宪性审查的请求,应由全国人大及其常委会统一受理,再交付给相关的专门委员会进行初步审理,由其提出初审意见。对根本不属于违宪的请求,直接予以驳回,但应予备案。对初审判定违宪的请求,则上报给全国人大及其常委会,由其作出最终裁决。这样可以避免因合宪性审查请求过多,而导致全国人大及其常委会无力解决局面的出现。三是时间限制。为了使合宪性审查的请求及时得到处理,避免久拖不决局面的出现。应对全国人大及其常委会合宪性审查的时间作出规定。笔者认为,由于我国的合宪性审查尚处于初级阶段,经验缺乏,且缺乏专门的合宪性审查机关,时间限制不应过严,一般应以 3 个月为宜。对于重大的合宪性审查案件,经全国人大常委会全体组成人员 2/3 以上多数同意,时间可适当延长,但最长不得超过 6 个月。

第四,关于合宪性审查的基准方面。合宪性审查的依据是宪法,实属无误。但是,如何判断一个行为或一项法律法规“违宪”,则需要一个具体的基准。否则,合宪性审查权的行使便会无所适从,难以达到应有效果。目前,我国的合宪性审查机制尚无此具体基准。对此,笔者认为,考虑到我国正处于社会转型期,法律变革比较频繁,我们可以借鉴日本的“双重基准”理论,建立中国式的“双重基准”。所谓双重基准,“是指对规制精神自由的法律的合宪性判断的基准比对规制经济自由的合宪性判断基准要严格”。[2] 而中国式的双重基准,则是指对违背我国宪法根本制度的法律规范的合宪性判断的基准,比对违背我国宪法具体制度的法律规范的合宪性判断基准要严格。之所以如此,是因为,我国《宪法》规定了我国的根本制度和具体制度,根本制度是我们整个国家的基石,如四项基本原则,如若改变,便会导致整个国家的“变色”。而具体制度则是一个国家具体的政治、经济、文化制度,具体制度的改变则不会导致整个国家的

---

〔1〕 李鸿建、杨乐修:《国外合宪性审查制度比较及其启示》,载《人大研究》2007 年第 5 期。
〔2〕 胡锦光:《合宪性审查比较研究》,中国人民大学出版社 2006 年版,第 108 页。

"转向"。而当代中国社会正处于转型期,法律变革比较频繁,如不加区别,一律实行严格的合宪性审查,既不利于我国社会的转型,也不利于我国宪法的"与时俱进"。因此,必须建立双重基准,对违背我国宪法根本制度的法律规范实行严格审查,对凡是与我国宪法根本制度相违背的法律规范一律宣布违宪,予以废止;而对违背我国宪法具体制度的法律规范则实行相对宽松的审查,区别情况,而不是一律宣布违宪,予以废止。当一项法律规范虽然与我国现行宪法相违背,但其却是符合社会进步和法治发展潮流时,就不能简单地宣布其违宪,而应初步推定其"合宪",在实践成熟的基础上,再通过修宪等方式,使其合宪,同时也实现我国宪法的与时俱进。

第六章　依法执政与法治中国建设

“法治的意思就是指政府在一切行动中都受到事先规定并宣布的规则的约束——这种规则使得一个人有可能十分肯定地预见到当局在某一情况中会怎样使用它的强制权力，和根据对此的了解计划它自己的个人事务。”[1]实行法治，必然要求执政党依法执政。因为法治要求国家的政治必然是法治政治，而法治政治的典型特征是，执政党依照宪法和法律规定的途径进入国家政权，并依照宪法和法律从事对全体社会成员发生约束性影响的治国理政活动。正如米尔恩指出：“如果‘法治’要得到维护，那么，宪法就必须保证没有任何人能高于法律。拥有政治权威的人们应该同其运用权威所统治的人们一样服从法律程序。”[2]在我国实行依法治国的条件下，中国共产党必须依法执政。依法执政正是新的历史条件下马克思主义政党执政的基本方式。但要谈依法执政，首先要从执政方式谈起，因为依法执政只是执政方式之一。

一、“执政方式”的宪法学分析

政党与宪法的关系十分密切，尽管有许多国家并没有通过立宪的形式明确规定政党的宪法地位，但这不能掩饰政党与宪法的紧密联系。一般说来，政党与宪法的关系表现在三个方面：一是因政党行动所形成的宪法惯例成为国家宪制体制的组成要素，对宪法起补充和完善作用；二是宪法确认的宪制体制是政党斗争的中心和焦点；三是政党是宪法确认的统治关系运作的中心。[3] 政党的执政方式问题也与宪法紧密相关，因为政党执政地位的取得、执政权力的运

---

〔1〕［英］哈耶克：《通往奴役之路》，王明毅等译，中国社会科学出版社 1997 年版，第 73 页。

〔2〕［英］A. J. M. 米尔恩：《人的权利与人的多样性——人权哲学》，夏勇、张志铭译，中国大百科全书出版社 1995 年版，第 192 页。

〔3〕王广辉：《比较宪法学》，北京大学出版社 2007 年版，第 331～332 页。

用等,一般都是在现行宪法确立的宪制体制内进行的,且执政方式的不同会对一国的宪制体制产生不同的影响。因而,用宪法学原理对执政方式进行解读,就显得十分必要。

(一)执政方式的基本内涵

什么是执政方式?目前,无论是学术界还是官方都无定论。近年来,学术界基于不同的理论和视角,围绕这一问题提出了各种不同的见解。例如,有的学者认为,“执政党的执政方式是指执政党掌握国家政权的体制、机制、途径、手段和方法。它所涉及的内容,包括执政党介入国家权力系统的方法、途径;执政党与国家权力系统的关系;执政党在国家权力系统中的运作模式;等等。”[1]有的学者认为,“所谓政党执政方式,指的就是政党控制公共权力的途径、手段和方法。广义地说,执政方式还包括政党控制公共权力的体制和机制,因为说到底,体制和机制是这些途径、手段和方法的系统化、稳定化”。[2] 有的学者认为,“所谓政党的执政方式,主要涉及政党与政府之间的关系,是指政党从政治共同体中获取和运用最高行政权力的过程、方法和形式。它大致包括权力的取得、运作及制约三个环节”,[3]等等。对此,笔者认为,上述定义尽管从不同层面揭示了执政方式的基本内涵,但还不够全面准确。而要准确界定执政方式的基本内涵,首先,必须要明确执政方式的基本要素,这是基础和前提性环节。尽管上述见解的侧重点不同,但它们包含的基本要素是一致的,具体说来:其一,执政方式的主体是政党,具体说来是执政党;其二,执政方式的客体是宪法所设置的国家政权;其三,执政方式的基本内容是执政党如何依照宪法的规定掌握和运用国家政权,或者说执政党通过什么样的方式、方法、途径行使宪法所授予的国家权力;其四,执政方式的本质是执政的阶级、阶层和集团利益的实现形式;[4]其五,执政方式的目的追求是,完成执政党执政任务、实现执政党执政目标;其六,执政方式的评价标准是,是否符合政党政治的普遍原理。最后一点的意思是说,尽管不同国家执政党的执政方式具有不同的特点,但它们必

---

〔1〕 卢先福主编:《执政能力建设论》,浙江人民出版社 2005 年版,第 3 页。

〔2〕 王长江、姜跃等:《现代政党执政方式比较研究》,上海人民出版社 2002 年版,第 11 页。

〔3〕 林勋健主编:《西方政党是如何执政的》,中共中央党校出版社 2001 年版,第 1 页。

〔4〕 参见杨绍华:《科学执政、民主执政、依法执政——中国共产党执政方式问题研究》,人民出版社 2008 年版,第 41 页。

须符合政党政治的普遍原理,否则,这种执政方式就是不科学的。应该说,上述六个方面完整地涵盖了执政方式的基本内涵。

其次,必须正确界定领导方式与执政方式的关系,这是关键性环节。在社会主义国家中,由于无产阶级政党既是领导党,又是执政党,这种双重身份,使无产阶级政党面临着"领导"与"执政"的双重任务,相应地也面临着"领导方式"与"执政方式"的双重问题。正如林尚立教授指出:"在无产阶级政权条件下,无产阶级政党,既是领导力量,也是执政力量。"[1]要正确界定领导方式与执政方式的关系,前提是必须正确界定领导与执政的关系。一方面,领导与执政不同。领导即"带领并引导朝一定方向前进",主要是针对国家和社会而言的,反映的是党与国家和社会的关系。执政即"掌管国家政事",主要是针对国家政权而言的,反映的是党与国家政权的关系。另一方面,领导与执政紧密相连。领导是执政的前提和基础,执政是领导的主要体现和保障。在党执政的情况下,党的领导地位和作用主要是通过党在国家政权中执政来体现和保障的。与此相适应,党的领导方式与执政方式也是既有区别又有联系的。就区别而言,党的领导方式是在党的领导活动过程中发生的关系,党的领导方式主要是政治领导、思想领导和组织领导;而党的执政方式是在党的执政活动过程中发生的关系,党的执政方式主要是依法执政或依宪执政,因而,党的领导方式不能等同于执政方式。就联系而言,党的领导方式主要是通过执政方式来体现和实现的。在党执政的情况下,党的领导方式应适时地转化为执政方式,不能以领导方式代替执政方式。否则,就会导致以党代政、党政不分的局面。

综上所述,笔者认为,所谓执政方式,就是执政党依宪掌握和运用国家政权,完成执政任务、实现执政目标的方式、方法、途径的总称。

(二)执政方式的基本内容

由于执政方式是在执政党依宪掌握和运用国家政权的过程中发生的,因而,执政方式的基本内容主要包括掌握国家政权的方式、运用国家政权的方式、权力制约和监督的方式等。

1. 掌握国家政权的方式

掌握国家政权是政党执政的前提。执政党与一般政党的关键区别就在于

---

〔1〕 林尚立:《党的执政能力建设》,重庆出版社2009年版,第8~9页。

是否掌握国家政权。因而,任何政党要想成为执政党,前提就是必须通过一定的方式掌握国家政权。一般说来,政党掌握国家政权的方式主要有三类。一是在现有宪制体制内,通过民主选举的方式掌握国家政权。这是两党制和多党制的民主国家的政党所普遍采取的方式。在两党制和多党制的民主国家,由于没有法定的、固定的执政党,一个政党能否上台执政完全取决于其能否赢得每隔几年一次的"大选",由人民依宪授权该政党执政。所不同的是,总统制国家的政党需要赢得总统"大选",议会制国家的政党需要赢得议会"大选"。二是在现有政治体制外,通过暴力革命的方式掌握国家政权。这是殖民地、半殖民地国家和专制国家的革命党所普遍采取的方式。在这类国家中,由于"在内部没有民主制度,而受封建制度压迫;在外部没有民族独立,而受帝国主义压迫",[1]因而,革命党的任务就是武装斗争,以暴力革命的方式推翻旧国家政权的统治,夺取国家权力,创立新国家政权,再领导人民制定宪法,通过宪法确立本党的执政地位。三是在殖民地、半殖民地国家,民族政党以暴力或非暴力的手段,在实现民族独立后,通过建国方式掌握国家政权,再通过制宪的方式确立该民族政党的执政地位。诚如萨托利指出:"直观的,或更加直观的推测是,在非洲类型的环境下,政党对夺取政权和权力建设的最初阶段是'功能性的',并且的确是必需的。但是它们的重要性是对应于、并且产生于从殖民统治的终结向自我统治过渡的真空。"[2]总结起来,这三种掌握国家政权的方式尽管存有很大不同,但都与宪法息息相关,其执政地位都是人民通过宪法的方式确立的。

2. 运用国家政权的方式

运用国家政权是执政党执政的核心。执政党掌握国家政权的目的,正是运用国家政权行使宪法授予的国家权力,凭借国家权力的强制力量来完成本党的执政任务,实现本党的执政目标。正如王长江教授指出:"把党的精英送进国家权力机关本身不是目的,通过行使国家权力达到某种特定的目标(包括实现某种理想和价值,获得某种利益等)才是目的。"[3]一般说来,执政党运用国家政权的根本方式是,通过国家权力将执政党的执政纲领和政策转化为宪法法律

---

[1] 《毛泽东选集》(第2卷),人民出版社1991年版,第542页。

[2] [意]G. 萨托利:《政党与政党体制》,王明进译,商务印书馆2006年版,第351页。

[3] 王长江:《政党论》,人民出版社2009年版,第199页。

上的规定,并通过国家权力的强制力保证其实施,从而完成执政任务,实现执政目标,具体包括以下方面。一是提出执政纲领和政策。执政纲领和政策是执政党治国理政的基本方针,是执政党执政任务和执政目标的具体化。执政党治国理政的前提和基础就是提出正确的执政纲领和政策。正如列宁指出:“一个政党如果没有纲领,就不可能成为政治上比较完整的、能够在事态发生任何转折时始终坚持自己路线的有机体。”[1]二是控制或影响国家立法权,将执政党的执政纲领和政策通过法定程序上升为国家意志,使其成为全体人民一体遵循的行为规范,具有国家强制执行力,以保证本党执政纲领和政策在国家政治生活中的贯彻落实。三是控制或影响国家行政权,通过国家行政权的行使,保证体现党所代表的人民意志的宪法法律在国家行政管理活动中的执行。四是控制或影响国家司法权,通过国家司法权的行使,保证体现本党意志的宪法法律在国家司法活动中的实施。这里的核心问题是要明确,为什么要通过法定程序将执政党纲领政策中的部分内容转化为宪法法律上的规定。一方面,两者存有根本不同。从文本意义上讲,执政党纲领政策属于党内规范体系,是全体党员的行为规范,对全体党员具有普遍约束力,但执政党纲领政策从性质上说只是党内法规,只调整党内关系,对外不具有约束力。而宪法法律属于法律规范体系,具有国家意志性,以国家强制力为保障,调整国家与公民的社会关系,全体人民、一切国家机关和武装力量、各政党和各社会团体、各企业事业组织,都必须一体遵循。因而,两者绝不能相互代替。另一方面,两者又存在紧密的联系。从政治意义上讲,执政党纲领政策对宪法法律具有重要的指引作用,执政党纲领政策是党内的规范,集中体现了执政党关于经济、政治、文化、社会建设的构想和布局,而宪法法律是在执政党的领导或参与下制定或修改的,宪法法律的内容必然要反映执政党的纲领政策。同时,宪法法律对执政党纲领政策具有重要的保障作用,执政党纲领政策中的部分内容要想成为全体人民普遍遵循的行为规范,具有法律效力,就必须通过法定程序将其转化为宪法法律上的规定。

3. 权力制约和监督的方式

执政党掌握和运用国家政权,行使国家权力,并不意味着执政党可以任意行使国家权力,相反,为了避免执政党滥用权力,必须依宪对执政党权力进行监

---

〔1〕《列宁全集》(第20卷),人民出版社1962年版,第357页。

督和制约。一般说来,对执政党权力进行监督和制约的方式主要有:一是通过宪法和法律监督和制约执政党权力,使执政党必须在宪法和法律范围内活动,通过法定的制度、法定的程序、法定的方式执政,否则,执政党必须承担违宪或违法责任;二是通过宪法确立的选举制度和政党制度监督和制约执政党权力,每隔几年一次的"大选",以及反对党监督的时刻存在,使执政党头上始终高悬"达摩克利斯之剑",不敢滥用宪法授予的权力;三是通过宪法确立的权力制约机制监督和制约执政党权力,权力制约机制的存在,使执政党难以独揽一切大权,在执政的过程中要受到其他权力的监督和制约;四是通过新闻媒体监督和制约执政党权力,独立新闻媒体的存在,使执政党的执政活动时刻处于人民的监督下,"使公众始终有途径和机会对权力的不当使用发出警告信息"。[1] 在这里,宪法之所以能够对执政党权力进行监督和制约,原因就在于宪法的核心精神就是"限权之法"。这一精神主要包括两层含义:一是国家权力是人民通过宪法授予的,执政党行使国家权力就必须在宪法规定的范围内,按照宪法规定的程序和方式行使,否则,就要承担违宪责任,人民可以据此收回授权;二是国家权力的行使要服务于保障公民权利的目的,国家权力不得侵犯宪法所规定的公民权利,并要采取措施保障公民权利的实现。正如龚祥瑞先生指出:"宪法既起着授权作用,也就包括限制权力的作用在内了。授权就意味着限制。""宪法的限制作用,具体地表现在防止政府对这些权利(公民权利)的侵犯。这是立宪主义最主要的要求。"[2]

(三)执政方式的核心问题:执政党与国家政权的关系

掌握和运用国家政权是执政党执政的具体体现和实现形式。执政党要想完成执政任务、实现执政目标,就必须进入国家政权,借助国家权力的强制力量,并以该政党的代表为主体、以国家政权的名义从事治国理政活动,执政方式正是在这一过程中发生的。因而,执政方式的核心问题就在于,执政党与国家政权的关系。一个政党能不能执好政,关键就在于能不能正确处理好与国家政权的关系。对此,王长江教授指出:"政党要控制国家权力,通过行使国家权力达到自己的目标,这是政党政治时代天经地义的事情。但是,用什么样的手段、

---

[1] 王长江:《政党论》,人民出版社 2009 年版,第 237 ~ 238 页。

[2] 龚祥瑞:《比较宪法与行政法》,法律出版社 2012 年版,第 34 ~ 35 页。

通过什么样的途径、采用什么样的方法才能有效地控制国家权力，使国家权力更便于朝着政党希望的方向前进，而且这个方向又与社会发展的方向相吻合，却是很值得研究的问题。"[1]要解决这个问题，首先必须从执政党与国体、政体的关系谈起。

1. 执政党与国体的关系

国体即国家性质，指的是社会各阶级在国家中的地位，即谁是统治阶级，谁是被统治阶级。正如毛泽东同志指出："这个国体问题，从前清末年起，闹了几十年还没有闹清楚。其实，它只是指的一个问题，就是社会各阶级在国家中的地位。"[2]国体实质上反映的是一国主权[3]的归属问题，即谁才是一个国家的主权者。这里有必要首先对"主权"与"主权者"作出说明。主权是"构成最高仲裁者（无论是个人或组织）属性的权力或权威；这类仲裁者对作出决策以及解决体制内的争端具有某种程度的最终权力。能够进行这种决策意味着对外部力量的独立性和对于内部团体享有最高权威或支配权"。[4] "主权者就是拥有主权的个人或人的组织（包括代表会议）。"[5]国体不同，国家主权的归属也不同，主权者也就不同。而主权者的不同则决定了国家权力和国家政权的归属不同。在现代社会，人民主权原则为宪法所确认，宪法规定了人民的主权者地位，国家的一切权力属于人民。那么，政党要想掌握国家政权，获取国家权力、成为执政党，就必须得到主权者人民的授权（主要途径是选举）。而一旦成为执政党，执政党要运用国家政权、行使国家权力，就必须按照主权者人民的意愿（集中体现为宪法和法律）行事，否则，主权者人民有权收回授权。因而，执政党与国体的关系就是，执政党必须在国体之中执政，而不能在国体

---

〔1〕 王长江：《中国政治文明视野下的党的执政能力建设》，上海人民出版社 2005 年版，第 66 页。

〔2〕 《毛泽东选集》（第 2 卷），人民出版社 1991 年版，第 676 页。

〔3〕 F. H. 辛斯利（F. H. Hinsley）关于主权的经典分析奠基于主权概念与国家的本质、起源和历史紧密联系的假设之上。鉴于把主权定义为"社会中最终的，绝对的政治权威"，他理所应当地认为这个最终的，绝对的社团就是国家。他始终坚持，国家是主权概念必需的前提条件。但约翰·霍夫曼认为，主权之所以充满争议，问题的起因正在于主权和国家的联系。正是国家导致了这些极具破坏性和迷惑性的争议。为了把其定义为一个具有启发性而不是迷惑性的概念，主权应该同国家分离开来。参见[英]约翰·霍夫曼：《主权》，陆彬译，吉林人民出版社 2005 年版，第 1～16 页。

〔4〕 [英]戴维·米勒、韦农·波格丹诺主编：《布莱克维尔政治学百科全书》，邓正来等译，中国政法大学出版社 2002 年版，第 778 页。

〔5〕 同上。

之上执政。

在我国,我国《宪法》规定的国体是人民民主专政,国家的主权属于人民,人民享有和行使一切国家权力。中国共产党的代表应依宪通过民主选举的途径进入国家政权。应依照人民的意愿(集中体现为宪法和法律)行使国家权力,支持和保证人民当家作主,实现和维护最广大人民群众的根本利益。正如李林研究员指出:"共产党作为执政党,必须存在于人民民主专政的国体之中,凭借国家的一切设施和资源,从政治上领导和支持人民当家作主,为人民谋福祉。"〔1〕

2. 执政党与政体的关系

政体是指一国政权构成的宏观体制,是一国的主权者实现其国家主权的组织形式。正如毛泽东同志指出:"至于还有所谓'政体'问题,那是指的政权构成的形式问题,指的一定的社会阶级取何种形式去组织那反对敌人保护自己的政权机关。"〔2〕政体与国体紧密相连。政体是由国体决定的,有什么样的国体,一般就有什么样的政体与其相适应。但是,政体对国体也具有反作用。凡是能反映和表现国体、适应国体需要的政体,就可以促进统治阶级统治地位的巩固、国家的发展;凡是不能反映和表现国体,不适应国体需要的政体,就可能造成政权的更迭、统治阶级地位的丧失乃至国家的衰败和消灭。历史上各种不同国体的国家之所以能够延续一个时期,一个重要原因就在于它们的政体适应了当时国体的需要。相反,那些不能采取适当的政体以适应当时国体的统治者,其统治地位就不巩固,国家也不能得到发展。〔3〕 因而,政体与国体问题一样重要,如果说国体实质上反映是一国主权的归属问题,那么政体实质上反映的是一国的主权者通过什么样的组织形式实现其主权的问题。正如周叶中教授指出:"由于政体是与国体相对而言的,而国体作为社会各阶级在国家中的地位,实际上是指国家主权的阶级归属,亦即国家主权的阶级属性,因此,政体是指拥有国家主权的统治阶级实现其国家主权的宏观体制。"〔4〕那么,既然政体是一国的主权者实现其国家主权的宏观体制,依据主权者授权和意愿行事的执政党,

〔1〕 李林:《法治与宪政的变迁》,中国社会科学出版社 2005 年版,第 235 页。
〔2〕 《毛泽东选集》(第 2 卷),人民出版社 1991 年版,第 677 页。
〔3〕 杨海坤主编:《宪法学基本论》,中国人事出版社 2002 年版,第 206 页。
〔4〕 周叶中主编:《宪法》,高等教育出版社、北京大学出版社 2005 年版,第 222 页。

在国体之中执政的执政党，就必然要通过一定的政体来执政。因而，执政党与政体的关系就是，执政党必须在政体之中执政，而不能在政体之外执政。

在我国，我国《宪法》规定的政体是人民代表大会制度，这是与我国人民民主专政的国体相适应的，是我国人民实现当家作主的根本途径。中国共产党的执政地位由人民选择和授予，中国共产党应依照人民的意愿（集中体现为宪法和法律）来执政，应通过人民代表大会制度来执政，应将人民代表大会制度作为党治国理政的根本途径，支持和保证人民当家作主。正如李良栋教授指出："中国共产党是我们国家的执政党。根据我国宪法和法律规定，作为国家领导力量的共产党就是通过人民代表大会制度来执政的。人民代表大会制度是我们党执政的根本组织形式。"〔1〕

3. 执政党与国家政权的关系

执政党与国体、政体的关系，即执政党必须在国体和政体之中执政，决定了执政党必须通过国家政权来执政，而不能以党代政，以党的组织代替国家政权，以党的职能代替国家职权。具体说来：

首先，执政党与国家政权的性质、职能不同，执政党不能以党的组织代替国家政权，直接走向前台治国理政，这样就会虚置国家政权。另外，执政党也不能用简单命令的方式，直接指挥国家政权。这样就会损害国家政权的权威。

其次，必须看到，执政党与国家政权紧密相连，执政党若不能掌握和运用国家政权，就谈不上是执政党。正如李林研究员指出：依照社会主义宪治原则，在国家政权体制之外行使政治权力的行为，不是执掌国家政权的行为，不具有执政的性质。在国家政体之外活动的政党，通常只能是在野党，而不能称为执政党。〔2〕 正是因为执政党依宪掌握和控制了国家政权，需要运用国家政权治国理政，来完成本党的执政任务、实现本党的执政目标，才出现了执政方式问题。因而，执政党必须正确地处理与国家政权的关系，既要做到掌握、控制国家政权，又要做到善于通过和运用国家政权来治国理政。对于中国共产党来说，正确处理好与国家政权的关系，就是坚持将人民代表大会制度作为党治国理政的根本途径，并在人民代表大会制度下依宪正确处理好与人大、政府和司法机关

---

〔1〕 李良栋：《"第三波"与21世纪中国民主》，中共中央党校出版社2001年版，第175页。

〔2〕 李林：《法治与宪政的变迁》，中国社会科学出版社2005年版，第238页。

的关系。

二、依法执政的理论内涵及其重大意义

依法执政是伴随依法治国基本方略的逐渐落实而提出来的。2002年11月，江泽民同志在党的十六大报告中，首次提出了“依法执政”。这较之“科学执政”和“民主执政”的提出早了两年。2004年9月，党的十六届四中全会通过的《中共中央关于加强党的执政能力建设的决定》，将“依法执政”作为党治国理政的基本方式。2006年6月，胡锦涛同志在中共中央政治局第三十二次集体学习时，对“依法执政”作了深刻阐释，并指明了依法执政的重要意义。2013年5月，习近平总书记在中共中央政治局第四次集体学习时强调指出，我们党是执政党，坚持依法执政，对全面推进依法治国具有重大作用。此后，中国共产党的历次重要会议都对“依法执政”问题进行了强调和部署。党的十九大明确提出，要增强依法执政本领，加快形成覆盖党的领导和党的建设各方面的党内法规制度体系，加强和改善对国家政权机关的领导。可以说，在新的历史条件下，中国共产党只有坚持依法执政，才能以法治的理念、法治的体制、法治的程序保证党领导人民有效治国理政。

（一）依法执政的理论内涵

那么，什么是依法执政呢？对此，2006年6月，胡锦涛同志在中共中央政治局第三十二次集体学习时指出：“依法执政，就是坚持依法治国、建设社会主义法治国家，领导立法，带头守法，保证执法，不断推进国家经济、政治、文化、社会生活的法制化、规范化，以法治的理念、法治的体制、法治的程序保证党领导人民有效治理国家。”[1]国内学者也从不同的角度，对依法执政的内涵进行了解读，代表性的观点主要有以下几种。第一，“依法执政作为现代民主法治国家的基本原则，是仅就政党的执政行为和活动而言的。这是指，一个政党只有依照法律进入国家政权并在其中处于主动地位，且依照法律从事对全体社会成员发生约束性的影响的国家政务管理活动”。[2] 第二，“从宪法角度讲，依法执

〔1〕《胡锦涛：坚持科学执政、民主执政、依法执政》，载人民网：http://politics.people.com.cn/GB/1024/4553808.html，最后访问日期：2018年3月12日。

〔2〕石泰峰、张恒山：《论中国共产党依法执政》，载《中国社会科学》2003年第1期。

政主要包括两层含义:一是执政党进入政治体制内部依法行使国家权力,而不是置身于政治体制外部实施领导。二是指党的执政活动的法治化,就是执政党的一切活动,包括意志表达、政治录用和资源配置等皆纳入法制轨道,使党的活动在宪法和法律范围内进行”。[1] 第三,“中国共产党依法执政是指共产党依法执掌国家领导权,依法对国家事务进行政治领导、思想领导和组织领导,保证国家权力围绕人民利益而运行,它所具有的特征使它成为现代政治文明的高级形态”,[2] 等等。

对于上述观点,笔者认为,其虽然不同程度揭示了依法执政的内涵,但还不够全面准确,特别是还没有正确揭示依法执政的本质。正如黄文艺教授指出:“从党的十六大以来,有关依法执政基本内涵的权威性解释一直保持不变,那就是领导立法、保证执法、带头守法。然而,这一解释只揭示了党在立法、执法、守法等方面应发挥什么作用,而没有明确回答依法执政究竟是什么样的执政方式,没有清晰描绘依法执政要达到什么样的目标状态。”[3] 而要正确界定依法执政的基本内涵,我们就必须首先要正确界定依法执政的基本要素。上述观点尽管不一而足,但它们基本涵盖了依法执政的基本要素。具言之,一是依法执政的主体,即执政党。宪法作为人民缔结的“社会契约”,是一切国家权力的来源。中国共产党作为我国《宪法》规定的执政党,是我国依法执政的主体。这一点不同于我国依法治国的主体,依法治国的主体是广大人民群众。二是依法执政的客体。依法执政的客体是宪法和法律设置的各级国家政权,而不是各级政党组织。对于中国共产党来说,依法执政,就意味着要通过法定的途径执政。三是依法执政的内容。依法执政的内容是执政党如何依法进入国家政权,掌握和运用国家权力。这里面包括两个内容:其一是执政党如何依法掌握国家权力,其二是执政党如何依法运用国家权力。对于第一个问题,上面已给出了答案,即执政党只能依宪获得授权。对于第二个问题,执政党只能依照宪法和法律规定的范围和程序运用国家权力。正如杨绍华研究员指出:“依法执政,首先应当从法律实体上,对执政党手中的执政权力进行界定,明确规定执政权力

---

[1] 韩大元:《依宪执政:依法执政的前提和基础》,载《人民论坛》2005 年第 8 期。

[2] 熊辉:《中国共产党领导方式和执政方式现代化研究》,湖南人民出版社 2010 年版,第 215 页。

[3] 黄文艺:《论依法执政基本内涵的更新》,载《法制与社会发展》2014 年第 5 期。

的范围；从程序法上，对执政权力的运作程序进行必要的规范。否则，党必须在宪法和法律范围内活动这一原则，便失去了实体上和程序上的法律依据。因此，坚持依法执政，应当对党的执政权力及其运作程序作出明确规定，构建党的执政权力及其运作程序的法律制度依据。”[1]四是依法执政的本质。依法执政的本质是用体现人民意志和利益的宪法法律约束执政党的活动，将其纳入法定的轨道，实现和维护人民当家作主。正如杨绍华研究员指出：“法治是规范和约束权力、防止权力腐败的最有效和最理性的社会政治机制，执政党只有依法执政，才能使人民授予的权力真正用来为人民谋利益。”[2]五是依法执政的评价标准。依法执政的评价标准就是，执政党的活动是否符合政党法治的一般原理。应该说，上述几个方面，正确揭示了依法执政的完整内涵。

（二）依法执政的重大意义

依法执政的提出，是中国共产党在新的历史条件下领导方式和执政方式的创新，表明我们党对执政规律和社会主义法治建设规律认识的不断深化，反映了我们党对“法治应当优于一人之治”[3]的清醒认识，反映了我们党正在从治国理政基本方式的高度、从法制创新和法治的层面上解决党的执政基本方式问题。因而，中国共产党坚持依法执政，具有十分重要的意义。

1. 依法执政是实现全面推进依法治国总目标的核心和关键

法治是与人治相对应的一种治国理政方略，指国家在诸多社会治理方式中选择法律作为主要治理手段。由于“法治的基本点是很清楚的：即留给执掌强制权力的执行机构的行动自由，应当减少到最低限度。虽则每一条法律，通过变动人们可能用以追求其目的的手段而在一定程度上限制了个人自由，但是在法治之下，却防止了政府采取特别的行动来破坏个人的努力”，[4]因而，“法治应当优于一人之治”。[5] 据此，各现代民主国家均将法治作为自己治国理政的基本方略。中国共产党在经历了由革命法制观、秩序法制观到治国方略观的转

---

〔1〕 杨绍华：《科学执政、民主执政、依法执政——中国共产党执政方式问题研究》，人民出版社2008年版，第205页。

〔2〕 同上。

〔3〕 [古希腊]亚里士多德：《政治学》，吴寿彭译，商务印书馆1965年版，第167～168页。

〔4〕 [英]哈耶克：《通往奴役之路》，王明毅等译，中国社会科学出版社1997年版，第74页。

〔5〕 [古希腊]亚里士多德：《政治学》，吴寿彭译，商务印书馆1965年版，第167～168页。

变后，终于在1997年党的十五大上将“依法治国”明确为了中国共产党治国理政的基本方略。[1] 2018年党的十九大报告更是明确指出：“全面推进依法治国总目标是建设中国特色社会主义法治体系、建设社会主义法治国家。”而要实现这一总目标，关键在于中国共产党能否坚持依法执政。

这是因为，“依法治国，就是广大人民群众在党的领导下，依照宪法和法律规定，通过各种途径和形式管理国家事务，管理经济文化事业，管理社会事务，保证国家各项工作都依法进行，逐步实现社会主义民主的制度化、法律化，使这种制度和法律不因领导人的改变而改变，不因领导人看法和注意力的改变而改变”。[2] 依法治国虽然涉及多个层面，但其实质上主要解决的是权与法的关系问题，即权大于法还是法大于权的问题。在依法治国的条件下，宪法和法律具有最高权威性，即法大于权，一切国家机关和武装力量、各政党和各社会团体、各企业事业组织都必须遵守宪法和法律，都必须在宪法和法律规定的范围内活动，切实维护宪法和法律的权威和尊严。因而，中国共产党作为我们国家的执政党，其自身能否在宪法和法律范围内活动，能否依照宪法和法律执政，能否把宪法和法律作为党治国理政的最具权威的标准，能否通过法定途径和形式领导人民管理国家事务、管理经济文化事业、管理社会事务，保证国家各项工作都依法进行，能否逐步实现社会主义民主的制度化、法律化，使这种制度和法律不因领导人的改变而改变，不因领导人看法和注意力的改变而改变，就决定了全面推进依法治国总目标能否真正得以实现。

2. 依法执政是实现国家长治久安的根本保证

实现国家的长治久安，是整个中华民族的福祉所在，自然也是中国共产党治国理政的根本目标。对此，历史学家夏曾佑曾指出：“中国历史有一公例，大约太平之世，必在革命用兵之后四五十年，从此以后，隆盛约可及百年，百年之后，又有乱象，又酝酿数十年，遂致大乱，复成革命之局。汉、唐、宋、明，其例一也。而其间偶有参差者，皆具特别之原因，无无故者。总之，除南北朝、五代与元之外（原注：此数代之所以独异者，以有外族躐入故也），皆可以汉为之代表。汉之盛世，实在文、景，此时距秦、楚、汉三世递续之相争，已近三十年矣。大乱

---

〔1〕 参见李瑜青等：《中国共产党治国理政研究》，上海人民出版社2011年版，第173～184页。

〔2〕 《江泽民文选》（第2卷），人民出版社2006年版，第28～29页。

之后，民数减少，天然之产，养之有余。而豪杰敢乱之徒，并已前死，余者厌乱苟活之外，无所奢望，此皆太平之原理，与地产相消息，而与君相无涉也。若为君相者，更能清静不扰，则效益著矣。"[1]萧公权先生也指出："夫治乱循环，按之吾国历史不特三代为然，即秦汉以后二千年中亦未始不然。"[2]对于中国长期以来"一乱一治"，周道济先生将其主要归纳为五种原因，即"政府人事上的原因、政治制度上的原因、人民心理上的原因、人口与粮食的原因、天然灾害的原因"。[3] 但究其最根本原因，在于"人治"。

而与此相对应，"法治"则更容易使国家长治久安，而不是治后便乱，乱后才治。在"法治"的条件下，宪法法律至高无上，宪法法律在国家政治和社会生活中具有最高权威，国家的一切都必须在法治的轨道上运行，都必须依据宪法法律、服从宪法法律。正如弥尔顿所言："法律永远是社会最高的权威。……国王是绝不高于法律的。"[4]因而，"法治"意味着治国理政依法而不依人，这样就不容易出现"人亡政息"现象，就会保证整个国家的长治久安。要想实现整个国家的长治久安，中国共产党必须坚持依法治国的基本方略，坚持依法执政，以法治的方式治国理政。

3. 依法执政是增强党执政合法性的重要途径

韦伯曾指出，政治合法性可以分为三种类型：第一种是因理性规则而合法的统治；第二种是因个人权威而合法的统治；第三种是因传统的神圣性而合法的统治。"确实，任何需要维持的统治（在我们的技术意义上）毫无例外地会求助于某些论证自己合法性的原则。这种最终原则有三项：命令权的效力通过有意识制定的理性规则（一致同意，或自上而下设置）来表示。这种效力要求一定的服从，作为具有普遍拘束力的规范，而这种服从就是规则赋予统治者要求的。在这种情况下，任何一个拥有命令权的人根据理性规范的授权都是合法的。服从是对规范，而不是对个人而言。然而，命令权的效力也会以个人权威为基础。这种个人权威可能建立在传统的神圣性基础上，即这是习惯造就的，

---

〔1〕 夏曾佑：《中国古代史》（上册），商务印书馆 1934 年版，第 252 页。

〔2〕 萧公权：《中国政治思想史》，新星出版社 2010 年版，第 69 页。

〔3〕 周道济：《我国一治一乱思想的探讨》，载中国台湾地区《"中央研究院"三民主义研究所专题选刊》1978 年第 15 期。

〔4〕 ［英］米尔顿：《为英国人民声辩》，何宁译，商务印书馆 1997 年版，第 71 页。

一贯如此。服从是对特定个人而言。或者,这种个人权威会来自另一种渊源,即求助于不同寻常的基督教信念,这就是将这个人视为救世主、先知或英雄。"[1]在第二种个人权威型政治合法性和第三种传统神圣型政治合法性下,个人或少数人的意志高于一切,国家是按照个人或少数人的意志进行统治的。而在第一种理性规则型政治合法性下,韦伯所谈到的理性规则实际上是指法律,这样命令权的效力就是以法律为基础的。法律作为具有普遍约束力的规范,不仅赋予了统治者合法的统治地位,也为被统治者服从提供了内在依据。因而,依照法律进行统治,可以增强统治者统治的合法性基础。进入近现代社会后,随着民主共和体制的建立,因理性规则而合法的统治已成为世界的主流。因而,中国共产党依法执政,依照宪法和法律的规定治国理政,就可以有效增强党执政的合法性。可以说,通过"依法执政"的途径增强其执政的合法性,成为中国共产党增强其执政合法性的重要努力之一。

三、党坚持依法执政首先要坚持依宪执政

"法治应当优于一人之治。"[2]依法执政是新的历史条件下中国共产党执政的基本方式。在新的历史条件下,中国共产党只有坚持依法治国,并将法治作为自己执政的基本方式,实现从依政策执政到依法执政的转变,才能保证依法治国的全面推进,也才能保证中国特色社会主义法治国家的真正建成。而中国共产党坚持依法执政首先要坚持依宪执政。正如党的十八届四中全会作出的《决定》明确指出:"坚持依法治国首先要坚持依宪治国,坚持依法执政首先要坚持依宪执政。"[3]习近平总书记也明确指出:"依法治国,首先是依宪治国;依法执政,关键是依宪执政。新形势下,我们党要履行好执政兴国的重大职责,必须依据党章从严治党、依据宪法治国理政。"[4]之所以如此,一是因为依法执

---

〔1〕[德]马克斯·韦伯:《论经济与社会中的法律》,张乃根译,中国大百科全书出版社1998年版,第336~337页。

〔2〕[古希腊]亚里士多德:《政治学》,吴寿彭译,商务印书馆1965年版,第167~168页。

〔3〕《中共中央关于全面推进依法治国若干重大问题的决定》,载新华网:http://news.xinhuanet.com/2014-10/28/c_1113015330.htm,最后访问日期:2017年12月23日。

〔4〕习近平:《在首都各界纪念现行宪法公布施行30周年大会上的讲话》,载新华网:http://news.xinhuanet.com/politics/2012-12/04/c_113907206.htm,最后访问日期:2018年7月2日。

政本质上就是依宪执政;[1]二是由依宪执政在依法执政中的地位和作用所决定的。具体说来有以下几点。

(一)依宪授权是依法执政的前提和基础

一般说来,依法执政既是依法治国的基本内容和重要组成部分,又是现代政党政治的普遍要求。但依法执政的前提和基础在于依宪授权。这是因为,宪法是"整体权力来自被统治者的政府宪章"。因而,只有依宪授权,执政党才能获得自身执政的合法性地位,才能真正解决自身执政权来源的正当性与合法性问题。众所周知,宪法是人民根本利益和意志的体现,因而,"依宪授权"实质上就是人民授权。中国共产党执政地位的取得,表面上是通过革命武装斗争的途径,但实质上是人民的选择、人民的授权。人民已经按照自己的意志和利益"用脚"进行了投票。因而,中国共产党执政地位的取得,就表明中国共产党实质上已得到人民的"依宪"授权。其后,中国共产党领导人民制定了宪法和法律,依宪确立了中国共产党的执政党地位、赋予了中国共产党执政权。这里特别要明确的一点是,人民对中国共产党执政地位的依宪授权,是从宏观上和总体上对中国共产党整个政党的授权,而不是从微观上对一些具体党员的授权。因而,在中国共产党"依宪"获得执政地位和执政权后,中国共产党的各级领导干部要想进入国家政权,行使国家权力,还必须得到人民的依宪授权。而人民依宪授权的法定途径就是人民代表大会制度下的"民主选举"。那么,综上所述,中国共产党在取得执政地位后,就必须依法执政特别是依宪执政,就必须依宪、依法管理国家和社会事务。

(二)依宪用权是依法执政的核心

"政党是国家权力的轴心。"[2]政党的两大职能就是夺取国家政权和维护国家政权,即掌握国家权力和运用国家权力,而这正是其与利益集团等社会团体的本质区别所在。因而,政党执政的核心就在于掌握并运用国家权力。那么,政党依法执政的核心就在于依法特别是依宪掌握并运用国家权力。这是因为,如上所述,政党依法执政的前提和基础是人民的依宪授权。因而,政党一旦

---

〔1〕 参见邓联繁:《依宪执政:依法执政之实质》,载《武汉大学学报》(哲学社会科学版)2005年第1期。

〔2〕 龚祥瑞:《比较宪法与行政法》,法律出版社2012年版,第286页。

依宪获得执政地位,依宪掌握或进入国家政权后,就必须依宪用权,包括依照宪法和法律规定的方式、途径、范围运用国家权力;另外,在现代民主法治的条件下,国家的权力都是由宪法和法律加以规定和限制的。其中,宪法规范正是一种组织国家权力的规范,其特点之一就是“组织性”与“限制性”并存,即宪法在组织国家机构并对其“授权”的同时又对其进行“限权”,因为宪法授权的范围即权力运行的边界,宪法规定的方式、途径、程序即权力运行的依循。这就为执政党运用国家权力提供了依据,同时也为执政党运用国家权力划定了界限。因而,执政党运用国家权力就必须遵循宪法和法律的规定,即必须依宪用权。

对于中国共产党来说,强调依宪用权,一是指中国共产党必须通过法定的方式运用国家权力。我国《宪法》第5条第1款明确规定:“中华人民共和国实行依法治国,建设社会主义法治国家。”这表明,法治是我国《宪法》规定的治国理政的基本方略,也是中国共产党执政的基本方式。这就要求,中国共产党在执政的过程中必须通过法治的方式治国理政,必须领导立法、保证执法、带头守法。二是指中国共产党必须在法定的范围内运用国家权力。根据宪法学原理,无论是执政党的执政权,还是国家机关的具体权力,都是人民依宪授予的,都应有法定的范围。因而,执政党运用国家权力必须在法定范围内,而不能逾出这个边界。三是指中国共产党必须通过法定程序运用国家权力。正当法律程序原则是法治的基本原则之一,遵循正当法律程序是法治的基本要求。因为“正是程序决定了法治与恣意的人治之间的基本区别”,[1]因而,中国共产党不仅要在法定的范围内运用国家权力,还必须通过法定的程序运用国家权力。

(三)正确处理好党与宪法法律关系是依法执政的关键

坚持党的领导,是中国特色社会主义法治建设顺利进行的根本保证所在。党的十八届四中全会作出的《决定》第一次对党与社会主义法治的关系作出了准确界定,即“党的领导和社会主义法治是一致的,社会主义法治必须坚持党的领导,党的领导必须依靠社会主义法治”等。这就为我们正确处理好党的领导与社会主义法治建设的关系提供了根本遵循,同时也将两者有机统一了起来。

党与宪法法律关系的问题实质上即党大还是法大的问题。在总结历史经

---

〔1〕 季卫东:《法治秩序的建构》,商务印书馆2014年版,第3页。

验教训的基础上,我们党对党与宪法法律关系的问题有了更深刻的认识,通过1982年中共党章和1982年《宪法》明确提出了"党必须在宪法和法律的范围内活动",对这一问题作出了明确的回答。自此之后,无论是官方还是理论界大都认为党与宪法法律关系的问题已经解决,"党大还是法大"的问题已经成了一个伪命题。对此,李林研究员发表了一篇《廓清"党大还是法大"这个伪命题》文章,对"党大还是法大"问题作了解答。[1] 对此,笔者基本表示赞同。但笔者认为,对这一问题可以作进一步探讨,以便我们更好地认识和解决这一问题。

我们认为,对于"党大还是法大"是不是伪命题不能一概而论,应作具体区分。如果就理论层面、法定层面而言,"党大还是法大"应是一个不折不扣的伪命题。因为从理论层面来讲,中国共产党是我国的执政党,我国的宪法和法律都是在党的领导下制定出来的,是党的意志与人民利益的集中体现,因而,党自然要带头遵守宪法和法律,必须要在宪法和法律的范围内活动;而从法定层面来讲,无论是作为党内"根本大法"的中共党章还是作为国家根本大法的宪法,均明确规定"党必须在宪法和法律的范围内活动",这就对"党大还是法大"的问题作出了明确回答,从而使"党大还是法大"成了伪命题。具言之,自党的十一届三中全会以来,我们党对中华人民共和国成立以来的历史经验教训进行了总结,通过了《关于建国以来党的若干历史问题的决议》,特别是对宪法和法律的地位和作用有了重新认识,对党与宪法法律的关系进行了重新界定,在1982年党的十二大通过的新党章中首次明确规定了"党必须在宪法和法律的范围内活动",这无疑具有重大的历史意义和现实意义。以这一精神为指导,1982年修改宪法时,将"党必须在宪法和法律的范围内活动"这一内容反映到了宪法中,即"一切国家机关和武装力量、各政党和各社会团体、各企业事业组织都必须遵守宪法和法律。一切违反宪法和法律的行为,必须予以追究"。这就以国家根本大法的形式首次对党与宪法法律的关系作出了重新界定,对"党大还是法大"问题作出了明确回答。因而,无论是从理论层面还是从法定层面来讲,"党大还是法大"都是伪命题。

但是,众所周知的是,理论上的、法定上的并不等于实践上的。尽管从理论层面、法定层面来讲,"党大还是法大"是不折不扣的伪命题,但从实践层面来

---

[1] 参见李林:《廓清"党大还是法大"这个伪命题》,载《前线》2017年第1期。

看,“党大还是法大”却是一个真命题,主要表现为权大于法的问题。正如习近平总书记指出:“如果说‘党大还是法大’是一个伪命题,那么对各级党政组织、各级领导干部来说,权大还是法大则是一个真命题。”[1]因为从实践层面来看,党与宪法法律的关系并未完全真正理顺,一些党员干部,特别是领导干部,甚至高级领导往往以“坚持党的领导”为借口,错误地将“坚持党的领导”与“社会主义法治”对立起来,不当地干预一些地方的立法、执法、司法工作,甚至“一手遮天”“无法无天”,“以言代法、以权压法、徇私枉法”现象严重,这就严重妨碍了宪法和法律的实施,损害了宪法和法律的权威。因而,如何在实践中正确处理好党与宪法法律的关系,正是依法治国、依法执政的关键所在。党的十八届四中全会作出的《决定》中提出的诸多措施,如“建立领导干部干预司法活动、插手具体案件处理的记录、通报和责任追究制度”“建立重大决策终身责任追究制度及责任倒查机制”等,其目的正是解决这一实践中的真命题。

(四)依宪监督是依法执政的重要保障

“一切有权力的人都容易滥用权力,这是万古不易的一条经验。”[2]要避免执政权与国家权力的滥用,就必须对执政党的执政活动依法特别是依宪进行监督和制约。在此需要说明的是,之所以强调“依宪进行监督和制约”,这既是由宪法的根本大法地位所决定的,也是由宪法规范既“授权”又“限权”的特性所决定的。也就是说,既然执政党的执政地位来自于人民的依宪授权,执政党又要依宪用权,就应该依宪对执政党的执政活动进行监督和制约。

而依法执政的重要内容和应有之义,就是用宪法和法律的手段对执政党的执政活动进行监督和制约,使执政党在宪法和法律规定的范围内运用国家权力。在我国,由于奉行民主集中制原则,“以权利制约权力”是我国防止权力滥用的主要途径。在我国,人民既是国家和社会的主人,又是宪法和法律上的“主权者”。人民虽然将国家权力授予了各级国家机关,但人民始终握有“最后的控制权”,可以依宪通过人民代表大会制度对国家权力的行使进行监督,包括人民的直接监督和通过人大的间接监督。我国宪法明确规定,国家的一切权

---

〔1〕《习近平内部讲话首披露:党大还是法大是伪命题》,载腾讯网:http://news.qq.com/a/20150430/001574.htm,最后访问日期:2018年10月24日。

〔2〕[法]孟德斯鸠:《论法的精神》(上卷),张雁深译,商务印书馆1961年版,第154页。

力属于人民,人民行使国家权力的途径是全国人大和地方各级人大,再由各级人大选举产生“一府两院”,“一府两院”对人大负责、受人大监督。这样,人民既可以直接监督国家机关及其工作人员,也可以通过各级人大对“一府两院”及其工作人员间接进行监督,以保证国家的权力始终服务于人民的意志和利益。而由于中国共产党必须在宪法和法律规定的范围内活动,“必须通过人民代表大会执政”,[1]因而,人民通过对国家机关及其工作人员的依宪监督,也就对各级党组织的执政活动进行了依宪监督。

四、依法执政的核心在于依法规范党与国家机关关系

依法执政是新的历史条件下中国共产党执政的基本方式。依法执政,实质上就是党坚持依法治国的基本方略,领导人民建设社会主义法治国家,其必然要求依法规范党与国家机关的关系,不断推进党与国家机关关系的法制化、规范化,这是党实现依法执政的关键。政治体制改革的关键首先是党政分开。[2]因而,在新的历史条件下,我们应根据依法执政的要求,依法规范党与国家机关的关系,支持国家机关依法履行职权。

(一)依法规范党与人大的关系,支持人大依法行使职权

党与人大的关系,既是党政关系的核心,也是正确处理好党政关系的关键。因而,依法规范党与国家机关的关系,首先就在于依法规范党与人大的关系,督促、支持和保证人大依法行使职权。党的十一届三中全会后,随着改革开放的推进,以及我们党对社会主义法制建设的重视,特别是依法治国基本方略的全面推进,党对人大工作的重视程度开始提高,党积极支持人大行使立法权,以求尽快形成完善的法律体系。在这一过程中,人大的地位获得了很大的提升。但是,由于党与人大的关系尚未依法理顺,人大依然未能完全依法自主性地行使职权,人大在我国政治生活中发挥的作用仍然有限。

要使人大的地位能够得到提高,人大的作用能够得以发挥,关键是要依法规范党与人大的关系,依法处理好党的领导与人大依法行使职权的关系。而这

---

〔1〕 周叶中、庞远福:《论“法治中国”的内涵与本质》,载《政法论丛》2015 年第 3 期。

〔2〕 赵紫阳:《沿着有中国特色的社会主义道路前进——在中国共产党第十三次全国代表大会上的报告》,载新华网:http://news. xinhuanet. com/ziliao/2003 - 01/20/content_697061. htm,最后访问日期:2017 年 12 月 12 日。

首先要求,党必须坚持和完善人民代表大会制度。人民代表大会制度是我国的政权组织形式和根本政治制度,是我国人民当家作主的根本制度途径。党只有坚持和完善人民代表大会制度,才会将人民代表大会制度作为党治国理政的根本途径,尊重人大国家权力机关的地位,支持人大依法行使职权。正如郑永年教授指出:"党政关系方面,党要通过人民代表大会制度来干预和参与政治。共产党不是西方制度下的议会党,因为它居绝对的领导地位,但这并不意味着共产党不能通过人民代表大会制度来产生政府、监督政府和实行政府的轮替交接。避开西方不谈,中共也可以从其他一些政党吸取经验。如新加坡的人民行动党是通过把本党最优秀的人才选入议会来执政的。共产党也可以通过各种制度途径,把自己的优秀人才选入各级人民代表大会而执政。"[1]依法规范党与人大的关系,具体说来,就是依法处理好党的领导与人大依法行使职权的关系,达到既坚持党的领导又保证人大依法行使职权的目的。

第一,必须依法处理好党的立法建议权与人大依法行使立法权的关系。人大依法行使立法权,这是宪法和法律赋予人大的权力。同时,人大依法行使立法权必须坚持党的领导,这是党的执政党地位决定的。但党对人大立法工作的领导是通过立法建议权来实现的。凡是党关于国家事务的主张,需要全体人民一体遵循的,都必须先向人大提出立法建议,再由人大来决定是否立法。这就是说,党的立法建议最终要取决于人大的决定。

第二,必须依法处理好党的决策权与人大重大事项决定权的关系。由于党是中国特色社会主义事业的领导核心,党自然享有决策权,有权对国家事务作出决策。正如列宁指出:"我们党是一个执政的党,党的代表大会所通过的决议,对于整个共和国都是必须遵守的。"[2]而人大是我国的权力机关,是人民行使国家权力的主要途径,自然享有重大事项决定权,有权对国家和地方的重大事项作出决定,这是人大全权地位的根本体现,也是人民主权原则的必然要求。因而,党的决策权就可能与人大重大事项决定权发生矛盾和冲突。而要依法处理好党的决策权与人大重大事项决定权的关系,首先,必须要明确两者具有一致性,它们的行使都以人民的意志和利益为依据,都以人民的最大利益为目的;

---

〔1〕 郑永年:《改革及其敌人》,浙江人民出版社2011年版,第190~191页。

〔2〕 《列宁全集》(第32卷),人民出版社1958年版,第207页。

两者的实现过程也是统一的，党的决策权是路线方针政策的领导，其基本要求是通过国家机关的活动贯彻落实自己的路线方针政策。党的关于国家事务的重大主张，正是通过人大的重大事项决定权予以实现的。至于两权在实际工作中关系的处理准则应该是，决定权必须服从决策权，决策权不能代替决定权，应尊重和支持决定权。其次，必须明确两者存有根本的不同，中国共产党是执政党，其领导方式主要是使党的主张经过法定程序转变成国家意志。可见，党的决策权仅具有导向性，没有国家意志性，它为人大决定重大事项指明方向和应当遵循的原则。而人大是代表人民行使国家权力的机关，因而其决定权具有国家意志性，所作出的决定具有普遍约束力。正因为两权之间存在上述差异，因而，在具体工作实践中，人大决定重大事项要遵循党的决策，而党的组织又必须尊重并服从人大的决定。

第三，必须依法处理好党管干部原则与人大依法行使任免权的关系。党管干部是党对国家事务进行领导的一项重要内容，是维护和巩固执政党地位的组织保证。而任免权是人大的一项非常重要的职权。人大依法行使任免权的过程，实质上就是其根据国家权力所有者的意愿选出合格或罢免不合格国家权力使用者的过程。因而，现实中存在如何处理好党管干部原则与人大依法行使任免权的困惑。必须要依法处理好党管干部原则与人大依法行使任免权的关系。具言之，一是人大依法行使任免权必须坚持党管干部的原则。党管干部是我国政治生活中的一项重要原则，人大依法行使任免权必须坚持党的领导，自觉地坚持这一原则，这是行使好任免权的前提和基础。二是党要积极支持人大依法行使任免权。党要充分理解人大依法行使任免权的实质和重要作用，积极支持人大依法行使任免权，发挥人大的“把关”作用，使党推荐的人选经过法定的程序成为国家机关工作人员。这就要求，党委在推荐领导干部时，必须重视人大代表和人大常委会组成人员的意见，必须尊重人大代表和人大常委会组成人员的选择，明白党委推荐的候选人只具有建议性质，能否最终通过要依赖于人大及其常委会任免权的依法行使。

（二）依法规范党与政府的关系，支持政府依法行政

党与政府的关系，是党政关系的重要内容，要依法规范党与政府的关系，支持政府依法行政。必须明确党的执政权与政府行政权的关系。两者既有不同，也有一致之处。就不同之处而言有以下四点。一是主体不同，执政权的主体是

政党,在我国是中国共产党,而行政权的主体是行政机关,在我国则是各级人民政府。二是性质不同。执政权是政党权的一个组成部分,也是一种具体的政治权利,它与公民所享有的宪法上的基本权利并无性质的差别。执政党提出依法执政这一命题,其意图在于通过法律来保障和规范其自身的这一政治权利,而执政权作为宪法赋予某一政党的一种具体化的基本政治性权利,也只能通过宪法性法律来加以具体化。[1] 而行政权是一种国家公共权力,是一种不平等主体之间管理与被管理的权力,即行政主体代表国家强制被管理者服从的力量。[2] 执政权与行政权性质的不同,决定了中国共产党应依法行使执政权,同时应支持政府依法行使行政权。三是法律依据不尽相同。执政权的法律依据主要是宪法和法律,而行政权的法律依据除了宪法和法律外,还包括大量的行政法规、行政规章等。四是权限范围不同,执政权是对整个国家政权的领导权,涉及立法、行政、司法等各个领域,而行政权只涉及国家行政机关从事的执行管理活动一个领域。而就一致之处而言有以下三点。一是指导思想相同,无论是中国共产党行使执政权,还是各级人民政府行使行政权,都必须坚持马列主义、毛泽东思想和中国特色社会主义理论体系的指导;二是两者都要以宪法和法律为依据,都要在宪法和法律规定的范围内活动;三是目的和本质相同,都是为了维护和实现最广大人民的根本利益。

综上所述,执政权与行政权的关系,决定了执政权决不能代替行政权,也不能直接指挥行政权,而应依法处理好两者关系。

因而,我们必须立足人民代表大会制度,依法规范党与政府的关系。根据我国宪法和法律的规定,我国的各级政府均由本级人大产生,对它负责,受它监督。各级人大有权选举和罢免本级政府的组成人员。这一规定确认了人大和政府的关系,也明确了政府在宪法和法律上应对谁负责的问题。而人大对政府的领导是一种政治上的领导,是一种间接的领导。因而,党应依法通过各级人大实现对各级政府的领导,具体说来有以下四点。其一,党的路线方针政策应首先通过立法建议权,依法向人大提出立法建议,由人大经过法定程序转化为

---

〔1〕 参见秦前红、叶海波:《社会主义宪政研究》,山东人民出版社 2008 年版,第 360 页。

〔2〕 参见胡建森主编:《公权力研究——立法权 · 行政权 · 司法权》,浙江大学出版社 2005 年版,第 201 页。

国家意志,然后再依法交由政府执行。其二,党对各级政府的组织领导,必须依法向各级人大推荐干部,由各级人大依法任免。正如彭真同志指出:“我们党管理干部历来有一套行之有效的制度,现在国家也有一套选举、任免制度。人大常委会决定任免、批准任免,是一项重要职责。对报请批准任免的人员,主要依靠报请单位的审查。如果对其中有的人不同意,可以不批准。”[1]其三,党关于国家和地方重大事务的决策贯彻落实,必须依法通过人大的重大事项决定权,先由各级人大依法分别就国家和本地方的重大事项作出决定,再依法交由政府执行。其四,党对政府的监督和控制,须借助于人大的监督权,通过人大依法对政府的活动进行监督,对违法行政行为进行制裁。

(三)依法规范党与司法机关的关系,支持司法机关公正司法

司法是现代社会中解决纠纷的基本方式,也是保障社会公平正义的最后一道防线。现代社会之所以变得文明进步,正是由于人们之间的矛盾纠纷不再像过去一样只能通过赤裸裸的暴力斗争来解决,而是可以和平地提交给第三方中立机构即司法机关,由其依据法律来公正裁决。“对执政者来说,司法更是社会和政治秩序的根本。法就是秩序,这是中国传统法家学说的核心。对任何统治者来说,对司法的信任是一个社会的最基本面,也是最后一根‘稻草’,道理很简单,一旦社会失去对司法的信任,怀疑司法,那么这个社会就必然出现暴力横行的局面。所以,任何一个法治社会都会动用一切可以动员的力量,不惜成本来保障司法的公正和司法的尊严。在法治社会,统治者本身受到批评甚至攻击是小事,但帮助统治者统治国家的司法则是不可以遭到批评和攻击的。‘藐视法庭’是一项非常严重的罪行。”[2]而司法获得社会信任的前提就是审判独立。只有实现审判独立,司法机关才能免受非法干预,才能公正司法,正确适用法律,才能依法公正地处理纠纷,平衡社会利益关系、化解社会矛盾、维护社会秩序,保障社会的公平正义,也才能够树立法律的权威,使法律获得社会的信任,带来法治。

这要求依法规范党与司法机关的关系,容许审判独立,支持司法机关公正司法。

---

〔1〕《彭真文选》(1941~1990年),人民出版社1991年版,第387页。

〔2〕郑永年:《中国改革三步走》,东方出版社2012年版,第77页。

首先,我们必须正确认识坚持党的领导与审判、检察独立的关系。坚持党的领导与审判、检察独立之间没有矛盾之处。审判、检察独立是指司法机关依法独立行使审判权、检察权,而不是指司法机关不要坚持党的领导。实际上,党对司法机关的领导是始终存在的,只不过党的领导是政治、思想和组织上的领导,而不是对司法机关依法行使审判权、检察权具体业务的领导。在坚持党的领导的前提下,一样可以实现审判、检察独立。在此,还必须明确的一点是,西方国家的司法机关也不是绝对独立的,也要受到执政党的间接影响和控制。如黑格指出:"相对于被提名者的司法经验和法律知识,其意识形态倾向、政党关系和清白的个人历史才更加重要。"[1]

其次,党必须立足人民代表大会制度,依法规范与司法机关的关系。根据宪法和法律的规定,我国各级司法机关均由本级人大产生,对它负责,受它监督。各级人大有权选举和罢免本级司法机关的组成人员(其中,检察院检察长的任免要由上一级检察院检察长提请同级人大常委会批准)。这一规定依法确认了人大与司法机关的关系,明确了司法机关在宪法和法律上应对谁负责的问题。而党对司法机关的领导是政治、思想和组织上的领导。党必须依法通过人大对司法机关进行领导,具体说来:其一,党对司法机关的政治领导,使司法机关能够贯彻落实党的路线方针政策,表现在党必须通过依法向人大提出立法建议,由人大将党的路线方针政策依法定程序转化为国家意志,这样,司法机关适用法律的过程,也就贯彻落实了党的路线方针政策;其二,党对司法机关的组织领导,必须通过依法向人大推荐司法机关领导人员,由人大依法任免;其三,党要防止司法机关滥用司法权力,避免出现司法不公现象,就可以借助人大的监督权,通过人大对司法机关的司法活动依法进行监督,并对司法不公的现象进行查处。

---

〔1〕 [英]罗德·黑格、马丁·哈罗普:《比较政府与政治导论》,张小劲等译,中国人民大学出版社2007年版,第312页。

参考文献

一、经典著作

[1]《马克思恩格斯全集》(第1卷),人民出版社1956年版。

[2]《马克思恩格斯全集》(第6卷),人民出版社1961年版。

[3]《马克思恩格斯选集》(第2卷),人民出版社1995年版。

[4]《马克思恩格斯选集》(第3卷),人民出版社1995年版。

[5]《马克思恩格斯选集》(第4卷),人民出版社1972年版。

[6]《列宁全集》(第17卷),人民出版社1988年版。

[7]《列宁全集》(第20卷),人民出版社1962年版。

[8]《列宁全集》(第32卷),人民出版社1958年版。

[9]《列宁选集》(第4卷),人民出版社1995年版。

[10]《列宁选集》(第6卷),人民出版社1986年版。

[11]《毛泽东选集》(第2卷),人民出版社1991年版。

[12]《邓小平文选》(第2卷),人民出版社1994年版。

[13]《江泽民文选》(第2卷),人民出版社2006年版。

[14]《江泽民文选》(第3卷),人民出版社2006年版。

[15]《彭真文选》(1941~1990年),人民出版社1991年版。

二、中文著作

[1]严存生主编:《西方法律思想史》,法律出版社2004年版。

[2]《西方法律思想史资料选编》,北京大学出版社1983年版。

[3]秦前红主编:《新宪法学》,武汉大学出版社2005年版。

[4]《习近平关于全面依法治国论述摘编》,中央文献出版社2015年版。

[5]《〈中共中央关于全面推进依法治国若干重大问题的决定〉辅导读本》,人民出版社 2014 年版。

[6]蔡定剑:《历史与变革——新中国法制建设的历程》,中国政法大学出版社 1999 年版。

[7]王人博、程燎原:《法治论》,广西师范大学出版社 2014 年版。

[8]李培传主编:《中国社会主义立法的理论与实践》,中国法制出版社 1991 年版。

[9]周旺生:《立法学教程》,北京大学出版社 2006 年版。

[10]许崇德:《中华人民共和国宪法史》(上册),福建人民出版社 2005 年版。

[11]许崇德:《中华人民共和国宪法史》(下册),福建人民出版社 2005 年版。

[12]周叶中主编:《宪法》,高等教育出版社 2011 年版。

[13]李龙主编:《法理学》,人民法院出版社、中国社会科学出版社 2003 年版。

[14]朱景文主编:《法理学》,中国人民大学出版社 2012 年版。

[15]季卫东:《宪政新论——全球化时代的法与社会变迁》,北京大学出版社 2005 年版。

[16]张文显主编:《法理学》,高等教育出版社 2003 年版。

[17]周旺生主编:《立法研究》(第 2 卷),法律出版社 2001 年版。

[18]《中外法学原著选读》,群众出版社 1986 年版。

[19]周叶中:《宪政中国研究》(上册),武汉大学出版社 2006 年版。

[20]许崇德主编:《中国宪法》,中国人民大学出版社 1996 年版。

[21]豆星星:《修宪权基本理论研究》,知识产权出版社 2009 年版。

[22]韩大元编著:《1954 年宪法与新中国宪政》,湖南人民出版社 2004 年版。

[23]何勤华、任超等:《法治的追求——理念、路径和模式的比较》,北京大学出版社 2005 年版。

[24]刘政、程湘清:《人民代表大会制度的理论与实践》,中国民主法制出版社 2003 年版。

[25]陈斯喜:《人民代表大会制度概论》,中国民主法制出版社 2008 年版。

[26]中共中央文献研究室编:《十五大以来重要文献选编》(上册),人民出版社 2000 年版。

[27]中共中央文献研究室编:《十六大以来重要文献选编》(中册),中央文献出版社 2006 年版。

[28]蔡定剑:《中国人民代表大会制度》,法律出版社 2003 年版。

[29]任喜荣:《地方人大监督权论》,中国人民大学出版社 2013 年版。

[30]胡建淼主编:《公权力研究》,浙江大学出版社 2005 年版。

[31]季卫东:《法治秩序的建构》,商务印书馆 2014 年版。

[32]刘用军、王美丽、梁静:《论监督司法》,群众出版社 2009 年版。

[33]王明辉:《何谓法学》,中国戏剧出版社 2005 年版。

[34]中共中央党史研究室:《中国共产党历史(1949～1978)》(第 2 卷·上),中共党史出版社 2011 年版。

[35]孙哲:《全国人大制度研究》(1979～2000),法律出版社 2004 年版。

[36]李忠:《党内法规建设研究》,中国社会科学出版社 2015 年版。

[37]殷啸虎主编:《中国共产党党内法规通论》,北京大学出版社 2016 年版。

[38]蒋碧昆主编:《宪法学》,中国政法大学出版社 2002 年版。

[39]李龙主编:《宪法基础理论》,武汉大学出版社 1999 年版。

[40]尚海龙:《行政法的平等原则研究》,人民出版社 2017 年版。

[41]莫纪宏:《实践中的宪法学原理》,中国人民大学出版社 2007 年版。

[42]全国人大党委办公厅研究室:《中华人民共和国人民代表大会文献资料汇编》(1949～1990),中国民主法制出版社 1991 年版。

[43]大众法律图书中心编:《新编常用法律词典》,中国法制出版社 2012 年版。

[44]翟小波:《论我国宪法的实施制度》,中国法制出版社 2009 年版。

[45]殷啸虎:《宪法》,清华大学出版社 2012 年版。

[46]陈云生:《宪法监督司法化》,北京大学出版社 2004 年版。

[47]张学仁、陈宁生主编:《二十世纪之中国宪政》,武汉大学出版社 2002 年版。

[48]韩大元、林来梵、郑贤君:《宪法学专题研究》,中国人民大学出版社2008年版。

[49]周艳敏、宋慧献:《文化法学导论》,北京大学出版社2017年版。

[50]苏力:《法治及其本土资源》,中国政法大学出版社2004年版。

[51]韩大元主编:《共和国六十年法学论争实录·宪法卷》,厦门大学出版社2009年版。

[52]《中国共产党中央委员会关于建国以来党的若干历史问题的决议》,人民出版社2009年版。

[53]胡锦光、韩大元:《中国宪法》,法律出版社2004年版。

[54]季卫东:《法治秩序的构建》,中国政法大学出版社1999年版。

[55]李龙主编:《西方宪法思想史》,高等教育出版社2004年版。

[56]王汉斌:《王汉斌访谈录——亲历新时期社会主义民主法制建设》,中国民主法制出版社2012年版。

[57]李鹏:《立法与监督——李鹏人大日记》(上册),新华出版社、中国民主法制出版社2006年版。

[58]徐秀义、韩大元主编:《现代宪法学基本原理》,中国人民公安大学出版社2001年版。

[59]王长江:《中国政治文明视野下的党的执政能力建设》,上海人民出版社2005年版。

[60]许崇德主编:《宪法与民主政治》,中国检察出版社1994年版。

[61]胡锦光:《合宪性审查比较研究》,中国人民大学出版社2006年版。

[62]王广辉:《比较宪法学》,北京大学出版社2007年版。

[63]卢先福主编:《执政能力建设论》,浙江人民出版社2005年版。

[64]王长江、姜跃等:《现代政党执政方式比较研究》,上海人民出版社2002年版。

[65]林勋健主编:《西方政党是如何执政的》,中共中央党校出版社2001年版。

[66]杨绍华:《科学执政、民主执政、依法执政——中国共产党执政方式问题研究》,人民出版社2008年版。

[67]林尚立:《党的执政能力建设》,重庆出版社2009年版。

[68]王长江:《政党论》,人民出版社2009年版。

[69]龚祥瑞:《比较宪法与行政法》,法律出版社2012年版。

[70]杨海坤主编:《宪法学基本论》,中国人事出版社2002年版。

[71]李良栋:《"第三波"与21世纪中国民主》,中共中央党校出版社2001年版。

[72]李林:《法治与宪政的变迁》,中国社会科学出版社2005年版。

[73]熊辉:《中国共产党领导方式和执政方式现代化研究》,湖南人民出版社2010年版。

[74]萧公权:《中国政治思想史》,新星出版社2010年版。

[75]李瑜青等:《中国共产党治国理政研究》,上海人民出版社2011年版。

[76]夏曾佑:《中国古代史》(上册),商务印书馆1934年版。

[77]吕增奎主编:《执政的转型——海外学者论中国共产党的建设》,中央编译出版社2011年版。

[78]郑永年:《改革及其敌人》,浙江人民出版社2011年版。

[79]秦前红、叶海波:《社会主义宪政研究》,山东人民出版社2008年版。

[80]蔡定剑:《论道宪法》,译林出版社2011年版。

[81]郑永年:《中国改革三步走》,东方出版社2012年版。

[82]卞建林主编:《共和国六十年法学论争实录——诉讼法卷》,厦门大学出版社2009年版。

[83]刘国利:《人文主义法学研究》,法律出版社2016年版。

[84]公丕祥主编:《法制现代化研究》(第1卷),南京师范大学出版社1995年版。

三、中文译著

[1][日]芦部信喜:《宪法》,林来梵等译,北京大学出版社2006年版。

[2][美]格伦顿、戈登、奥萨魁:《比较法律传统》,米健等译,中国政法大学出版社1993年版。

[3][美]庞德:《法律史解释》,曹玉堂等译,华夏出版社1989年版。

[4][法]孟德斯鸠:《论法的精神》(上册),张雁深译,商务印书馆1961年版。

[5][古希腊]亚里士多德:《政治学》,吴寿彭译,商务印书馆 1965 年版。

[6][古希腊]柏拉图:《柏拉图全集》(第 2 卷),王晓朝译,人民出版社 2003 年版。

[7][英]威廉・韦德:《行政法》,楚建译,中国大百科全书出版社 1997 年版。

[8][英]戴维・M. 沃克:《牛津法律大辞典》,李双元等译,法律出版社 2003 年版。

[9][英]哈耶克:《通往奴役之路》,王明毅等译,中国社会科学出版社 1997 年版。

[10][美]E. 博登海默:《法理学——法律哲学与法律方法》,邓正来译,中国政法大学出版社 1999 年版。

[11][美]庞德:《通过法律的社会控制——法律的任务》,沈宗灵等译,商务印书馆 1984 年版。

[12][美]伯尔曼:《法律与宗教》,梁治平译,三联书店 1991 年版。

[13][法]卢梭:《论人类不平等的起源和基础》,李常山译,商务印书馆 1962 年版。

[14][美]潘恩:《潘恩选集》,马清槐译,商务印书馆 1981 年版。

[15][英]洛克:《政府论》(下篇),叶启芳等译,商务印书馆 1964 年版。

[16][英]J. S. 密尔:《代议制政府》,汪瑄译,商务印书馆 1982 年。

[17][美]汉密尔顿、杰伊、麦迪逊:《联邦党人文集》,程逢如等译,商务印书馆 1980 年版。

[18][美]威尔逊:《国会政体》,熊希龄、吕德本译,商务印书馆 1986 年版。

[19][美]李侃如:《治理中国——从革命到改革》,胡国成、赵梅译,中国社会科学出版社 2010 年版。

[20][荷]亨利・范・马尔赛文、格尔・范・德・唐:《成文宪法的比较研究》,陈云生译,华夏出版社 1987 年版。

[21][古希腊]柏拉图:《理想国》,郭斌和、张竹明译,商务印书馆 1989 年版。

[22][美]塞缪尔・P. 亨廷顿:《变化社会中的政治秩序》,王冠华等译,三联书店 1989 年版。

[23][美]查尔斯·林德布洛姆蒂:《政治与市场:世界的政治——经济制度》,王逸舟译,三联书店、上海人民出版社1997年版。

[24][英]K. C. 惠尔:《现代宪法》,翟小波译,法律出版社2006年版。

[25][英]罗德·黑格、马丁·哈罗普:《比较政府与政治导论》,张小劲等译,中国人民大学出版社2007年版。

[26][德]马克斯·韦伯:《儒教与道教》,王容芬译,商务印书馆1995年版。

[27][美]乔治·霍兰·萨拜因:《政治学说史》(上册),盛葵阳等译,商务印书馆1986年版。

[28][英]约翰·洛克:《政府论》,杨思派译,中国社会科学出版社2009年版。

[29][美]罗斯科·庞德:《普通法的精神》,唐前宏等译,法律出版社2001年版。

[30][英]梅因:《古代法》,沈景一译,商务印书馆1984年版。

[31][美]德沃金:《法律帝国》,李常青译,中国大百科全书出版社1996年版。

[32][日]芦部信喜:《制宪权》,王贵松译,中国政法大学出版社2012年版。

[33][法]西耶斯:《论特权,第三等级是什么?》,冯棠译,商务印书馆1990年版。

[34][美]约瑟夫·斯托里:《美国宪法评注》,毛国权译,上海三联书店2006年版。

[35][英]A. J. M. 米尔恩:《人的权利与人的多样性——人权哲学》,夏勇、张志铭译,中国大百科全书出版社1995年版。

[36][意]G. 萨托利:《政党与政党体制》,王明进译,商务印书馆2006年版。

[37][英]约翰·霍夫曼:《主权》,陆彬译,吉林人民出版社2005年版。

[38][英]戴维·米勒、韦农·波格丹诺主编:《布莱克维尔政治学百科全书》,邓正来等译,中国政法大学出版社2002年版。

[39][英]米尔顿:《为英国人民声辩》,何宁译,商务印书馆1997年版。

[40][德]马克斯·韦伯:《论经济与社会中的法律》,张乃根译,中国大百科全书出版社1998年版。

[41][古希腊]柏拉图:《法律篇》,张智仁、何勤华译,上海人民出版社2001年版。

[42][美]劳伦斯·迈耶、约翰·伯内特、苏珊·奥格登:《比较政治学——变化世界中的国家和理论》,罗飞等译,华夏出版社2001年版。

[43][美]加布里埃尔·A.阿尔蒙德、小G.宾厄姆·鲍威尔:《比较政治学——体系、过程和政策》,曹沛霖等译,东方出版社2007年版。

四、论文类

[1]李龙:《中国特色社会主义法治体系的理论基础、指导思想和基本构成》,载《中国法学》2015年第5期。

[2]周叶中、庞远福:《论"法治中国"的内涵与本质》,载《政法论丛》2015年第3期。

[3]伊士国:《社会主义法治国家建设的新纲领》,载《湖北社会科学》2013年第5期。

[4]黄坤明:《深刻理解"四个全面"的重要意义》,载《求是》2015年第13期。

[5]刘志云、刘盛:《供给侧改革背景下的经济法:挑战与回应》,载《政法论丛》2017年第4期。

[6]李林:《法治中国建设的宏伟蓝图》,载《中国司法》2014年第1期。

[7]李林:《论党与法的高度统一》,载《法制与社会发展》2015年第3期。

[8]徐凤英:《设区的市地方立法能力建设探究》,载《政法论丛》2017年第4期。

[9]伊士国:《论形成完善的党内法规体系》,载《学习与实践》2017年第7期。

[10]周旺生:《中国立法五十年》(上),载《法制与社会发展》2000年第5期。

[11]顾昂然:《回顾新中国法制建设的历程》,载《中国人大》2004年第8期。

[12]吴邦国:《加强立法工作　提高立法质量——为形成中国特色社会主义法律体系而奋斗》,载《求是》2004 年第 3 期。

[13]吴邦国:《形成中国特色社会主义法律体系的重大意义和基本经验》,载《求是》2011 年第 3 期。

[14]胡康生:《对中国特色社会主义法律体系几个问题的研讨》,载《中国人大》2010 年第 19 期。

[15]吴邦国:《在形成中国特色社会主义法律体系座谈会上的讲话》,载《中国人大》2011 年第 2 期。

[16]周叶中、伊士国:《关于中国特色社会主义法律体系的几个问题》,载《思想理论教育导刊》2011 年第 6 期。

[17]许崇德:《充分认识宪法在中国特色社会主义法律体系中的统帅作用》,载《求是》2011 年第 7 期。

[18]全国人大常委会法工委研究室:《在新的历史起点上不断完善中国特色社会主义法律体系》,载《求是》2011 年第 6 期。

[19]张建田:《再论军事法应当作为中国特色社会主义法律体系的部门法》,载《法学杂志》2011 年第 8 期。

[20]孙大雄:《论法律体系完善中的配套法规建设》,载《社会主义研究》2011 年第 2 期。

[21]周永坤:《我国现行法律解释与法治观念的冲突》,载《现代法学》2006 年第 4 期。

[22]魏胜强:《我国需要制定统一的法律解释法》,载《法学》2007 年第 1 期。

[23]伊士国:《当代中国社会转型中的法律制度变革》,载《甘肃社会科学》2015 年第 1 期。

[24]张淑芳:《法律体系与法治体系之比较》,载《探索与争鸣》2011 年第 9 期。

[25]刘武俊:《解读十八大报告的法治精神》,载《中国司法》2012 年第 12 期。

[26]伊士国、尚海龙:《由“法律体系”到“法治体系”》,载《政法论丛》2014 年第 4 期。

[27]周叶中:《关于“法治中国”内涵的思考》,载《法制与社会发展》2013年第5期。

[28]孙谦:《走中国特色社会主义法治道路》,载《求是》2013年第6期。

[29]李林:《习近平法治观八大要义》,载《人民论坛》2014年第33期。

[30]习近平:《加快建设社会主义法治国家》,载《求是》2015年第1期。

[31]赵万一:《论民商法价值取向的异同及其对我国民商立法的影响》,载《法学论坛》2004年第1期。

[32]丁军:《刍论公民的法律至上观》,载《理论导刊》2005年第9期。

[33]曹建明:《形成严密法治监督体系,保证宪法法律有效实施》,载《求是》2014年第24期。

[34]师正伟:《执法检查不能偏重于基层和群众的守法情况》,载《人大研究》2010年第12期。

[35]蔡定剑:《追问政府的钱袋子》,载《民主与法治》2010年第4期。

[36]蔡定剑:《公共预算改革应该如何推进》,载《人民论坛》2010年第5期。

[37]韩大元:《地方人大监督检察机关的合理界限》,载《国家检察官学院学报》2011年第1期。

[38]罗洪祥、殷祎哲:《社会主义法治监督体系的逻辑构成及其定位》,载《政法论丛》2017年第1期。

[39]高其才:《省以下地方法院、检察院人财物统一管理改革的法律障碍》,载《苏州大学学报》(法学版)2014年第1期。

[40]刘志刚、蔡玉龙:《地方人大监督司法之模式调整》,载《人民论坛》2014年第11期。

[41]肖金明:《论党内法规体系的基本构成》,载《中共中央党校学报》2016年第6期。

[42]张志铭、于浩:《现代法治释义》,载《政法论丛》2015年第1期。

[43]江国华、彭超:《中国宪法委员会制度初论》,载《政法论丛》2016年第1期。

[44]上官丕亮:《宪法文本中的“宪法实施”及其相关概念辨析》,载《国家检察官学院学报》2012年第1期。

[45]刘茂林:《转型社会的宪法稳定观》,载《法商研究》2004 年第 3 期。

[46]周叶中、伍华军:《依宪执政:全面落实依法治国基本方略的战略举措》,载《政法论丛》2009 年第 1 期。

[47]张翔:《宪法学为什么要以宪法文本为中心?》,载《浙江学刊》2006 年第 3 期。

[48]刘瑞:《中国经济的转型与定型》,载《中国人民大学学报》2004 年第 5 期。

[49]冯英:《市场经济的宪政诉求》,载《中国社会导刊》2006 年第 14 期。

[50]卢云:《法律模式转换:一场深刻的革命性变革》,载《中国法学》1994 年第 1 期。

[51]邓联繁:《依宪执政:依法执政之实质》,载《武汉大学学报》(哲学社会科学版)2005 年第 1 期。

[52]周叶中:《加强宪政建设是执政党依法执政的必然要求》,载《法学》2008 年第 4 期。

[53]黄文艺:《论依法执政基本内涵的更新》,载《法制与社会发展》2014 年第 5 期。

[54]伊士国:《"执政方式"的宪法学分析》,载《理论与现代化》2013 年第 4 期。

[55]江平:《完善市场经济法律制度的思考》,载《中国法学》1993 年第 1 期。

[56]郭定平:《论当代政治转型理论的背景与逻辑》,载《上海社会科学院学术季刊》1997 年第 5 期。

[57]萧功秦:《近代中国人对立宪政治的文化误读及其历史后果》,载《战略与管理》1997 年第 4 期。

[58]江启疆:《我国宪法的制定、修改与社会法治化转型》,载《现代法学》2005 年第 4 期。

[59]潘自勉:《中国现代化进程中的政治转型》,载《东方论坛》2005 年第 2 期。

[60]吴世彩、刘家俊:《"和而不同"与"契约精神"——中西方和谐社会理念比较》,载《宁夏大学学报》(人文社会科学版)2008 年第 3 期。

[61]李步云、肖海军:《契约精神与宪政》,载《法制与社会发展》2005 年第 3 期。

[62]林修果:《论中国现代化进程中的契约精神》,载《福建论坛》(人文社会科学版)2006 年第 1 期。

[63]傅兆龙:《权力制约——一条重要的政治规律》,载《中国法学》1993 年第 2 期。

[64]韩大元:《宪法实施与中国社会治理模式的转型》,载《中国法学》2012 年第 4 期。

[65]胡锦光:《我国宪法修正案的技术性与规范性评析》,载《法商研究》1999 年第 6 期。

[66]伊士国:《宪法的人性分析》,载《云南大学学报》(法学版)2011 年第 3 期。

[67]童之伟:《切实推进违宪审查制度建设》,载《中国法学》2002 年第 6 期。

[68]吴家麟:《论设立宪法监督机构的必要性和可行性——为现行宪法颁布 8 周年而作》,载《法学评论》1991 年第 2 期。

[69]包万超:《设立宪法委员会和最高法院合宪性审查庭并行的复合审查制——完善我国合宪性审查制度的另一种思考》,载《法学》1998 年第 4 期。

[70]王永进、邬泽天:《我国当前社会转型的主要特征》,载《社会科学家》2004 年第 6 期。

[71]裘索:《日本合宪性审查制度的形成、发展及其对中国的启示》,华东政法学院外国法律史专业 2006 年博士学位论文。

[72]李鸿建、杨乐修:《国外合宪性审查制度比较及其启示》,载《人大研究》2007 年第 5 期。

[73]石泰峰、张恒山:《论中国共产党依法执政》,载《中国社会科学》2003 年第 1 期。

[74]韩大元:《依宪执政:依法执政的前提和基础》,载《人民论坛》2005 年第 7 期。

[75]《"法治之梦"开始于法律体系的形成》,载《新华月报》2011 年增刊。

五、网络文章

[1]中华人民共和国国务院新闻办公室:《中国的法治建设》,载中国政府网:http://www.gov.cn/zhengce/2008-02/28/content_2615764.htm。

[2]尤华:《从"窑洞对"到"不忘初心"的感悟》,载上海统一战线网:http://www.shtzb.org.cn/node2124/node2137/node2154/u1ai1850941.html。

[3]《中共中央关于全面推进依法治国若干重大问题的决定》,载西部网:http://news.cnwest.com/content/2014-10/28/content_11767768.htm。

[4]习近平:《关于〈中共中央关于全面推进依法治国若干重大问题的决定〉的说明》,载中国共产党新闻网:http://cpc.people.com.cn/n/2014/1028/c64094-25926150.html。

[5]温家宝:《关于社会主义初级阶段的历史任务和我国对外政策的几个问题》,载新华网:http://news.xinhuanet.com/politics/2007-02/26/content_5775212.htm。

[6]《焦洪昌:十九大报告提出要依法立法即破除部门利益法律化问题》,载求是网:http://www.qstheory.cn/2017-10/24/c_1121850699.htm。

[7]《中国共产党第十一届中央委员会第三次全体会议公报》,载中国共产党新闻网:http://cpc.people.com.cn/GB/64162/64168/64563/65371/4441902.html。

[8]《中共中央关于建立社会主义市场经济体制若干问题的决定》,载中国网:http://www.china.com.cn/chinese/archive/131747.htm。

[9]李鹏:《全国人民代表大会常务委员会工作报告(2003年)》,载中国人大网:http://www.npc.gov.cn/wxzl/wxzl/2003-04/04/content_312166.htm。

[10]吴邦国:《全国人民代表大会常务委员会工作报告(2008年)》,载中国人大网:http://www.npc.gov.cn/wxzl/gongbao/2008-03/18/content_1463243.htm。

[11]吴邦国:《全国人民代表大会常务委员会工作报告——2013年3月8日在第十二届全国人民代表大会第一次会议上》,载中国人大网:http://www.npc.gov.cn/npc/wbgwyz/content_1789666.htm。

[12]《习近平内部讲话首披露:党大还是法大是伪命题》,载腾讯网:

http://news. qq. com/a/20150430/001574. htm。

[13]胡锦涛:《高举中国特色社会主义伟大旗帜　为夺取全面建设小康社会新胜利而奋斗——在中国共产党第十七次全国代表大会上的报告》,载人民网:http://paper. people. com. cn/rmrb/html/2007 - 10/25/content_27198418. htm。

[14]胡锦涛:《在庆祝中国共产党成立 90 周年大会上的讲话》,载新华网:http://news. xinhuanet. com/politics/2011 - 07/01/c_121612030. htm。

[15]王晨:《关于〈中华人民共和国宪法修正案(草案)〉的说明》,载中国人大网:http://www. npc. gov. cn/npc/xinwen/2018 - 03/20/content_2052202. htm。

[16]张德江:《全国人民代表大会常务委员会工作报告——二〇一四年三月九日在第十二届全国人民代表大会第二次会议上》,载中国人大网:http://politics. people. com. cn/n/2014/0317/c1024 - 24648865. html。

[17]《中国 15 年来首次修改立法法,六大亮点引关注》,载新华网:http://news. xinhuanet. com/politics/2015 - 03/15/c_127582571. htm。

[18]《胡锦涛:坚持科学执政、民主执政、依法执政》,载人民网:http://politics. people. com. cn/GB/1024/4553808. html。

[19]吴邦国:《全国人民代表大会常务委员会工作报告——2011 年 3 月 10 日在第十一届全国人民代表大会第四次会议上》,载新华网:http://news. xinhuanet. com/politics/2011lh/2011 - 03/18/c_121203794. htm。

[20]《授权发布:中共中央关于全面深化改革若干重大问题的决定》,载新华网:http://www. sn. xinhuanet. com/2013 - 11/16/c_118166672. htm。

[21]习近平:《在首都各界纪念现行宪法公布施行 30 周年大会上的讲话》,载新华网:http://news. xinhuanet. com/politics/2012 - 12/04/c _113907206. htm。

[22]《昆明人大质询开炮:请正面回答问题》,载搜狐网:http://www. sohu. com/a/224638224_275786。

[23]祝捷:《党内法规建设为全面从严治党"立柱架梁"》,载新华网:http://news. xinhuanet. com/politics/2017 - 01/18/c_129452040. htm。

[24]《中央党内法规和规范性文件集中清理工作全部完成》,载新华网:

http://news.xinhuanet.com/politics/2014-11/17/c_1113285412.htm。

[25]《温家宝:认真学习贯彻宪法 全面推进依法行政》,载中国政府网:http://www.gov.cn/ztzl/2005-10/20/content_80721.htm。

[26]赵紫阳:《沿着有中国特色的社会主义道路前进——在中国共产党第十三次全国代表大会上的报告》,载新华网:http://news.xinhuanet.com/ziliao/2003-01/20/content_697061.htm。

六、报纸类

[1]习近平:《决胜全面建成小康社会 夺取新时代中国特色社会主义伟大胜利——在中国共产党第十九次全国代表大会上的报告》,载《人民日报》2017年10月28日,第1版。

[2]张文显:《建设中国特色社会主义法治体系》,载《法制日报》2014年12月31日,第7版。

[3]李林:《努力构建中国特色的法学学术话语体系》,载《中国社会科学报》2013年10月16日,A07版。

[4]郭春雨、张景义:《"三个至上"是对司法工作的更高要求》,载《人民法院报》2008年6月21日,第4版。

[5]《全国人大拟首设"宪法和法律委员会",背后有何深意?》,载《南方都市报》2018年3月7日,第9版。

[6]冯玉军:《借鉴国际法治文明成果 完善中国特色社会主义法律体系》,载《光明日报》2007年12月17日,第9版。

[7]《全国人大常委会如何立法?》,载《新京报》2014年3月9日,第22版。

[8]《一个地方中院院长的"前腐后继"》,载《中国青年报》2006年10月13日,第3版。

[9]张洋:《为法治提供有力保障》,载《人民日报》2014年11月19日,第17版。

[10]《"依法执政"应成为建设"法治中国"的重心——专访北京大学法学院教授强世功》,载《21世纪经济报道》2014年3月4日,第23版。

[11]王鸿任:《从代表角度谈质询权的闲置》,载《人民代表报》2012年3月24日,第3版。

[12]柯兰:《激活地方人大质询权需要顶层设计》,载《检察日报》2013 年 9 月 9 日,第 6 版。

[13]习近平:《在庆祝全国人民代表大会成立 60 周年大会上的讲话》,载《人民日报》2014 年 9 月 6 日,第 2 版。

[14]《省以下地方法院、检察院“人财物统一管理”的喜与忧》,载《中国青年报》2014 年 6 月 27 日,第 3 版。

后　记

行文至此，这部书稿也即将截止。这部书稿汇集了我这几年法治研究方面的成果，虽有许多不成熟之处，但它却是我求学之路的成果小结，既是对自己努力的肯定，也是对长期关心自己的“贵人”的回报。回想自己求学、工作以来的历程，自己是幸运的，一路上遇到了无数“贵人”的帮助，才使我走到了今天，并取得了一点成绩。因而，值此书稿付梓之际，感恩之余，聊寄数言以表吾心之万一。同时，也将此书呈献给那些长期帮助我、支持我、关心我的各位师长和朋友们！

首先，要感谢的是我的两位导师，武汉大学周叶中教授和中国社会科学院法学研究所李林研究员。作为著作等身的中国法学界“大家”，二位导师无论学识还是人品，都堪称楷模！无奈学生愚钝，不及导师十之一二，只愿勤能补拙，不断进步，以求不辱没师门！两位导师对我恩重如山，不仅将我收入门下，而且在学习上和生活上都给予了我莫大的关心和支持，使我能够安心读书，不断地获取新知。在此向两位导师表示真挚的谢意！

同时，在我求学以及工作之后，还幸遇诸多老师和学界前辈、同仁的指导和帮助，他们的鼎力相助使我少走了许多弯路，受益颇多，借此向他们表示诚挚的感谢！其中，特别要感谢中国人民大学韩大元教授，武汉大学秦前红教授、江国华教授、祝捷教授、伍华军教授，中国社会科学院法学研究所陈云生研究员、莫纪宏研究员、李忠研究员、陈欣新研究员、李洪雷研究员，华东政法大学童之伟教授，天津师范大学吴占英教授，南京审计大学许娟教授，中南财经政法大学胡弘弘教授，东南大学汪进元教授，山东政法学院孙培福教授，天津市委党校刘琼莲教授，河北政法职业学院冯兆蕙教授，云南大学沈寿文教授，河北地质大学王凤鸣教授，河北省法学会韩莉主任、梁建设主任，佛山市中院安建须博士等。由于要感谢的人太多,恕不能在此一一表达。

此外,在我于 2012 年 9 月到河北大学参加工作后,又幸得领导与同事们的关心与帮助,不仅在工作上予以我指导,还在生活上给了我很大帮助,使我安然渡过了“既要生存,又要奋斗”的难关。在此特别向河北大学政法学院孟庆瑜教授、陈玉忠教授、姚伟教授、张燕京教授以及其他同事表示衷心感谢！亦要感谢我的学生杨玄宇、李杰、李亚茹、任晓阳、游婉琪、郭康、邸岩、张聪聪、张娜等,帮忙承担了文字校对工作!

还要感谢我的家人,感谢他们的辛勤付出！没有父母的含辛茹苦,我不可能顺利完成博士学业;没有妻子的默默付出,我不可能安心从事教学与科研工作;两个儿子的出生,不仅使我享受了天伦之乐,也有了继续奋斗的动力。

最后,要感谢河北大学国家治理法治化研究中心对本书出版提供的资助,感谢法律出版社陈妮编辑及其他编辑对本书问世付出的辛劳!

图书在版编目(CIP)数据

迈向法治理想国／伊士国著. -- 北京：法律出版社，2019
(国家治理法治化研究文丛／孟庆瑜主编)
ISBN 978-7-5118-9033-7

Ⅰ.①迈… Ⅱ.①伊… Ⅲ.①社会主义法制－建设－研究－中国 Ⅳ.①D920.0

中国版本图书馆CIP数据核字(2018)第293736号

迈向法治理想国
MAIXIANG FAZHI LIXIANGGUO

伊士国 著

策划编辑 陈 妮
责任编辑 陈 妮
装帧设计 马 帅

出版 法律出版社
总发行 中国法律图书有限公司
经销 新华书店
印刷 固安华明印业有限公司
责任校对 王晓萍
责任印制 吕亚莉

编辑统筹 法治与经济出版分社
开本 720毫米×960毫米 1/16
印张 14.5
字数 220千
版本 2019年3月第1版
印次 2019年3月第1次印刷

法律出版社／北京市丰台区莲花池西里7号(100073)
网址／www.lawpress.com.cn
投稿邮箱／info@lawpress.com.cn
举报维权邮箱／jbwq@lawpress.com.cn
销售热线／010-83938336
咨询电话／010-63939796

中国法律图书有限公司／北京市丰台区莲花池西里7号(100073)
全国各地中法图分、子公司销售电话：
统一销售客服／400-660-6393
第一法律书店／010-83938334/8335
西安分公司／029-85330678
重庆分公司／023-67453036
上海分公司／021-62071639/1636
深圳分公司／0755-83072995

书号：ISBN 978-7-5118-9033-7
定价：73.00元
(如有缺页或倒装，中国法律图书有限公司负责退换)